Peter Ulrich **Zivilisierte Marktwirtschaft**

: Haupt

Peter Ulrich

Zivilisierte Marktwirtschaft

Eine wirtschaftsethische Orientierung

Aktualisierte und erweiterte Neuausgabe

Haupt Verlag
Bern Stuttgart Wien

Peter Ulrich, Prof. em. Dr. rer. pol., war von 1987 bis 2009 erster Inhaber des Lehrstuhls für Wirtschaftsethik an der Universität St. Gallen sowie Gründer und Leiter des dortigen Instituts für Wirtschaftsethik.

Sein Standardwerk *Integrative Wirtschaftsethik – Grundlagen einer lebensdienlichen Ökonomie* liegt in 4., vollständig neu bearbeiteter Auflage 2008 vor (Haupt Verlag, Bern). Im selben Jahr ist es auch in englischer Sprache (Cambridge University Press) und in spanischer Sprache (Abya-Yala, Quito, Ecuador) erschienen.

1. Auflage: 2010

Bibliografische Information der *Deutschen Nationalbibliothek*:
Die Deutsche Nationalbibliothek verzeichnet diese Publikation in der Deutschen Nationalbibliografie; detaillierte bibliografische Daten sind im Internet über http://dnb.d-nb.de abrufbar.

ISBN 978-3-258-07604-1

Alle Rechte vorbehalten.
Copyright © 2010 by Haupt Berne
Jede Art der Vervielfältigung ohne Genehmigung des Verlages ist unzulässig.
Satz / Gestaltung: René Tschirren
Umschlagbild: F1 online / Fancy
Printed in Germany

www.haupt.ch

Vorwort

Der Ursprung dieser Schrift geht zurück auf eine sechsteilige öffentliche Abendvorlesung, die ich im Sommersemester 2001 an der Universität St. Gallen gehalten habe, um einige zentrale Leitideen der von mir am dortigen Institut für Wirtschaftsethik entwickelten integrativen Wirtschaftsethik einem breiteren Publikum vorzustellen. Dass daraus ein – bewusst knapp gehaltenes – Buch entstand, ist dem lebhaften Zuspruch und der hartnäckigen Nachfrage mancher Zuhörerinnen und Zuhörer zu verdanken. Die redaktionelle Unterstützung meines damaligen wissenschaftlichen Mitarbeiters Bernhard Waxenberger und seine wertvollen Anregungen zur Erstfassung des Manuskripts trugen zur Realisierung des Vorhabens bei.

Eine erste Hardcover-Ausgabe erschien 2002 im Herder Verlag unter dem Titel *Der entzauberte Markt – Eine wirtschaftsethische Orientierung*. Aufgrund der regen Nachfrage folgte 2005 eine revidierte Taschenbuchausgabe (Herder spektrum) in zwei Auflagen unter dem veränderten Haupttitel *Zivilisierte Marktwirtschaft*, um (auf Wunsch des Verlags) das Anliegen des Buchs noch treffender zum Ausdruck zu bringen. Inzwischen hat die Finanz-, Wirtschafts- und Schuldenkrise, die in ihren Tiefenstrukturen als eine Orientierungskrise zu verstehen ist, die Aktualität der entworfenen Ideen bestätigt und erheblich verstärkt. Umso mehr bin ich dem Verleger Matthias Haupt dankbar für sein Angebot, nun eine umfassend überarbeitete, aktualisierte und zu vielen Themen substanziell erweiterte Neuausgabe herauszubringen.

Thalwil bei Zürich, im Mai 2010 *Peter Ulrich*

Inhalt

Vorwort   5
Einleitung   11

I. Leitideen modernen Wirtschaftens   17

1. **Effizienz wofür und für wen?**
   Die ethischen Dimensionen vernünftigen Wirtschaftens   21
   1.1 «Der Anteil der Wirtschaft an der Menschwerdung des Affen»   22
   1.2 Die Verheißungen der Effizienz – und erste Zweifel am vernünftigen Gehalt des ökonomischen Rationalisierungsprozesses   23
   1.3 Die grundlegenden Gesichtspunkte vernünftigen Wirtschaftens im Lebenszusammenhang   27
   1.4 Zur Kritik der «wertfreien» ökonomischen Sachlogik und ihrer normativen Überhöhung zum Ökonomismus   33
   1.5 Die sozialökonomische Rationalitätsidee als «ideelle Spitze» einer Vernunftethik des Wirtschaftens   39

2. **Fortschritt wohin?**
   Moderne Verheißungen und epochale Sinnfragen   43
   2.1 «Das unvollendete Projekt der Moderne» (Jürgen Habermas)   43
   2.2 «Der Geist des Kapitalismus» (Max Weber) und «die große Transformation» (Karl Polanyi)   48
   2.3 «Die falsche Verheißung» (John Gray)   54

    2.4 «Die ökonomischen Chancen unserer Enkelkinder» –
        der Traum von John Maynard Keynes ... 58
    2.5 «Das stahlharte Gehäuse des siegreichen Kapitalismus» –
        die Befürchtung Max Webers ... 61

3. **Marktfreiheit oder Bürgerfreiheit?**
   Die Freiheit, die wir meinen 65
    3.1 Das liberale Prinzip ... 66
    3.2 Ökonomischer Liberalismus oder:
        Der alte hobbesianische Traum ... 70
    3.3 Republikanischer Liberalismus oder:
        Das Leitbild einer voll entfalteten Bürgergesellschaft ... 75
    3.4 Sozioökonomische Voraussetzungen lebbarer
        Bürgerfreiheit oder: Grundlagen einer «anständigen»
        Gesellschaft ... 78
    3.5 Wirtschaftsethische Konsequenz:
        Wirtschaftsbürgerrechte ... 82

II. **Orte wirtschaftsethischer Verantwortung** ... 87

4. **Wirtschaftsbürgerethik:**
   Was heißt ein «guter Bürger» sein? ... 91
    4.1 Zum Begriff des Wirtschaftsbürgers ... 92
    4.2 «Rückenstützen» der Bürgerverantwortung ... 96
    4.3 Der Wirtschaftsbürger als kritischer Konsument und
        Kapitalanleger ... 100
    4.4 Der Wirtschaftsbürger als «Organisationsbürger» ... 104
    4.5 Der Wirtschaftsbürger als mitverantwortlicher
        Staatsbürger ... 110

5. **Unternehmensethik: Wie wird ein Unternehmen**
   zum «Good Corporate Citizen»? ... 113
    5.1 Corporate Citizenship – das «glänzende»
        Selbstbekenntnis großer Unternehmen ... 114
    5.2 Unternehmensethik und «Gewinnprinzip» –
        ein Stück nachholende Aufklärung ... 127

5.3 Zwei Varianten halbierter Unternehmensethik –
als Versuche der partiellen Rettung des
«Gewinnprinzips» 134
5.4 Integrative Unternehmensethik: Das Unternehmen
als «guter Bürger» 138
5.5 Organisierte Verantwortlichkeit im Unternehmen:
Bausteine des betrieblichen Integritätsmanagements 141

6. **Weltwirtschaftsethik: Wettbewerb der Rahmenordnungen oder Rahmenordnung des globalen Wettbewerbs?** 145
   6.1 Globalisierung im Glaubenskrieg 146
   6.2 Wie «funktioniert» die Globalisierung?
   Der strafende Finanzmarktgott 149
   6.3 Drei ordnungspolitische Konzepte «guter»
   Marktwirtschaft 153
   6.4 Vitalpolitische Grundsätze einer zivilisierenden
   Globalisierungspolitik 162
   6.5 Der Wirtschaftsbürger als Weltbürger: Kurzer Ausblick
   auf einen langen Weg in die Zukunft 167

Anhang 171

   Anmerkungen 173
   Literatur 197

Einleitung

Seit Jahrtausenden ist der Mensch aufgrund seiner sich kulturgeschichtlich vielfältig entwickelnden Bedürfnisse und Begabungen ein *wirtschaftendes* Lebewesen, das mit knappen «Lebensmitteln» (im weitesten Sinn des Begriffs) vernünftig umzugehen versucht. Aber als Kulturwesen ist er mehr als nur ein *Homo oeconomicus:* Wirtschaften ist ja nicht Selbstzweck, sondern Mittel zum Zweck des guten Lebens. Was wirtschaftlich vernünftig ist, lässt sich daher nicht rein aus der Logik der (Markt-)Wirtschaft bestimmen, sondern setzt lebenspraktische Orientierungsgesichtspunkte voraus: einen kulturellen Lebensentwurf und ein Leitbild der Gesellschaft, in der wir leben möchten.

Worauf kommt es für ein lebenspraktisch vernünftiges Wirtschaften konkret an? Die herkömmliche Antwort kennen wir: Die moderne Industriegesellschaft hat fast ihre ganzen Energien darauf konzentriert, die Produktion immer weiter zu «rationalisieren», um die verfügbare Gütermenge und mit ihr den Konsumwohlstand zu erhöhen. Produktivitätssteigerung und Wirtschaftswachstum gelten dementsprechend als die grundlegenden Kriterien einer «vernünftigen» Wirtschaftspolitik, *mehr Markt und mehr Wettbewerb* als ihr Generalrezept. Seit mehr als 200 Jahren ist dies der programmatische Kern des Wirtschaftsliberalismus. Wenn auch politisch seit Anbeginn hart umkämpft, setzte und setzt er in immer mehr Ländern schubweise die fortschreitende Entfesselung («Liberalisierung») der Marktkräfte aus gesellschaftlicher und politischer Kontrolle durch.

Im Zeichen der Globalisierung der Märkte haben wir in den letzten 30 Jahren wieder so einen Schub erlebt. Die treibende Kraft stellen dabei in erster Linie mächtige Kapitalverwertungsinteressen auf der Suche nach neuen Märkten und kostengünstigeren Produktionsstandorten dar. In modernen, freiheitlich-demokratischen Gesellschaften bedarf die Dominanz solcher Interessen allerdings der Rechtfertigung vor den Bürgern. Der Wirtschaftsliberalismus hat sich zu diesem Zweck immer schon zweier sich ergänzender Argumente bedient: des Gemeinwohl- und des Sachzwangarguments.

Zunächst und vor allem verheißt die frohe Botschaft vom freien Markt «Wohlstand für alle» – so lautet auch der Titel eines Buchs von Ludwig Erhard, dem Vater des deutschen «Wirtschaftswunders» der Nachkriegszeit.[1] Das «Wunder» einer marktwirtschaftlichen Dynamik, die allen Gesellschaftsmitgliedern konkrete Verbesserungen ihrer Lebenslagen bringt, verblasst allerdings zusehends und weicht einer neuen Verschärfung der sozialen Gegensätze zwischen Gewinnern und Verlierern des Wettbewerbs, zwischen Reich und Arm. Selbst in den «fortgeschrittensten» Ländern ist eine neue *Prekarisierung* der Arbeitswelt in Gang, die sich inzwischen auch in ehemals mittelständische, beruflich durchaus qualifizierte Schichten hineinfrisst (instabile und sozial unzureichend abgesicherte, oft befristete und niedrig bezahlte Beschäftigungsverhältnisse). Mag der Gesamtwohlstand auch weiter steigen, so verteilt er sich doch zusehends ungleicher. Kein Wunder, dass die Verhältnisse von einer großen Mehrheit der Bürger zunehmend als ungerecht empfunden werden.[2]

Immer wenn die Botschaft von der automatischen Gemeinwohldienlichkeit der «freien» privatwirtschaftlichen Kapitalverwertung ihre mehrheitsfähige Überzeugungskraft zu verlieren drohte, hat die wirtschaftsliberale Doktrin – und dies ist die zweite Argumentationsstrategie – nachdrücklich auf die *Sachzwänge* des marktwirtschaftlichen Wettbewerbs verwiesen. Jenen, die an der weiteren Entfesselung der Marktkräfte interessiert sind, bietet sich heutzutage der Verweis auf den internationalen «Standortwettbewerb» als fast schon universal brauchbares Sachzwangargument an. So beeilt man sich zu betonen, dass die Globalisierung eine Tatsache sei, deren lebenspraktische Konsequenzen wir *vernünftigerweise* etwa so bedingungslos wie das sich verändernde Wetter hinzunehmen hätten.

Aber ist das wirklich vernünftig? Im vorliegenden Buch wird eine andere Perspektive entfaltet: Weder die landläufige Sachzwangrhetorik, die uns eine von niemandem kontrollierbare, offenbar ganz «eigensinnige» Wirtschaftsentwicklung weismachen will, noch das blinde Vertrauen in den «freien» Markt, der angeblich von selbst dafür sorgt, dass es allen gut geht, sind vernünftig. Vielmehr handelt es sich um Ausprägungen einer alten *Metaphysik des Marktes*, die es in einer modernen Gesellschaft dringend zu entzaubern gilt. Die «Entzauberung der Welt»[3], als die Max Weber den Prozess der Modernisierung und Rationalisierung von Kultur und Gesellschaft bezeichnete, ist nämlich im Bereich unseres Wirtschaftsdenkens noch weitgehend ein Programm nachholender Aufklärung geblieben, auch wenn die wunderbare Lehre von den segensreichen Wirkungen des «freien» (Welt-)Marktes spätestens seit der jüngsten Finanz- und Wirtschaftskrise viel von ihrem Glanz verloren hat. Die alte Marktgläubigkeit ist in breitesten Kreisen dahin. So mündet die Finanzkrise unweigerlich in eine wirtschaftsethische Orientierungskrise.

Krisen sind Umbruchszeiten, in denen wegweisende, möglicherweise epochale Weichenstellungen fällig werden. Nach dem Verlust der fraglosen Selbstverständlichkeiten «normaler» Zeiten kommt es dann auf der einen Seite regelmäßig zu rückwärtsgewandten Versuchen, die alte Ordnung wiederherzustellen und möglichst rasch zum *business as usual* zurückzukehren. Auf der andern Seite wächst eine vorwärtsgerichtete neue Nachdenklichkeit bezüglich der vernünftig begründbaren *Kriterien*, anhand derer wir uns im Denken und Handeln neu orientieren und unser Zusammenleben möglicherweise neu gestalten wollen. Solche Kriterien für die *Kritik* und Neuausrichtung der offenbar noch nicht besonders vernünftigen Verhältnisse fruchtbar zu machen, ist das aufklärerische Kerngeschäft moderner Ethik. Mehr denn je gilt heute das geflügelte Wort des Philosoph Manfred Riedel: «Ethik kommt als Krisenreflexion auf den Weg»[4] – als Kritik an den Ideologien und Interessen, die hinter der Krise stecken.

Um hier sogleich ein mögliches Missverständnis zu vermeiden: Die ethisch vernünftige Kritik richtet sich nicht gegen eine produktive Markt*wirtschaft*, wohl aber gegen ihre Übersteigerung zu einer totalen Markt*gesellschaft*, die alles, unser ganzes Leben und auch die Politik, der «Sachlogik» des Marktes unterwirft. Vernünftigerweise ist gerade umgekehrt die Marktwirtschaft in übergeordnete Gesichtspunkte des guten Lebens und gerechten Zusammenlebens freier und gleicher Bürger *einzubinden*. In einer wirklich modernen Gesellschaft verdient die allgemeine Bürgerfreiheit Vorrang vor dem «freien» Markt (politischer

Bürgerliberalismus statt eines puren Wirtschaftsliberalismus). In diesem Sinn geht es buchstäblich um eine *zivilisierte Marktwirtschaft*.[5]

So befremdlich es dem bisher vorherrschenden wirtschaftlichen Sachzwangdenken erscheinen mag – die grundlegende Frage auf der Suche nach einer zivilisierten Marktwirtschaft lautet: *Welche Wirtschaft wollen wir*? Wie wollen *wir*, die Bürgerinnen und Bürger einer freiheitlich-demokratischen Gesellschaft, unser «Wirtschaftsleben» gesellschaftlich und privat gestalten? Welches Gewicht messen wir der fortwährenden Steigerung des Konsumniveaus in unserem Entwurf eines guten Lebens zu? Wie weit sind wir bereit, dafür im Arbeitsleben den Preis eines stetig steigenden Leistungsdrucks und immer härteren Existenzkampfs zu zahlen? Wie wollen wir mit jenen umgehen, die diesem Druck nicht standhalten? Welches Maß an sozialer Gerechtigkeit und Solidarität gehört zur Gesellschaft, in der wir leben möchten? Und wie halten wir es mit der Verantwortbarkeit unseres wirtschaftenden Umgangs mit der Natur gegenüber den nachkommenden Generationen?

Es wird Zeit, die Anstrengung unserer ökonomischen Vernunft nicht mehr nur einseitig auf die Vermehrung der Mittel, sondern vermehrt auf sinnvolle Zweckorientierungen und legitime Grundsätze der weiteren Wirtschaftsentwicklung zu lenken. Genau darum geht es im Kern bei der historisch anstehenden *Neuorientierung in unserem Wirtschaftsdenken*, wenn wir als mitverantwortliche Bürgerinnen und Bürger einer demokratischen Gesellschaft auf die angedeuteten Herausforderungen tragfähige Antworten finden wollen.

Was aber heißt «sich im Denken orientieren»? Diese berühmte Frage stammt von Immanuel Kant.[6] Mit ihr hat er den Begriff der *Orientierung* in die moderne praktische Philosophie eingeführt – als Inbegriff vernunftgeleiteter Gedanken- und Lebensführung. Der Mensch als das von Natur aus nicht festgelegte, zum *Entscheiden und Handeln nach Gründen* fähige Wesen steht häufig in der Situation, zwischen verschiedenen Handlungsoptionen wählen zu können und zu müssen. Es gilt dann je nach der anstehenden Herausforderung mehr oder weniger «gründlich» nachzudenken über Fragen der folgenden Art: Wer will ich als Person eigentlich sein (Selbstverständnis) und wem fühle ich mich verbunden (zwischenmenschliche Beziehungen)? Wo stehe ich (Standpunkt) und wo will ich hin (Intention)? Woran halte ich mich (Prinzipien) und wie möchte ich mein Leben als Ganzes führen (Lebensentwurf), so dass es mich persönlich erfüllt (Sinnhorizont) und gesellschaftlich vertretbar ist (Legitimität)?

Dies sind im Kern ethische Fragen. Der Versuch, sich im Wirtschaftsdenken vernünftig zu orientieren, ist also von Grund auf ein Vorhaben *wirtschaftsethischer Orientierung*. Nicht die Wirtschaftstheorie, die nach ihrem Selbstverständnis werturteilsfrei die Funktionsweise des marktwirtschaftlichen Systems erklärt, sondern die Wirtschaftsethik – modern als Vernunftethik des Wirtschaftens verstanden – dient somit als zentrale Bezugswissenschaft. Das hier vertretene Orientierungskonzept basiert dabei auf dem vom Verfasser entwickelten Ansatz der «integrativen Wirtschaftsethik».[7]

Wer braucht wirtschaftsethisches Orientierungswissen? Ist das nicht eher etwas für Spezialisten? – Nein, keineswegs! Wir alle sind in der einen oder anderen Weise in marktwirtschaftliche Zusammenhänge verstrickt. So sind wir als vernünftige Personen darauf angewiesen, begründbare Werturteile über die Rangordnung konfligierender Wertgesichtspunkte im Wirtschaftsleben zu treffen, unsere diesbezügliche Urteilskraft zu stärken und uns gegen ideologische Wirtschaftsdoktrinen jeglicher Herkunft «mündig» (d.h. argumentationsfähig) zu machen. Wie sonst könnten wir ein selbstbestimmtes und kultiviertes Leben führen? Und wie sonst könnten wir als Bürgerinnen und Bürger an der demokratischen Bestimmung fairer gesellschaftlicher Spielregeln sowie an der angemessenen Einbettung der Marktwirtschaft in die Gesellschaft verantwortungsvoll mitwirken?

Im Zentrum eines wirtschaftsethischen Orientierungsversuchs steht deshalb unser Denken und Handeln als verantwortliche *Wirtschaftsbürger*. Wirtschaftsbürger sind Wirtschaftssubjekte, die ihren Geschäftssinn vom *Bürgersinn*, d.h. von ihrem Selbstverständnis als «gute Bürger», nicht abspalten, sondern beides integrieren wollen. Die wirtschaftsethische Orientierungsaufgabe bezieht sich auf sämtliche Rollen, die wir in unserem persönlichen Wirtschaftsleben – in der Arbeitswelt, im Umgang mit Geld und Konsum – ausüben, aber auch auf die gedanklichen Positionen, die wir als Staatsbürger in öffentlichen Debatten über wirtschafts- und gesellschaftspolitische Fragen einnehmen. Die unerhörte Wirtschaftsdynamik der Gegenwart fordert dabei unser wirtschaftsethisches Orientierungsvermögen ganz schön heraus. In Frage gestellt ist heute im Zeichen des gewaltigen sozioökonomischen Umbruchs, in dem die Welt sich befindet, so gut wie alles.

Für unseren breit angelegten Orientierungsversuch wählen wir sechs sich systematisch ergänzende, je etwa gleich gewichtete Perspektiven: In *Teil I* des Buches denken wir zunächst über drei grundlegende Leitideen modernen Wirtschaftens nach, und zwar anhand der Begriffe wirtschaftlicher Vernunft (Kapitel 1), sinnvollen Fortschritts (Kapitel 2) und wohlverstandener Freiheit (Kapitel 3). In *Teil II* nehmen wir danach drei spezifische «Orte» wirtschaftsethischer Verantwortung in einer wohlgeordneten Gesellschaft freier und gleichberechtigter Bürgerinnen und Bürger in den Blick, nämlich das Handeln der einzelnen Wirtschaftsbürger selbst (Kapitel 4), die Unternehmen (Kapitel 5) und die politisch zu setzende Rahmenordnung des nationalen bzw. globalen Marktes (Kapitel 6). Zusammen vermitteln diese sechs Perspektiven die Grundzüge einer zeitgemäßen wirtschaftsbürgerlichen Allgemeinbildung. Man könnte vielleicht von Basislektionen einer integrativen Wirtschaftskunde für Staats- und Weltbürger sprechen, oder kürzer: von einer knapp gefassten *Wirtschaftsbürgerkunde*.[8]

I.

Leitideen modernen Wirtschaftens

Wirtschaften heißt Werte schaffen – aber welche Werte für wen eigentlich? Mit solchen grundlegenden Wertfragen befassen sich die heute gelehrten Wirtschaftswissenschaften kaum mehr, ganz im Unterschied zur klassischen Politischen Ökonomie, wie sie der Moralphilosoph Adam Smith begründet hat. In ihrer Ausdünnung zu Disziplinen, die sich nur noch an *einem* Wertgesichtspunkt, dem der effizienten Nutzung knapper Ressourcen (wie Kapital, Arbeit, Wissen) orientieren, spiegelt sich, was seit etwa 200 Jahren im Zeichen der Modernisierung und «Rationalisierung» der Wirtschaft tatsächlich vor sich geht, nämlich die Entfesselung («Liberalisierung») und Entgrenzung («Globalisierung») eines fortschreitend nur noch seiner eigenen Logik folgenden Wirtschaftssystems. Heute stellen sich daher zunehmend Fragen nach der Lebensdienlichkeit dieser eindimensionalen Wirtschaftsdynamik. Ihre Neuorientierung an übergeordneten Gesichtspunkten des guten Lebens und gerechten Zusammenlebens der Menschen tut not.

Drei große Ideen sind es, unter denen die moderne Gesellschaft sich selbst versteht und nach deren Maßgabe daher auch eine ihr dienliche Wirtschaft zu bestimmen ist: *Vernunft*, *Fortschritt* und *Freiheit*. Im ersten Teil unserer kleinen Wirtschaftsbürgerkunde geht es darum, die Bedeutung dieser drei modernen Leitideen für das «Wirtschaftsleben» zu erfassen und sich die Gefahren ihrer ökonomischen Verkürzung zu vergegenwärtigen: der Verkürzung von lebenspraktischer Vernunft auf Effizienz als Inbegriff ökonomischer Rationalität (Kapitel 1), von Fortschritt auf Wirtschaftswachstum (Kapitel 2) und von Bürgerfreiheit auf Marktfreiheit (Kapitel 3).

1. Effizienz wofür und für wen? Die ethischen Dimensionen vernünftigen Wirtschaftens

Mit knappen Mittel den größtmöglichen Nutzen zu erzielen oder umgekehrt einen definierten Zweck mit geringstmöglichem Mitteleinsatz zu erreichen, heißt verfügbare Ressourcen *effizient* einzusetzen. Dies ist der Inbegriff wirtschaftlicher Rationalität. Mit knappen Gütern oder Ressourcen «rational» (also nutzenmaximierend) zu wirtschaften, ist in einer Welt natürlicher und sozialer Knappheit gewiss ein gutes Prinzip – das *ökonomische Prinzip*. Ohne dieses ist «Wohlstand», wie er für eine moderne Lebensform gemeinhin vorausgesetzt oder erwartet wird, nicht zu haben. Aber nicht alles, was ökonomisch als rational gilt, ist deswegen auch schon vernünftig! *Vernünftig* zu sein und zu handeln, das bezeichnet den viel umfassenderen Anspruch einer *lebenspraktischen Ganzheitlichkeit des Orientierungshorizonts*. Von da aus ergibt sich ein anspruchsvoller Begriff vernünftigen Wirtschaftens, der dieses in den Kontext konkreter Fragen des guten Lebens und Zusammenlebens der Menschen stellt. Die so verstandene *ganze* ökonomische Vernunft ist für unsere individuelle und gesellschaftliche Lebensqualität zu wichtig, als dass wir es den «reinen» Ökonomen überlassen könnten zu bestimmen, was in ihrem Namen Sache ist. Vielmehr ist es *unsere Sache*, als Bürgerinnen und Bürger einer modernen Gesellschaft darüber zu befinden!

Wir nähern uns dem Verhältnis von ökonomischer Rationalität und humaner Vernunft zunächst kurz in kulturanthropologischer Perspektive an (1.1) und vergegenwärtigen uns einige aktuelle Symptome der vorherrschenden einseitigen Interpretation dieses Verhältnisses (1.2). Erst dann fragen wir nach den elementaren normativen Gesichtspunkten vernünftigen Wirtschaftens (1.3). In ihrem Lichte wagen wir eine Kritik der «reinen» ökonomischen Vernunft (1.4) und stellen ihr eine *andere* Leitidee vernünftigen Wirtschaftens, die der *sozial*ökonomischen Rationalität, entgegen (1.5).

1.1 «Der Anteil der Wirtschaft an der Menschwerdung des Affen»

Der Mensch pflegt sich bekanntlich als *Homo sapiens* (genauer sogar: *sapiens sapiens!*) zu bezeichnen, als Inbegriff eines «vernünftigen Wesens»[9] also. Nach Immanuel Kant hat dieses Wesen das «vom bloßen Begehrungsvermögen noch verschiedene Vermögen»[10], nach selbst gewählten Grundsätzen handeln zu können. Das setzt den freien Willen voraus.

Nach einer nicht minder berühmten Idee von Karl Marx fangen die Menschen an, «sich von den Tieren zu unterscheiden, sobald sie anfangen, ihre Lebensmittel zu *produzieren.* (...) Indem die Menschen ihre Lebensmittel produzieren, produzieren sie indirekt ihr materielles Leben selbst.»[11] Zum vernünftigen Wesen ist der Mensch, so scheint es, als das einzige *arbeitende Tier* geworden, das *planvoll* seine Lebensmittel im weitesten Sinn – nämlich die fünf grundlegenden «-ungs»: Nahrung, Kleidung, Wohnung, Bildung, Gesunderhaltung – *herstellt* und *bewirtschaftet*, da es sich um knappe Güter handelt. Mit der neolithischen (jungsteinzeitlichen) Revolution, d.h. dem Übergang der früheren Jäger und Sammler zum Garten- und Ackerbau, begann nach dieser These im Wesentlichen die höhere *sapiens-sapiens*-Kultur – als *Agricultura*.

Dieser ursprüngliche Zusammenhang zwischen Wirtschaft und Vernunft – oder frei nach Friedrich Engels: der Anteil der wirtschaftlichen Vernunft an der «Menschwerdung des Affen»[12] – ist inzwischen von der anthropologischen Forschung allerdings erheblich relativiert worden. Mindestens so bedeutsam für die Entwicklung der spezifisch humanen Vernunft ist, so wissen wir heute, eine andere Besonderheit des Menschen, nämlich die eines *Sprachtiers*. Gemeint ist sein unter den Tieren einmaliges Vermögen, sich mit seinesgleichen mehr oder weniger vernünftig – und das heißt hier: mit guten, für alle Gesprächspartner gleichermaßen nachvollziehbaren Gründen – zu verständigen (kommunikative Vernunft). Zwischenmenschliche Interaktion und produktive Arbeit bilden zwei gleichermaßen grundlegende Lebenszusammenhänge für die menschheitsgeschichtliche Entwicklung des humanen Vernunftpotentials. Dieses ist also von Grund auf zweidimensional, und das heißt: Weder lassen sich die Regeln rationaler Interaktion (Verständigung) auf die Regeln rationaler Produktion zurückführen noch umgekehrt (*Abb. 1*).[13]

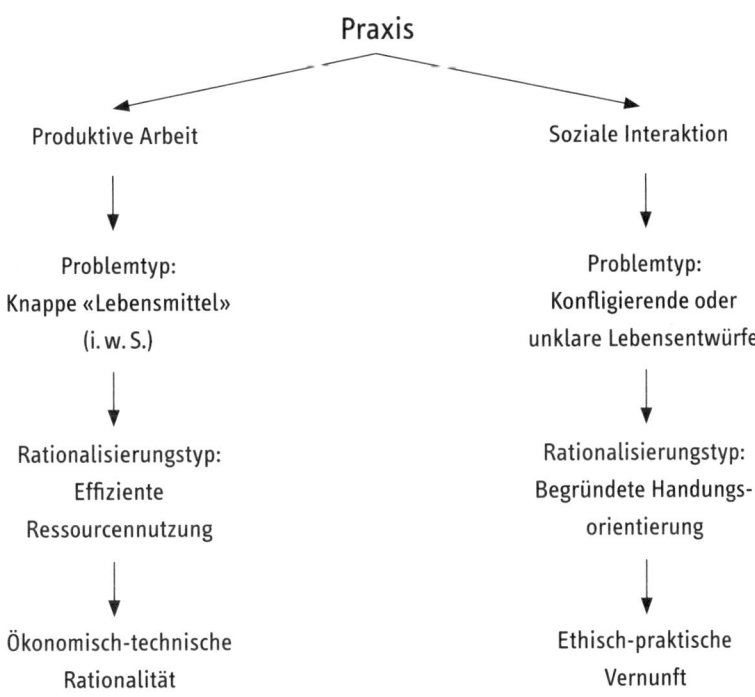

Abb. 1: Zwei Dimensionen vernünftiger Praxis

1.2 Die Verheißungen der Effizienz – und erste Zweifel am vernünftigen Gehalt des ökonomischen Rationalisierungsprozesses

Unbeirrt von der Einsicht in die Zwei- oder Mehrdimensionalität humaner Rationalitätsperspektiven findet sich praktisch in jedem Lehrbuch der Volks- oder Betriebswirtschaftslehre bis heute die Vorstellung, dass die ökonomische Idee vernünftigen Wirtschaftens, nämlich die aus der Erfahrungswelt produktiver Arbeit stammende Idee des *effizienten* Umgangs mit knappen Ressourcen oder Gütern, der Inbegriff von Rationalität oder Vernunft überhaupt sei. So verstandene ökonomische Rationalität hält sich mit anderen Worten schon für die *ganze* Vernunft des Wirtschaftens. Dementsprechend wird das ökonomische (Rationalitäts-)Prinzip, wonach für einen definierten Output der geringstmögliche

Input einzusetzen bzw. mit gegebenen Ressourcen der größtmögliche Output zu erzielen ist, meistens als «das Rationalprinzip» schlechthin bezeichnet. Gewiss ist, wie wir einleitend schon festgehalten haben, Effizienz ein durchaus wichtiger Aspekt rationalen Handelns. Problematisch ist hingegen ihre fraglose Überhöhung zum obersten Wertgesichtspunkt jedes Handelns, das die Auszeichnung als «vernünftig» verdient. Doch genau dies scheint heutzutage zum *Credo* eines «richtigen» Ökonomen zu gehören.

So schreibt beispielsweise der namhafte Ökonom Carl Christian von Weizsäcker im Vorwort seines Buchs «Logik der Globalisierung» kurz und bündig ohne jede Einschränkung:

> «Der Ökonom *glaubt* daran, dass Effizienz erwünscht ist.»[14]

Soweit also beispielsweise die Globalisierung der Märkte die Effizienz der Weltwirtschaft steigert, begrüßt sie «*der* Ökonom», diese etwas besondere Spielart des *Animal rationale*, offenbar nahezu uneingeschränkt. Im Namen der ökonomischen Vernunft (oder dessen, was er dafür hält), ist er bereit, fast alle lebenspraktischen Folgen des entsprechend betriebenen *ökonomischen Rationalisierungsprozesses* «in Kauf» zu nehmen. Besonders seit Beginn der so genannten modernen Industriegesellschaft vor gut 200 Jahren gilt die Steigerung der Effizienz unseres Wirtschaftens aufgrund der damit erzielbaren Wohlstandsvermehrung als das entscheidende Prinzip des menschlichen und gesellschaftlichen Fortschritts.

Die Frage ist nur: Fortschritt wohin eigentlich? Effizienz wofür und für wen konkret? In jüngster Zeit mehren sich an immer mehr Fronten die Zweifel an der lebenspraktischen *Vernünftigkeit* des entfesselten ökonomischen Rationalisierungsprozesses. Früher als andere hat diesen Zweifel Max Horkheimer, der Begründer der Kritischen Theorie, in seiner brillanten «Kritik der instrumentellen Vernunft» auf den Punkt gebracht:

> «Wie sie in unserer Zivilisation verstanden und praktiziert wird, tendiert die fortschreitende Rationalisierung dazu, eben jene Substanz der Vernunft zu vernichten, in deren Namen für den Fortschritt eingetreten wird.»[15]

Oder etwas vorsichtiger formuliert: Rationalisierung ist nicht immer, was sie wörtlich verspricht, nämlich: «Vernünftigung». Illustrieren wir das an zwei praktischen Beispielen.

1. Beispiel: Die «Rationalisierung» des Güterverkehrs. In einem Presseartikel unter dem Titel «Der Verkehrsinfarkt. Nichts geht mehr. Europas Verkehr bricht zusammen» stand das folgende, ebenso anschauliche wie absurd anmutende, jedoch gar nicht untypische Exempel zu lesen:

> «Lastwagenweise werden Stoffteile in der Schweiz zugeschnitten, nach Portugal gekarrt, dort zu Unterhosen zusammengenäht und anschließend wieder in der Schweiz verkauft. Die Rechnung geht nur für den Auftraggeber auf. Er spart pro Ladung 20 000 Franken, weil die portugiesischen Näherinnen weniger verdienen als die hiesigen. Dafür hat der Lastwagen 1600 Liter Dieseltreibstoff in CO_2, giftige Abgase und Rußpartikel umgewandelt und Tausende von Menschen im Schlaf gestört. Entschädigungslos!»[16]

Die *Öko-Effizienz*[17] (ökologische Effizienz) ist mit dieser Art von wirtschaftlicher Rationalisierung offensichtlich nicht gemeint. Es ist nicht schwer zu sehen, wo da der «Vernunftstau» passiert: Die betriebswirtschaftliche Effizienz gerät hier zu einer Erscheinung volkswirtschaftlicher, verkehrs- und umweltpolitischer Unvernunft, weil die sozialen und ökologischen Kosten des Güterverkehrs, die so genannten *externen Effekte* – was für ein symptomatischer Begriff für diese verkürzte Rationalität! –, aus dem einzelwirtschaftlichen Kosten- und Nutzenkalkül ausgeblendet, also nicht in dieses *internalisiert* sind. Für dieses einzelwirtschaftliche Kalkül gilt jener ironische Begriff von (Un-)Vernunft, den einst Max Frisch in seinem bissigen Vortrag «Am Ende der Aufklärung steht das goldene Kalb» an den Solothurner Literaturtagen 1986 auf die knappste mögliche Formel gebracht hat: «Vernünftig ist, was rentiert.»

2. Beispiel: Die «Rationalisierung» der Arbeit. Aus ökonomischer Perspektive ist Arbeit bloß Mittel zum Zweck der Gütererzeugung für den Konsum. Also geht es gemäß dem ökonomischen Rationalprinzip darum, die Arbeit so effizient wie möglich zu machen, um (am Ende der Wertschöpfungskette) den Konsumgüter-Output zu maximieren. Ausgeblendet bleibt, dass die Erwerbsarbeit für die arbeitenden Menschen über die Erzielung von Einkommen, also von Kaufkraft für den Konsum, und damit über die *materielle Existenz- und Wohlstandssicherung* hinaus auch einen vielfältigen Eigenwert haben könnte:

- als Ort der *persönlichen Fähigkeitsentfaltung* und Bewährung vor Herausforderungen, in deren Bewältigung wir Selbstachtung entwickeln und sinnvolles Tätigsein erfahren;
- und ebenso als Ort der *sozialen Integration,* wo wir die Chance erhalten, uns als ein nützliches und vollwertiges Gesellschaftsmitglied in den kollektiven Produktionsprozess einzubringen, in der beruflichen Rolle gesellschaftliche Anerkennung zu finden und soziale Beziehungen zu entwickeln.

Wird die Arbeitswelt dessen ungeachtet rein effizienzorientiert durchrationalisiert, so resultieren «Nebenwirkungen», welche diese humanen Grundfunktionen der Arbeit teilweise in Frage stellen: Sie verliert ihren «bereichernden» Eigenwert für die arbeitenden Menschen und wird von diesen dann auch immer mehr bloß noch als *Job*, als Mittel zum Zweck des Kaufkrafterwerbs empfunden, etwa nach dem Motto: «Das wahre Leben findet erst *nach* der Arbeit, am ‹Feierabend› oder in den Ferien statt». Die Glücksverheißungen, die heute einer konsumistisch definierten «Freizeit» aufgeladen werden, sind dafür ebenso symptomatisch wie die gängige Verherrlichung des Urlaubs als der «schönsten Wochen des Jahres». Beides muss man sich erst mal leisten können.

Der Preis, den wir für die immer striktere Outputorientierung der gesellschaftlich organisierten Arbeit zahlen, ist nicht gering. Work-Life-Balance? Vergessen Sie's! Wer sich beruflich einigermaßen erfolgreich behaupten will, muss heutzutage *Lebensunternehmer* sein, das heißt fortlaufend klug in das eigene «Fähigkeitsportfolio» investieren, sich bietende Marktchancen jeder Art stets ergreifen und tendenziell leistungswillig bis zum Burnout-Syndrom sein. Zu den am höchsten bewerteten Tugenden gehören dabei die berufliche Flexibilität und die räumliche sowie hierarchische Mobilität – ohne Rücksicht auf den resultierenden Verlust von Kontakten, Konstanten und Kontinuitäten im persönlichen Lebensumfeld.[18]

Unter dem Stress stetig steigenden Anpassungs- und Leistungsdrucks wird die Arbeitswelt für immer mehr Menschen zum Ort von Gefühlen der Überforderung und von Versagensängsten, was sich statistisch in der Zunahme psychosomatischer Erkrankungen niederschlägt. Und der Anteil jener, die den Leistungsanforderungen nicht mehr genügen und aus dem Arbeitsmarkt herausfallen, wächst ziemlich unabhängig von Konjunkturzyklen stetig. Selbst unter jenen, die sich im Arbeitsmarkt noch knapp behaupten können, breiten sich die Lebenslagen von *Working Poor* aus*:* Obwohl die Betroffenen vollzeitlich und i.d.R. durchaus angestrengt arbeiten, ist der ökonomische «Mehrwert», den sie für potentielle Arbeitgeber schaffen, offenbar so gering, dass der gebotene Lohn nicht für ein anständiges Leben auf dem Niveau des kulturellen Existenzminimums[19] unserer Gesellschaft reicht. Wir sind, dank des unaufhaltsamen ökonomischen (Effizienz-)«Fortschritts», auch in den «reichsten» Volkswirtschaften der Welt der Zweidrittelgesellschaft schon recht nahe gekommen.

Zu fragen ist: Um welche Idee von gesellschaftlichem Fortschritt geht es bei solcher Effizienzsteigerung eigentlich? *Wirtschaften heißt Werte schaffen* – aber welche Werte für wen? Die wirtschaftliche Rationalisierungsdynamik zeitigt in den beiden skizzierten exemplarischen Problemfeldern wie auch in vielen anderen zunehmend eine Eigensinnigkeit, die aus der Sicht des gesunden Menschenverstands bisweilen als ziemlich *un*sinnig und unvernünftig bezeichnet werden muss. Grund genug und höchste Zeit also, uns zu fragen, an welcher unverkürzten Idee vernünftigen Wirtschaftens aus lebenspraktischer Sicht (statt bloß aus der Perspektive der marktwirtschaftlichen Systemlogik heraus) wir uns denn orientieren könnten.

1.3 Die grundlegenden Gesichtspunkte vernünftigen Wirtschaftens im Lebenszusammenhang

Erinnern wir uns an die einleitenden Überlegungen. Wenn wir zu jemandem sagen: «Sei doch vernünftig!», so meinen wir damit normalerweise keineswegs nur: «Handle effizient!» Als *vernünftig* pflegen wir eine Handlungsweise erst zu bezeichnen, wenn sie in umfassender Weise unseren *normativen* Leitideen entspricht, wie man in einer bestimmten Situation eben vernünftigerweise – d.h. mit guten Gründen – handeln *soll*. (Normative Aussagen sind definiert als Sollenssätze.) Jeder Begriff von Rationalität oder Vernunft ist selbst immer schon eine normative Orientierungsidee: Das Vernünftige ist das Verbindliche, soweit wir uns unter den (Selbst-)Anspruch stellen (lassen), eine vernünftige Person zu sein, die ihr Tun eben auf rationale Gründe abstellt. Und soweit wir vernünftig sind, reflektieren wir dabei die umfassenden Sinn- und Wirkungszusammenhänge dieses Tuns.

Vernünftiges Wirtschaften aus ganzheitlicher, lebenspraktischer Sicht orientiert sich dementsprechend – das scheint in der Natur der Sache zu liegen – an ihrer *Lebensdienlichkeit*.[20] Was aber ist lebensdienlich? Mit dieser elementaren Frage kommt eine *humanistische Ethik* ins Spiel, der es im doppelten Sinn des Begriffs um das «menschliche» Leben geht. Zur Lebensdienlichkeit gehört sowohl eine Idee vom *guten Leben* als auch eine Idee vom *gerechten Zusammenleben* der Menschen.[21] Damit wird das Wirtschaften in den Kontext zweier klassischer ethischer Grundfragen gestellt. Sie lassen sich zum einen als die Sinnfrage und zum andern als die Legitimationsfrage des Wirtschaftens thematisieren *(Abb. 2)*.

a) **Dimension des guten Lebens: Sinnfragen**
– Wie wollen wir in Zukunft leben? (Frage nach dem kulturellen Lebensentwurf)
– Wie wollen wir den Produktivitätsfortschritt sinnvoll nutzen?
– Welche Werte sind wirtschaftend zu schaffen?

b) **Dimension des gerechten Zusammenlebens: Legitimitätsfragen**
– Für wen sind Werte zu schaffen? (Frage nach dem Leitbild einer wohlgeordneten Gesellschaft)
– Wie sind Nutzen und Kosten der «Rationalisierung» gerecht zu verteilen?
– Welche internationalen Rahmenbedingungen sind für eine gerechte (Welt-)Wirtschaftsordnung notwendig?

Abb. 2: Zwei wirtschaftsethische Dimensionen des wirtschaftlichen «Werteschaffens»

- Die *Sinnfrage* entspricht der aristotelischen Perspektive einer teleologischen Ethik (Lehre vom Erstrebenswerten, vom guten Leben). Sie bezieht unsere Wirtschaftsform auf die Wertorientierungen eines uns vertrauten und zuträglich erscheinenden *kulturellen Lebensentwurfs*. Dieser bildet den Orientierungshorizont für die Lebensmöglichkeiten, deren Verwirklichung oder Erfüllung wir für sinnvoll und erstrebenswert halten. Der «Wille zum Sinn»[22] unterscheidet den Menschen von allen anderen Tieren. Er beruht auf dem besonderen humanen Vermögen, vernünftiges *Subjekt* selbstbestimmten Handelns zu sein (statt nur Objekt von Naturgesetzen, Instinkten und Trieben). Die kultivierte Entfaltung der humanen Subjektqualität macht die *Würde* eines Menschen und letztlich sein gelingendes, sinnerfülltes und deshalb glückliches Leben aus. Unter diesen kulturellen Horizont gilt es auch eine lebensdienliche Wirtschaft zu stellen. Denn Wirtschaften ist Mittel, nicht Selbstzweck.
- Die *Legitimationsfrage* entspricht der kantianischen Dimension der deontologischen Ethik (Lehre von den moralischen Rechten und Pflichten, also von den zwischenmenschlichen Verbindlichkeiten, insbesondere des gerechten Zusammenlebens). Sie stellt unsere Wirtschaftsordnung ebenso wie die einzelnen Handlungsweisen unter das *politisch-ethische Leitbild* einer wohlgeordneten Gesellschaft freier und gleicher Bürger. Wer nach der Legitimität (d.h. Berechtigung) seines persönlichen Handelns oder bestimmter gesellschaftlicher Verhältnisse fragt, der bringt damit zum Ausdruck, dass er allen Menschen bedingungslos das *moralische Recht* auf ein menschenwürdiges und selbstbestimmtes Leben zugesteht. In den Rahmen einer dementsprechend geordneten Gesellschaft gilt es auch eine lebensdienliche Wirtschaft einzubetten. Denn eine effiziente Wirtschaft gewährleistet noch keine gerechte Gesellschaft.

Bemerkenswert ist, was die ethischen Dimensionen des guten Lebens (Sinnfindung) und des gerechten Zusammenlebens (Legitimität) verbindet. Persönliche Lebenserfüllung (Glück) ist kaum außerhalb jeder sozialen Gemeinschaft zu finden, sondern viel eher in einer Balance zwischen Autonomie und Sinngemeinschaft mit anderen. Denn der Mensch ist ein soziales Wesen. Zur *condition humaine* gehört daher ein kulturübergreifendes *Ethos der Gegenseitigkeit*, das zugleich den Kern einer modernen Vernunftethik als «normativer Logik der Zwischenmenschlichkeit»[23] ausmacht. Deren grundlegendes moralisches Prinzip ist die unbedingte wechselseitige Achtung und Anerkennung aller Menschen als Wesen gleicher Würde und mit gleichen Grundrechten.

Aus der gelebten Achtung anderen gegenüber erwächst zugleich unsere gesunde personale Selbstachtung. In ihr *spiegelt* sich nämlich, wie weit wir von klein auf die gute Erfahrung machen durften, von anderen Menschen als achtenswerte Person wahrgenommen und respektiert zu werden. Im Spiegel können wir uns selbst in die Augen schauen und uns o.k. finden, wenn wir weder der rücksichtslosen Selbstsucht noch der ebenso problematischen Selbstmissachtung und Selbstaufopferung erliegen. Schließlich hat jeder Mensch legitime Ansprüche ans Leben, aber er sollte auch die ebenso legitimen Ansprüche anderer Personen respektieren.

Zwischen Legitimitäts- und Sinnfragen besteht deshalb eine sachliche Rangordnung, die für eine moderne, freiheitlich-demokratische Gesellschaft grundlegend ist. Es ist, wie wir in Kapitel 3 noch genauer sehen werden, gerade die Aufgabe einer legitimen Wirtschafts- und Gesellschaftsordnung, eine bunte Vielfalt blühender, sich wechselseitig respektierender Lebensformen zu ermöglichen. Formen des guten Lebens gibt es unter modernen Vorzeichen nur im Plural – und nur im Rahmen einer fairen, von allen Gruppen anerkannten und für alle verbindlichen Grundordnung. Die öffentliche Ordnung einer freiheitlich-demokratischen Gesellschaft dient wesentlich dem Zweck, die je gleiche Privatsphäre aller Bürgerinnen und Bürger zu definieren und zu gewährleisten. In ihrem Rahmen sind Weltanschauungen und Lebensformen von Rechtfertigungsansprüchen freigestellt, soweit sie die Legitimitätsvoraussetzung wahren, anderen die gleiche Freiheit zur Wahl ihrer bevorzugten Lebensform und Werthaltung zuzugestehen.

Gemäß diesem zweidimensionalen Grundkonzept benötigt lebenspraktisch vernünftiges (lebensdienlichen) Wirtschaftens in beiden Dimensionen handlungsorientierende *Vorgaben:* einerseits subjektive Werte des guten Lebens (Sinnorientierung) und andererseits allgemeinverbindliche Grundsätze des gerechten Zusammenlebens (Gerechtigkeitsorientierung). Dieses Postulat wendet sich – um einem möglichen

Missverständnis vorzubeugen – keineswegs gegen den ökonomischen Effizienzgesichtspunkt, vielmehr zielt es auf die Klärung der unausweichlichen Frage, *wofür* und *für wen* eine lebensdienliche (Markt-)Wirtschaft denn effizient funktionieren soll. Der Markt kann das von sich aus nicht «wissen», wir müssen es ihm schon «sagen», denn er ist gleichsam ethisch blind.[24] In einem unverkürzten Verständnis vernünftigen Wirtschaftens ist daher die Effizienz ein systematisch nachrangiges Kriterium, das erst *im Hinblick* auf die vorzugebenden Sinnorientierungen und Legitimitätsbedingungen als lebensdienlich begründet werden kann *(Abb. 3)*.

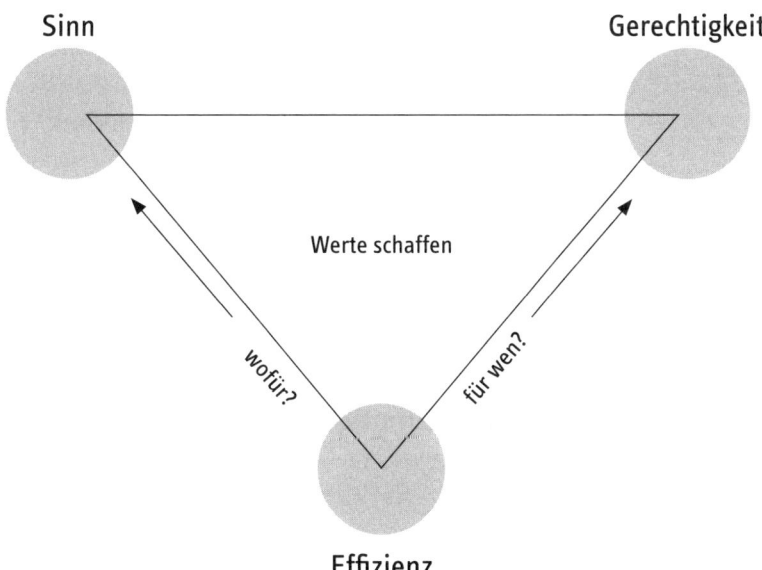

Abb. 3: Drei Gesichtspunkte wirtschaftlicher Vernunft

Wirtschaftsethik ist die Interdisziplin, die in dieser Weise das ökonomische «Werteschaffen» hartnäckig hinsichtlich seiner Vernünftigkeit *im Lebenszusammenhang* der Menschen reflektiert. Nun dürfte auch die besondere Aktualität und Brisanz so verstandener Wirtschaftsethik auf der Hand liegen: Im Gegensatz zu ihr betrachtet nämlich die heute gelehrte *Mainstream Economics* das Wirtschaften nur mehr aus der *Perspektive der marktwirtschaftlichen Systemlogik*. Diese ist heute die Logik des globalen

Marktes, auf dem mit dem so genannten Standortwettbewerb zugleich auch die ganzen staatlichen Rahmenordnungen der nationalen Märkte miteinander im Wettbewerb stehen. Als «gut» erscheint infolgedessen eine Rahmenordnung sowie die gesamte Wirtschaftspolitik in erster Linie, wenn sie dem rund um die Welt anlagesuchenden, rentabilitätsinteressierten Kapital gute Investitionsbedingungen gewährleistet. Unter diesen Umständen zählen primär nicht mehr die Kriterien der konkreten Lebensdienlichkeit, sondern allein die *internationale Wettbewerbsfähigkeit* eines Standorts, und das heißt: die ökonomische Effizienz, mit der dort im Vergleich zu alternativen Standorten Kapital verwertet werden kann. So droht am Ende die eigensinnige ökonomische Logik auch noch über die Ordnungspolitik zu triumphieren (mehr dazu in Kapitel 6). Die unpersönliche, bisweilen tatsächlich «unmenschlich» wirkende Systemlogik entzieht sich immer mehr menschlichen Sinn- und Gerechtigkeitsansprüchen und macht sich stattdessen in verkehrter Weise die Lebensbedingungen der Menschen und die Realpolitik untertan, wie wir an zwei Beispielen schon gesehen haben.

Angesichts dieser Problemlage tut die grundsätzliche Stärkung der wirtschaftsethischen Argumentation gegenüber der gewohnten und realpolitisch weitgehend dominierenden ökonomischen «Sachlogik» not. Das erste wirtschaftsethische Anliegen geht dahin, den herrschenden Respekt vor dem ökonomischen Jargon der «wertfreien Sachlichkeit» etwas aufzuweichen, wie er in den letzten drei Jahrzehnten besonders lautstark von einem marktradikalen Neoliberalismus[25] verwendet wurde. Zwar spüren inzwischen viele Bürgerinnen und Bürger intuitiv, dass damit etwas nicht ganz stimmen kann; aber sie fühlen sich oft ohnmächtig, ihre Intuitionen präzis in Worte zu fassen. Der nachfolgende Abschnitt möchte erhellen, weshalb mit der landläufigen neoliberalen Sachzwang- und Gemeinwohl-Rhetorik nicht alles gesagt ist, was im Namen wohlverstandener ökonomischer Vernunft zu sagen wäre.

1.4 Zur Kritik der «wertfreien» ökonomischen Sachlogik und ihrer normativen Überhöhung zum Ökonomismus

Integrative Wirtschaftsethik, wie sie der St. Galler Ansatz der Wirtschaftsethik vertritt, setzt genau im dargelegten Sinne grundlagenkritisch an. Ihr systematischer Ansatzpunkt ist die Einsicht, dass die ökonomische Sachlogik (oder das, was als solche ausgegeben wird) selbst immer schon hochgradig normativ ist. Es macht folglich wenig Sinn, ihr einfach eine andere, «sachfremde» ethische Normativität überstülpen zu wollen: Diese wird an jener gleichsam abprallen, wenn der implizite normative Gehalt der sich normalerweise als «wertfrei» (miss-)verstehenden ökonomischen Argumentationsweise nicht kritisch erhellt und im dreifachen Hegel'schen Sinn «aufgehoben»[26] wird. Die bloß «implizite Ethik»[27], die der ökonomischen Rationalität zugrunde liegt, gilt es mit der methodischen Disziplin expliziter Wirtschaftsethik argumentationszugänglich zu machen.

Die Kritik der (nicht ganz) reinen ökonomischen Vernunft und dessen, was uns in ihrem Namen so alles «verkauft» wird, ist daher die *systematisch erste Aufgabe* integrativer Wirtschaftsethik. Bevor wir uns dieser Aufgabe zuwenden, sei der Übersicht halber kurz die Gesamtarchitektur des integrativen Ansatzes erwähnt. Dieser unterscheidet – nach der allgemeinen philosophisch-ethischen Klärung des *moral point of view* (nämlich der oben charakterisierten normativen Logik der Zwischenmenschlichkeit) – drei systematische Grundaufgaben:

1) die Kritik der «reinen» ökonomischen Vernunft und ihrer Überhöhung zum Ökonomismus (oder: die Entzauberung der Metaphysik des Marktes),
2) die Klärung der ethischen Gesichtspunkte einer lebensdienlichen Ökonomie in beiden erwähnten Dimensionen (Sinnorientierung und Legitimitätsgrundlagen),
3) die Bestimmung der «Orte» der Moral des Wirtschaftens in einer wohlgeordneten Gesellschaft freier Bürger (d.h. Klärung der bestimmten Instanzen zurechenbaren wirtschaftsethischen Ansprüche).

Die Zuordnung dieser drei wirtschaftsethischen Grundaufgaben zu den einzelnen Kapiteln dieses Buches fällt nicht schwer: Hier im 1. Kapitel befassen wir uns im Weiteren ausschließlich mit der ersten Aufgabe. Kapitel 2 ist dem Sinnhorizont des wirtschaftlichen Fortschritts, Kapitel 3 der Legitimitätsbasis einer buchstäblich zivilisierten Wirtschaftsordnung gewidmet; zusammen entsprechen sie der zweiten Grundaufgabe. Die drei Kapitel des II. Teils wenden sich gemäß der dritten Grundaufgabe drei grundlegenden «Orten» der Moral des Wirtschaftens zu: Kapitel 4 fragt nach den wirtschaftsethischen Ansprüchen, die unmittelbar den Bürgern zumutbar und notwendigerweise zuzumuten sind (Wirtschaftsbürgerethik), Kapitel 5 nach dem angemessenen Rollenverständnis der Unternehmen (Unternehmensethik) und Kapitel 6 nach einer »zivilisierenden» Rahmenordnung des Marktes im Zeitalter der Globalisierung (Weltwirtschaftsethik).

Zurück zur ersten Grundaufgabe. Was bedeutet zunächst der in ihrer Umschreibung oben eingeführte, auf den Kölner Sozialökonomen Gerhard Weisser[28] zurückgehende Begriff des *Ökonomismus*? Gemeint ist damit wie bei allen *-ismen* eine Weltanschauung; in diesem Fall eine, die sich hinter dem Jargon wertfreier Sachrationalität versteckt, dabei aber die ökonomische Rationalität (Effizienz) zum obersten Wertgesichtspunkt verabsolutiert und einer nahezu grenzenlosen Ökonomisierung unserer Lebensformen, der Gesellschaft und der Politik das Wort redet. Der Ökonomismus ist wohl *die* Großideologie der Gegenwart – und diese damit alles andere als das vermeintliche postideologische Zeitalter: Kaum je zuvor hat eine einzige ideologische Argumentationsform weltweit einen vergleichbaren Einfluss ausgeübt. Ökonomismuskritik oder die Kritik der entgrenzten ökonomischen Ratio ist aus geistesgeschichtlicher Perspektive ein Stück überfällige *nachholende Aufklärung*.

Ökonomismus ist, wie man etwas salopp sagen könnte, der Glaube der ökonomischen Rationalität an nichts als sich selbst (ökonomischer Rationalismus). Erinnert sei an das in Abschnitt 1.2 zitierte Bekenntnis von C. C. von Weizsäcker: «Der Ökonom *glaubt* daran, dass Effizienz erwünscht ist.» Der apodiktischen Aussage v. Weizsäckers («*Der* Ökonom») ist entgegenzuhalten, dass Ökonomen selbstverständlich nicht zwingend Ökonomisten sind; sie sind jedoch der besonderen Gefährdung ausgesetzt, im Sinne einer *déformation professionelle* zu einer ökonomistischen

Weltanschauung zu tendieren. Wirklich «sachliche» Ökonomen hüten sich davor, indem sie die philosophischen und methodologischen Grundannahmen ihrer Disziplin immer wieder kritisch reflektieren. So werden und bleiben sie sich bewusst, dass aus «rein» ökonomischen Analysen keine ethisch-politisch gehaltvollen normativen Folgerungen begründbar sind.

Der Ökonomismus begegnet uns in Theorie und Praxis am häufigsten in der Form eines *Reflexionsstopps vor dem normativen Gehalt ökonomischer Argumente*, die in wirtschafts- und gesellschaftspolitischer Absicht vorgebracht werden. Das geschieht regelmäßig in der Weise, dass *andere* normative Geltungsansprüche, etwa solche, die explizit im Namen der Ethik erhoben werden, mit dem Verweis auf die angebliche *Unmöglichkeit* ihrer Berücksichtigung *unter den Bedingungen des marktwirtschaftlichen Wettbewerbs* abgewiesen werden, womit die normative Logik des Marktes natürlich selbst unbegründet als vorrangig ausgegeben wird.

Diese marktwirtschaftlichen «Bedingungen» können entweder als *empirische* oder aber als *normative* Bedingungen präsentiert werden. Dementsprechend sind auch zwei alltägliche Erscheinungsformen des Ökonomismus zu unterscheiden, die sich bestens ergänzen: Nennen wir sie das Sachzwangdenken zum einen und die Metaphysik des Marktes zum anderen. Zusammen klingt das dann etwa so: *Der harte (globale) Wettbewerb zwingt uns...* (z.B. x-tausend Leute zu entlassen – Sachzwangthese), *aber es dient letztlich dem Wohl aller* (marktmetaphysische Gemeinwohlfiktion).

Wir wollen nun versuchen, die beiden Erscheinungsformen des Ökonomismus, das Sachzwangdenken als die empiristische Form und die Metaphysik des Marktes als die normativistische Form, etwas genauer zu durchleuchten und ihre jeweilige ideologische Funktion zu verdeutlichen.

a) Das Sachzwangdenken

Niemand wird bezweifeln, dass Sachzwänge des Wettbewerbs real bestehen für diejenigen, die sich in ihm existenziell behaupten müssen – und das betrifft uns fast alle, soweit wir darauf angewiesen sind, unseren Lebensunterhalt als Unternehmer unserer eigenen Arbeitskraft zu verdienen. Erst unsere *Einkommens- oder Gewinninteressen* sind also der Grund dafür, dass wir uns unter Erfolgszwang fühlen – der Markt allein zwingt uns zu gar nichts. Wie der berühmte österreichische Ökonom Joseph Schumpeter ganz richtig formuliert hat, werden

> «...die Unternehmungen und ihre Leiter (...) *durch ihr Gewinnmotiv gezwungen* (...), sich aufs Äußerste anzustrengen, um eine maximale Produktion und minimale Kosten zu erreichen.»[29]

Es herrscht also im Markt weniger ein objektiver Zwang *zur* Gewinnmaximierung als vielmehr der *wechselseitige* Zwang der Wirtschaftssubjekte *durch* ihr je privates Einkommens- oder Gewinnstreben. Erst unter der ideologisch vorausgesetzten *Norm* der strikten Einkommens- bzw. Gewinn*maximierung* (die wir in Abschnitt 5.2 genauer durchleuchten werden) wird es für die Wirtschaftssubjekte «unmöglich», auf *andere* normative Gesichtspunkte, etwa solche der Human-, Sozial- und Umweltverträglichkeit ihres Handelns, Rücksicht zu nehmen. Aus wirtschaftsethischer Sicht gilt es jedoch gerade diese Einkommens- und Gewinninteressen ethisch-kritisch dahingehend zu reflektieren, *wie weit* sie im Lichte der moralischen Rechte anderer legitim sind und wo diese den Vorrang verdienen. Man geht ja wohl auch im Wirtschaftsleben nicht einfach über Leichen – außer in den *Mafia Economics*.

Das vermeintliche empirische Problem der Unmöglichkeit moralischen Handelns unter Wettbewerbsbedingungen entpuppt sich so als das normative Problem der situativen *Zumutbarkeit* moralisch begründeten Gewinn- oder Einkommensverzichts: Wie weit kann man legitimerweise von Wirtschaftsakteuren einen solchen Verzicht verlangen, um die berechtigten Ansprüche Betroffener – wie beispielsweise von Mitarbeitenden, Kunden, Lieferanten oder der lokalen Öffentlichkeit – zu wahren? Auch die Akteure selbst haben prinzipiell einen legitimen Anspruch auf ihre Selbstbehauptung im Wettbewerb. Niemand braucht seine eigenen berechtigten Ansprüche zu verleugnen, wohl aber kommt es auf die *wechselseitige* Achtung der moralischen Rechte von Akteuren und Betroffenen und die Bereitschaft zur entsprechenden Selbstbegrenzung der eigenen Ansprüche an.

Die moralische Selbstbegrenzung des privaten Einkommens- oder Vorteilsstrebens ist einem Wirtschaftsakteur umso eher zumutbar, je weniger er dadurch in seiner wirtschaftlichen Selbstbehauptung gefährdet wird. Das aber hat eine bedeutsame ordnungspolitische Dimension: Je mehr die Märkte *dereguliert* und der Wettbewerb dadurch intensiver werden, desto härter wird die Selbstbehauptung für alle in ihn verstrickten Akteure und umso weniger ist ihnen die individuelle Selbstbegrenzung zumutbar. Der total «*freie*» Markt, den es real zum Glück kaum gibt, wäre auch ein fast totaler lebenspraktischer *Zwangszusammenhang*! Er brächte vor allem die wettbewerbsschwächeren Personen in prekäre Existenzbedingungen. Als symptomatische Begleiterscheinung einer Politik der Marktderegulierung und Wettbewerbsintensivierung, wie wir sie (nicht zum ersten Mal in der Geschichte) in den vergangenen 30 Jahren besonders ausgeprägt erlebt haben, nimmt daher überall auf der Welt die Spaltung der Gesellschaft in Gewinner und Verlierer zu. Die Frage drängt sich auf: Wollen wir das wirklich? Oder ideologiekritisch gefragt: Wer konkret will denn das aus welchem Grund?

In Frage gestellt ist damit die bisher dominierende «neoliberale» Wirtschaftsdoktrin (im heutigen, nicht im ursprünglichen Sinn des Begriffs), deren Generalrezept zur Lösung fast aller wirtschafts- und gesellschaftspolitischen Probleme bekanntlich «mehr Markt!» lautet. Oder in der populär gereimten Langform: «Macht keine Geschichten, der Markt wird's schon richten.» Demgegenüber kommt es darauf an, beharrlich den vernunftethisch gebotenen *Primat der Ethik* – auch und insbesondere der *politischen Ethik* – *vor der Logik des Marktes* argumentativ stark zu machen. Denn soweit unsere Analyse stimmt, will die neoliberale Politik der grenzenlosen Marktderegulierung und Wettbewerbsintensivierung uns Bürger nicht etwa aus den wirtschaftlichen Sachzwängen befreien, sondern uns im Gegenteil ihnen möglichst total unterwerfen. An einer solchen *Sachzwangpolitik* interessiert sind wohl nur jene, die von ihr besonders profitieren. Es besteht nämlich aus wirtschaftsethischer Sicht eine ausgeprägte *Parteilichkeit der Sach(zwang)logik des Marktes*. Diese hinter Gemeinwohlrhetorik zu verbergen, ist exakt die ideologische Aufgabe der zweiten, normativistischen Erscheinungsform des Ökonomismus.

b) Die Metaphysik des Marktes

Dass die Parteilichkeit des Marktes so erstaunlich selten klar gesehen wird, liegt wohl daran, dass aus der *unpersönlichen* Funktionsweise des Marktes fälschlicherweise auf *unparteiliche* Ergebnisse geschlossen wird. Es herrscht also die Fiktion einer *allgemeinen Effizienz*, die allen gleichermaßen zugutekäme, also per se gemeinwohldienlich sei. Dem ist aber keineswegs so; vielmehr bevorzugt der Markt strukturell die «systemkonformen» Einkommens- und Gewinninteressen derjenigen, die reichlich über «verwertbares» Kapital im weitesten Sinne – Finanz-, Sach- oder Humankapital («Köpfchen») – verfügen. Gleichviel ob diese «starken» Wirtschaftssubjekte gerade investieren oder desinvestieren, Arbeitsplätze schaffen oder vernichten, Löhne erhöhen oder drücken, ihr Tun gilt unter der gegebenen normativen Sachlogik der real existierenden kapitalistischen Marktwirtschaft definitionsgemäß stets als rational, ganz wie wir es mit Max Frisch ironisiert haben: «Vernünftig ist, was rentiert». Demgegenüber haben die Vertreter anderer, nicht «systemkonformer» Interessen (z.B. Arbeitnehmerinteressen) oder ideeller Anliegen (z.B. Wahrung der Menschenrechte, soziale Gerechtigkeit oder ökologische Nachhaltigkeit) die ökonomische Sachlogik ebenso regelmäßig *gegen* sich.

Es kann daher nicht verwundern, dass beispielsweise der deutsche «Sachverständigenrat (!) zur Begutachtung der gesamtwirtschaftlichen Entwicklung» in seinen jährlichen Gutachten Vorwürfe wirtschaftlich *unvernünftigen* Verhaltens und entsprechende wirtschaftspolitische Ermahnungen zum Maßhalten regelmäßig nur an die Arbeitnehmerverbände und an die Regierung richtet:

> «Die Feststellung und Zurechnung destabilisierenden Fehlverhaltens ist nach dem neoklassischen[30] Interpretationsmuster erkennbar einfach: Fehlverhalten ist nur möglich seitens der Gewerkschaften (‹zu hohe› Lohnforderungen) und seitens der Regierung (‹zu hohe› Besteuerung der Gewinneinkommen...). Im Falle des Verfehlens der Stabilitätsziele [bezüglich Konjunktur und Wachstum, P.U.] kann daher den Gewerkschaften und der Regierung von den Begutachtern der Wirtschaftspolitik scheinbar politisch wertfrei die Verletzung wirtschaftlicher Sachgesetzlichkeiten als gesamtwirtschaftlich verantwortungsloses Verhalten bescheinigt werden.»[31]

Kaum je gehört hat man hingegen von den nach ihrem Selbstverständnis ganz wertfreien «Sachverständigen» der normativen Logik des Marktes eine Ermahnung an die *Shareholder* und sonstigen Kapitalgeber, sie sollten ihre möglicherweise ebenfalls «zu hohen» Renditeansprüche mäßigen.[32] Dabei weisen die makroökonomischen Daten gerade in jüngster Zeit durchaus auf Indizien, dass in dieser einseitigen Shareholder-Orientierung gewichtige Ursachen für wirtschafts- und sozialpolitische Probleme (Wachstumsschwäche und chronisch hohe Arbeitslosigkeit, sich öffnende soziale Schere und zunehmende Staatsverschuldung) liegen könnten, ganz zu schweigen von den fatalen Effekten der volatilen globalen Finanzmärkte bis hin zu der 2008 ausgelösten Finanz-, Wirtschafts- und Schuldenkrise.

Wieso gelingt es der gängigen ökonomistischen Gemeinwohlrhetorik gleichwohl immer wieder, die eminente Parteilichkeit des Marktprinzips für die Kapitalverwertungsinteressen zu verbergen? Das ist letztlich ideen- und dogmengeschichtlich zu verstehen. Auf dem Hintergrund der christlich-schöpfungstheologischen Weltdeutung konnte sich in der frühen Neuzeit die Vorstellung etablieren, dass der «freie» Markt, gedeutet als «natürliche» Wirtschaftsordnung, an der von Gott gewährleisteten guten Ordnung der Natur teilhabe. Darauf gründet – in den berühmten Worten von Adam Smith[33] – das Vertrauen in die «unsichtbare Hand» des Marktes, die angeblich von selbst dafür sorgt, dass alles gut wird. Die unsichtbare Hand ist in Wirklichkeit jedoch vor allem deshalb unsichtbar, weil es sie gar nicht gibt...

Mit den geistesgeschichtlichen Hintergründen der harmonistischen Metaphysik des Marktes werden wir uns in Abschnitt 2.2 noch näher befassen. Zuerst wollen wir eine moderne Orientierungsidee vernünftigen Wirtschaftens gewinnen.

1.5 Die sozialökonomische Rationalitätsidee als «ideelle Spitze» einer Vernunftethik des Wirtschaftens

Wie kann Wirtschaftsethik die marktmetaphysische Gemeinwohlfiktion durchbrechen? Im Prinzip ist es ganz einfach: Immer dann, wenn im Namen der ökonomischen Vernunft in allgemeiner Weise mit Effizienzgesichtspunkten argumentiert wird, gilt es nachzufragen, *für wen konkret* eine vorgeschlagene Handlungsweise oder die Gestaltung einer Institution denn effizient ist und für wen vielleicht ganz und gar nicht. So wird deutlich, dass Fragen des *effizienten* Umgangs mit der *Knappheit* von Ressourcen oder Gütern stets unablösbar eingebunden sind in Fragen des *gerechten* Umgangs mit den sozialen *Konflikten* zwischen allen Beteiligten und Betroffenen *(Abb. 4).*

```
                        Legitimationsaspekt
Wirtschafts-           (Konfliktbewältigung)              Wirtschafts-
subjekt 1       ◄───────────────┬───────────────►         subjekt 2
                                │
                         Effizienzaspekt
                      (Knappheitsbewältigung)
                                │
                                ▼
                        Ressourcen und Güter
```

Abb. 4: Die Zweidimensionalität sozialökonomischer Rationalität

Dieses «T»-Modell symbolisiert zweierlei: Zum Ersten verdeutlicht es, dass *vernünftiges Wirtschaften* zweidimensional zu denken ist; denn die Frage nach einem gerechten Umgang mit den sozialen Konflikten um knappe Güter ist nicht auch noch in «rein» ökonomischen Kategorien, sondern nur in Kategorien ethischer Vernunft zu beantworten. Und zum Zweiten kommt zugleich das angemessene Verhältnis und der Weg zur Vermittlung der beiden genannten Dimensionen vernünftigen Wirtschaftens zum Ausdruck: Es geht nicht einfach darum, dem ökonomischen Rationalitätsanspruch den ethischen gleichsam als dessen «Gegengift» oder Korrektiv bloß unvermittelt entgegenzusetzen oder gar den Effizienzanspruch zugunsten ethischer Kriterien fallen zu lassen. Vielmehr kommt es darauf an, den Effizienzgesichtspunkt in einer umfassenderen Idee ökonomischer Vernunft «aufzuheben»[34]. Diese (diskursethisch fundierte) regulative Idee ökonomischer Vernunft, die ich zur Unterscheidung von der herkömmlichen ökonomischen Rationalität die *sozialökonomische Rationalitätsidee* nenne, *integriert* die ethische Legitimitätsbedingung in die Leitidee vernünftigen Wirtschaftens. Als ökonomisch vernünftig in diesem wirtschaftsethisch integrierten Sinn kann jede Handlung oder Institution gelten, die freie und mündige Personen in der vernunftgeleiteten Verständigung unter allen Betroffenen als legitime Form der Wertschöpfung gutheißen können.[35]

Mit der sozialökonomischen Rationalitätsidee ist gleichsam nicht mehr und nicht weniger als die «ideelle Spitze» einer modernen Vernunftethik des Wirtschaftens auf den Begriff gebracht. Mit ihr braucht sich die Wirtschaftsethik erstmals vonseiten der Vertreter einer vermeintlich rein ökonomischen Perspektive nicht mehr in die Ecke der ökonomischen Unvernunft stellen zu lassen. Stattdessen lässt sich jetzt der ausgedünnten ökonomischen Ratio neoklassischer Prägung ein anspruchsvollerer, ethisch gehaltvoller Begriff ökonomischer Vernunft entgegenhalten.

Zugegebenermaßen bleibt die sozialökonomische Rationalitätsidee zunächst reichlich abstrakt. Als regulative Idee zeigt sie – wie ein Wegweiser – nur die generelle Richtung an, in die wir uns vernünftigerweise orientieren sollten: Sie bringt nichts anderes als den *moral point of view* einer modernen Vernunftethik des Wirtschaftens auf den Begriff. Wohin uns der Weg, in diesem Fall der Weg einer *ethisch integrierten ökonomischen Vernunft* im Einzelnen führt, werden wir erst konkret sehen, wenn wir in die von ihm angezeigte Richtung gehen.

An diesem Punkt liegt natürlich der skeptische Hinweis auf die *Ohnmacht der Vernunft* nahe. Gewiss hat diese immer nur die sanfte Kraft des besseren Arguments und damit noch lange nicht die realpolitische Macht auf ihrer Seite. Aber diesbezüglich sollten wir – entgegen jenen, die mit zynischem Lächeln auf den Lippen wider den «weltfremden Idealismus» einer ethischen Haltung lästern – nicht zu schnell resignieren. Denn die moderne Gesellschaft beruht nicht zuletzt auf einem ethisch-politischen Rationalitätsanspruch, der sich historisch durchaus als wirkungsmächtig erwiesen hat. Es ist dies eine Erfolgsgeschichte der aufklärerischen Vernunft, die etwa in Form der Ideen der universalen Menschenrechte und der Demokratie weltweit noch heute unaufhörlich «Fortschritt» macht.

Offenbar übt ihr Vernunftpotential eine kaum einzugrenzende Anziehungskraft auf freiheitsfähige Menschen aus, wo immer auf diesem Globus sie leben. In einer «offenen Gesellschaft»[36], in der alle Macht sich vor dem «räsonierenden Publikum»[37] der wahl- und stimmberechtigten Bürgerschaft legitimieren muss, kann «der eigentümlich zwanglose Zwang des besseren Argumentes»[38] durchaus einen starken öffentlichen *Legitimationsdruck* auf jene ausüben, die ohne Rücksicht auf die lebenspraktischen Folgen für andere ihre Partikulärinteressen verfolgen.

So gesehen, dient wirtschaftsethische Reflexion nicht nur unserer beschaulichen *Orientierung im Denken*; vielmehr gehört es zu unserem Status als Bürger einer freiheitlich-demokratischen Gesellschaft, dass *wir* – wer sonst? – unsere wirtschafts- und staatsbürgerliche Aufgabe darin erkennen, unsere *Mitverantwortung* wahrzunehmen für eine Neuausrichtung des sozioökonomischen Fortschritts, die lebenspraktisch Sinn ergibt und zu gerechteren gesellschaftlichen Verhältnissen führt. Es kommt darauf an, dass wir – die Gemeinschaft der politisch mündigen Bürgerinnen und Bürger – «unserer» Volkswirtschaft entsprechende normative Vorgaben geben. Sonst hätten wir bald einmal eine «Volkswirtschaft» ohne Volk...

Im anschließenden Kapitel 2 versuchen wir zunächst aus einer umfassenden geistes- und realgeschichtlichen Perspektive zu erhellen, wo die entfesselte ökonomische Rationalisierungsdynamik der Moderne ihre motivationalen und strukturellen Ursachen hat und vor welchen epochalen Herausforderungen wir gegenwärtig stehen, wenn der ökonomische Rationalisierungsprozess in Zukunft noch einlösen soll, was er verspricht: nämlich *mehr Vernunft* in unser Wirtschaften zu bringen.

2. Fortschritt wohin?
Moderne Verheißungen und epochale Sinnfragen

Fortschritt kommt von «fortschreiten». Aber wohin soll es denn gehen? In diesem Kapitel wagen wir eine mit ziemlich großer Optik gezeichnete geschichtliche Perspektive des Fortschritts, den uns die moderne Ökonomisierungsdynamik verheißen hat. Zu erhellen und zu erwägen gilt es, inwiefern und weshalb wir heute möglicherweise vor epochalen Weichenstellungen stehen. Soll der Fort-Schritt in Zukunft noch ein sinnvoller Fortschritt sein, so wird es dringlich, dass wir uns auf seine handlungsorientierenden Leitideen besinnen.

Was da in der Moderne epochemachend vor sich gegangen ist und weiter vor sich geht, gilt es zuerst genauer in den Blick zu bekommen (2.1) und in den real- sowie vor allem den ideengeschichtlichen Ursprüngen zu erhellen (2.2). Denn die Gegenwart ist nur als gewordene verstehbar – und die Zukunft nur im Bewusstsein dieser Geschichte «fortschrittlich» gestaltbar. Von da aus ist die spezifische ökonomische Herausforderung der Gegenwart zu bestimmen (2.3). Den vermutlich über kurz oder lang anstehenden Themenwechsel des Fortschritts werden wir im Spannungsfeld zwischen einem Traum von John Maynard Keynes (2.4) und einer Befürchtung Max Webers (2.5) zuspitzen.

2.1 «Das unvollendete Projekt der Moderne» (Jürgen Habermas)

«Die Zeiten sind hart, aber modern», soll Charlie Chaplin einmal gesagt haben. «Hart» sind in der Tat die vielfältigen *Zumutungen* der Moderne, jenseits aller Geborgenheit in den festen Werten und Gewohnheiten der Tradition unser Leben selbständig *führen* zu müssen, vor allem *selber zu denken* – damit ist der aufklärerische Kern der *kulturellen* Modernisierung, der «Ausgang aus der selbst verschuldeten Unmündigkeit»[39] angesprochen – und uns im Existenzkampf als «Lebensunternehmer» («Unternehmer unserer Arbeitskraft», vgl. Abschn. 1.4) *selbst zu behaupten* – damit ist vor allem die *wirtschaftliche* Modernisierung thematisiert. Auf einer spannungsreichen Wechselwirkung beider Momente beruht von Anfang an die *gesellschaftliche* Modernisierung *(Abb. 5)*.

Was die kulturelle, gesellschaftliche und wirtschaftliche Modernisierung im Kern verbindet, ist ihre *emanzipatorische* Ausrichtung: Wir sollen uns aus fremdbestimmtem Denken und Handeln jeder Art befreien (Kant) und als freie Bürgerinnen und Bürger leben können. Treibende Kraft ist der *«Gedanke der Selbstbefreiung des Menschen durch den Appell an die Ratio:* die Abwerfung von Bindungen, die Emanzipation des Menschen und die Herstellung seiner Autonomie.»[40] Hat dieser moderne Leitgedanke erst einmal das Denken der Menschen erfasst, so lässt sich der darin enthaltene Anspruch der Autonomie, d.h. eben der vernünftigen Selbstbestimmung, kaum mehr auf partielle Handlungs- und Lebensbereiche eingrenzen. Das geschichtsmächtige, epochale «Projekt der Moderne»[41] hat daher einen umfassenden, uneingrenzbaren und wohl auch unabschließbaren Geltungsanspruch.

Dass die Modernisierung geradlinig weiter fortschreitet und «fortschreitend» den erwähnten emanzipatorischen Anspruch einlöst, steht jedoch keineswegs fest. Wird nämlich der Druck zur Anpassung an die angedeuteten Härten oder «Zumutungen» des modernen Lebens als allzu bedrohlich empfunden, etwa weil sie unvermittelt in traditionelle Lebensformen einbrechen oder weil das Tempo des sozioökonomischen Strukturwandels die Anpassungsfähigkeit der Menschen überfordert, so provoziert dies bisweilen mehr oder weniger «reaktionäre», im Grenzfall vielleicht sogar «fundamentalistische» Gegenkräfte. Modernisierungsprozesse waren von Anfang an weltanschaulich und politisch umstritten, und sie werden es wohl immer bleiben. Wie wir in Abschnitt 2.2 noch sehen werden, braucht jedoch keineswegs jeder Widerstand gegen moderne Rationalisierungskräfte Ausdruck einer rückwärtsgewandten Mentalität zu sein. Es kommt eben sehr darauf an, *welche* Moderne mit dem «Fortschritt» genau gemeint ist.

Es war Max Weber, der anfangs des 20. Jahrhunderts als Erster die gesamte Geschichte als umfassenden Rationalisierungsprozess interpre-

Historischer Rationalisierungsprozess

↓

Modernisierung

↙ ↘

kulturell — **wirtschaftlich**

↓ ↓

«selber denken!» — «sich selbst behaupten!»

↓ ↓

Aufklärung
(«Ausgang aus der
selbstverschuldeten
Unmündigkeit») — (Lebens-)
Unternehmertum

↓ ↓

geistige Autonomie
und politische Mündigkeit
(Citoyen) — existenzielle
Selbständigkeit
(Bourgeois)

↓

spannungsvolle gesellschaftliche Modernisierung
zwischen
politischem und wirtschaftlichem Emanzipationsanspruch

Abb. 5: Zwei Dimensionen der gesellschaftlichen Modernisierung

tiert und die Modernisierung als dessen spezifische okzidentale (abendländische) Form in der Neuzeit begriffen hat. *Rationalisierung* meint, wie wir schon im 1. Kapitel gesehen haben, im Prinzip durchaus «Vernünftigung», also die Umstellung einer Praxis von traditionaler auf rationale Orientierung: In vormodernen Zeiten war etwas richtig, einfach weil man es immer so gemacht hatte; in der Moderne aber ist richtig, wofür gute Gründe sprechen. Die moderne Basiszumutung ist also die der *ratio-*

nalen Begründung des individuellen Tuns ebenso wie der Gesellschaftsgestaltung, sei es vor sich selbst oder vor allen andern: «Die Moderne muss sich aus der einzigen Autorität, die sie übrig gelassen hat, stabilisieren, eben aus Vernunft.»[42] Diese Rationalitätsorientierung erfährt in der Moderne in dreifacher Hinsicht eine epochale Radikalisierung:

- Sie öffnet sich – als kulturelle Modernisierung – konsequent zur Zukunft hin, indem sie die «Entzauberung der Welt»[43] betreibt, d.h. die aufklärerische Kritik aller überkommenen mythischen und religiösen Deutungen des Weltverlaufs. Sie anerkennt als einzige Begründungsinstanz unserer Weltsicht (Theorie) und Handlungsorientierung (Praxis) nur mehr die Vernunft und pocht auf eine vernünftige Fortsetzung der Geschichte. Insofern ist Modernisierung radikale *Traditionskritik*.
- Sie hinterfragt – als gesellschaftliche und politische Modernisierung – überkommene gesellschaftliche Strukturen und politische Herrschaftsansprüche, indem sie auch für deren Gestaltung als einzige Autorität die (ethisch-politische) Vernunft anerkennt und von da aus den emanzipatorischen Horizont einer Gesellschaft freier, gleicher und mündiger Bürger entwirft. Insofern ist Modernisierung radikale *Gesellschaftskritik*.
- Sie entbindet – als technische und wirtschaftliche Modernisierung – bereichsspezifische funktionale Rationalitäten, indem sie Handlungs- oder Gesellschaftsbereiche wie Wissenschaft und Technik, (Privat-)Wirtschaft und (Staats-)Verwaltung fortschreitend aus den sonst im Lebensalltag geltenden Normen und Wertorientierungen herauslöst. Entlastet von den unmittelbaren normativen Ansprüchen der Lebenswelt und wissenschaftlich von sich entsprechend spezialisierenden Expertenkulturen gestützt, können solche funktionalen Rationalisierungsprozesse konsequent ihren jeweiligen «Eigensinn» entwickeln. Insofern ist Modernisierung radikale *Entfaltung von «Sachgesetzlichkeiten»*.

Die zuletzt angesprochene Versachlichung ist gleichbedeutend mit der Herausbildung *gesellschaftlicher (Sub-)Systeme*, in denen die Handlungskoordination von der unmittelbaren Orientierung der Akteure an lebenspraktischen *Sinn*zusammenhängen auf die mittelbare Orientierung an unpersönlichen *Funktions*zusammenhängen umgestellt ist.[44] So hat sich, wer sich im modernen (marktbasierten) *Wirtschaftssystem* behaupten will, eben an der erwerbswirtschaftlichen «Logik» der Kapitalverwertung zu orientieren, egal ob er über Finanz- oder Realkapital verfügt oder bloß sein Humankapital anzubieten hat. Im *staatlich-administrativen System* dominiert analog die «ohne Ansehen der Person»[45] ablaufende bürokratische «Logik» willkürfreier und deshalb rechtsstaatlich geregelter und stets aktenmäßig dokumentierter «Vorgänge». Und auch im *Wissenschaftssystem* fällt es Nachwuchskräften immer schwerer, sich der disziplinären Binnenlogik hochspezialisierter Fachwissenschaften und ihren auf unpersönliche und wertfreie Objektivität zielenden szientistischen Standards zu entziehen, wenn sie sich nicht ihre akademischen Laufbahnchancen verderben wollen. Die unmittelbare lebenspraktische Relevanz wissenschaftlicher Ansätze zählt da kaum mehr, erst recht nicht, wenn sie außerhalb des jeweiligen disziplinären Mainstreams liegen …

Mit andern Worten: Die «Sachgesetzlichkeiten» solcher etwas «eigensinnig» funktionierender gesellschaftlicher Teilsysteme haben die Tendenz zu einer nur aus ihrer Binnenlogik vorangetriebenen Eigendynamik, deren weitere Freisetzung nach außen gerne mit *Sachzwang*-Argumenten gerechtfertigt wird – sei dies vonseiten «Sachverständiger», die sich mit der jeweiligen «Sachlogik» nur allzu oft distanz- und kritiklos identifizieren *(déformation professionelle)*, oder sei es vonseiten gesellschaftlicher Gruppen, die davon unmittelbar profitieren, ihre sehr persönlichen Interessen aber lieber hinter einer unpersönlichen «Sachlogik» verbergen, wie wir bezüglich der (nicht ganz) «reinen» ökonomischen Rationalität schon in Abschnitt 1.4 gesehen haben.

Allerdings lässt sich im immer vielfältigeren Wissenschaftsangebot heute praktisch zu jedem eine «Sache» befürwortenden Experten ein sie ablehnender Gegenexperte finden, der sich von jenem in der Regel weniger durch seine wissenschaftliche Fach- und Sachkompetenz als vielmehr durch seine andere Weltanschauung und Werthaltung unterscheidet. Aufgrund entsprechender Erfahrungen mit «großen» Expertendebatten – beispielsweise zur Atomenergie, zur Gentechnik, zum Klimawandel und immer wieder zu wirtschafts- und sozialpolitischen Fragen – ist einer breiten Öffentlichkeit längst klar, dass solche Werthaltungen mittels der gewählten Forschungsperspektiven und Forschungsleitfragen auf die Ergebnisse «wertfreier» wissenschaftlicher Studien weitgehend durchschlagen. Und diese Wertprämissen hängen meistens sehr direkt mit den gesellschaftspolitischen *Fortschrittsideen* ihrer Träger zusammen. Wohin es denn nun gehen soll, bleibt daher im Expertenstreit fast so unklar wie zuvor. Was wir als Fortschritt bezeichnen wollen, scheint keine Frage für Experten zu sein, sondern eine, die wir *als Bürgerinnen und Bürger* zu entscheiden haben.

2.2 «Der Geist des Kapitalismus» (Max Weber) und «die große Transformation» (Karl Polanyi)

Träger der Modernisierungsdynamik war von Anfang an das einst historisch «progressive» *Bürgertum*. Das frühmoderne städtische Bürgertum emanzipiert sich *wirtschaftlich*, als Kaufmannstum, aus überkommenen feudalwirtschaftlichen Strukturen. Das Bewusstsein der wirtschaftlichen Unabhängigkeit geht einher mit der *politischen* Befreiung der *Citoyens*, wie es im geflügelten Wort «Stadtluft macht frei!» zum Ausdruck kommt und zuerst in der Errichtung politisch unabhängiger Stadtstaaten als *Republiken* seinen Ausdruck findet, von Florenz und Venedig bis zu den Hansestädten. Wirtschaftliche und politische Liberalisierung gehen also vorerst Hand in Hand. Ihr gemeinsames Fundament ist wie erwähnt die kulturelle Modernisierung, also die Verflüssigung traditionaler Weltanschauungen, Lebens- und Gesellschaftsformen durch die Vernunftkritik.

Schon Kant hatte jedoch darauf hingewiesen, dass in der französischen Doppelbezeichnung des Bürgers als *Bourgeois* und *Citoyen* eine innere Spannung zum Ausdruck kommt.[46] Die Enttraditionalisierung birgt in Bezug auf das Verhältnis von Wirtschaft und Gesellschaft eine *Ambivalenz* in sich, die sich vor allem ab der zweiten Hälfte des 19. Jahrhunderts bemerkbar machte und deren epochale Entwicklung der berühmte Wirtschaftshistoriker Karl Polanyi als die (bis heute weltgeschichtlich voranschreitende) «große Transformation» bezeichnet hat.[47] Die zentrale Ambivalenz der gesellschaftlichen Modernisierung besteht im unklaren Verhältnis zwischen dem gesellschaftlichen und politischen Emanzipationsanspruch des Citoyen einerseits und dem wirtschaftlichen Emanzipationsanspruch des Bourgeois andererseits.

Was zunächst den *gesellschaftlichen und politischen Emanzipationsanspruch* betrifft, so kommt dieser im Programm der freiheitlich demokratischen Gesellschaft zur Entfaltung, und das heißt im Kern: Eine legitime Gesellschaftsordnung ist nur noch denkbar als jene «Verfassung», die sich die Gemeinschaft der Bürger selbst gibt, und zwar in einem deliberativen Prozess (d.h. Beratschlagungsprozess), der unter der Kant'schen Leitidee des «öffentlichen Vernunftgebrauchs»[48] steht. Grundlegend für eine Bürgergesellschaft, eine *civil society*, ist der allgemeine Status aller Gesellschaftsmitglieder als freie, gleiche und mündige Personen. Dieser egalitäre Kern der «moralischen Gleichheit»[49], wie die politische Philosophie und Ethik den modernen Anspruch auf gleiche Freiheit, gleiche Grundrechte und gleiche Lebenschancen aller nennt, ist deshalb der unverzichtbare Kernpunkt des emanzipatorischen Programms der *Citoyens* und damit des *politischen Liberalismus*. (Mehr dazu folgt in Kapitel 3).

Dagegen kommt der *wirtschaftliche Emanzipationsanspruch* der Bürger als *Bourgeois* primär in der moralischen Enthemmung und institutionellen Entfesselung erwerbswirtschaftlicher Motive zum Ausdruck. Freigestellt wird dabei auf christlich-metaphysischem Hintergrund das eigennützige Vorteilsstreben der Individuen am «freien» Markt. Die *religiöse Schubkraft* des so nur im christlichen Abendland entstandenen Wirtschaftsethos gründet in der schöpfungstheologischen Vorstellung einer von Gott «prästabilierten Harmonie» (Leibniz) in der Welt. Der französische Ökonom Frédéric Bastiat (1801–1850) hat diese Vorstellung in seinem Werk *Harmonies économiques* (1849) in folgendem Credo ausgedrückt:

> «Ich glaube, dass Er, der die materielle Welt geordnet hat, auch die Ordnung der sozialen Welt nicht auslassen wollte. Ich glaube, dass Er die frei Agierenden ebenso zu kombinieren und in harmonische Bewegung zu setzen wusste wie die leblosen Moleküle. (...) Ich glaube, dass die unbesiegbare soziale Tendenz die einer konstanten Annäherung der Menschen an ein gemeinsames physisches, intellektuelles und moralisches Niveau ist, wobei dieses Niveau fortschreitend und unbegrenzt ansteigt. Ich glaube, es ist für die allmähliche und friedliche Entwicklung der Menschheit ausreichend, wenn diese Tendenzen ungestörte Bewegungsfreiheit erlangen.»[50]

An dieser von Gott eingerichteten Harmonie der «sozialen Weltordnung» hat auch der «freie» Markt Anteil, wenn man ihn nur wirken lässt. Denn:

> «Wenn die göttlichen Gesetze harmonisch sind, so indem sie *frei* wirken, sonst wären sie nicht aus sich heraus harmonisch. Sofern wir einen Fehler in der Harmonie der Welt bemerken, kann er also nur mit einem Mangel an *Freiheit*, mit fehlender Gerechtigkeit, zusammenhängen.»[51]

Der praktische Schluss ist für Bastiat nicht schwer zu ziehen:

> «Unablässig und ohne Mitleid [sic!] sollen wir uns deshalb dafür einsetzen, den ganzen Bereich *privater Aktivität* freizusetzen vom Vordringen der [staatlichen, P.U.] Macht; allein unter dieser Voraussetzung werden wir die Freiheit oder das freie Spiel der harmonischen Gesetze gewinnen, die Gott für die Entwicklung und den *Fortschritt der Menschheit* bereitgestellt hat.»[52]

Zum Vorschein kommt hier die religiöse Fortschrittsverheißung des *Wirtschaftsliberalismus*, der es sich zur Aufgabe macht, «störende» politische Eingriffe in die Harmonie des «freien» Marktes «ohne Mitleid» (mit den Verlierern?!) zu beseitigen. Die Konsequenz ist die bis heute anhaltende ungeheure Rationalisierungsdynamik der «frei wirkenden» Marktkräfte. Ihr ursprünglich christlicher, speziell calvinistisch-protestantischer Motivationskern lässt sich am prägnantesten mit einigen Zitaten Max Webers auf den Punkt bringen.[53] So verweist er auf die

> «…Tatsache: dass die Protestanten (…) eine spezifische Neigung zum ökonomischen Rationalismus gezeigt haben, welche bei den Katholiken weder in der einen noch in der anderen Lage in gleicher Weise zu beobachten war und ist»,

sowie auf die

> «…auffallend häufige Erscheinung, dass aus Pfarrhäusern kapitalistische Unternehmer größten Stils hervorgehen.»

Der tiefere Zusammenhang sei der einer in der religiösen, besonders der calvinistischen Erziehung vermittelten «*ethisch* gefärbten Maxime der Lebensführung», die den Kapitalismus als seine «geistige Triebkraft» vorantreibe:

«Es ist nicht nur ‹Geschäftsklugheit›, was da gelehrt wird, (…) es ist ein Ethos, welches sich äußert.»

Es sei nämlich

«…das ‹summum bonum› dieser ‹Ethik›: der Erwerb von Geld und immer mehr Geld, unter strengster Vermeidung allen unbefangenen Genießens (…), so rein als Selbstzweck gedacht. (…) Der Mensch ist auf das Erwerben als Zweck seines Lebens, nicht mehr das Erwerben auf den Menschen als Mittel zum Zweck der Befriedigung seiner materiellen Lebensbedürfnisse bezogen.»

Genau hier hat in der frühen abendländischen Moderne eine kulturgeschichtlich epochale, «für das unbefangene Empfinden schlechthin sinnlose Umkehrung des (…) ‹natürlichen› Sachverhalts» stattgefunden. Diese fundamentale Ziel/Mittel-Verkehrung macht den inneren Kern der großen Transformation und das zentrale «Leitmotiv des Kapitalismus» aus. Aus all dem ergibt sich als

«…natürlich praktisch wichtigster Gesichtspunkt: die privatwirtschaftliche ‹Profitlichkeit›. Denn wenn jener Gott, den der Puritaner [d.h. amerikanische Calvinist, P.U.] in allen Fügungen des Lebens wirksam sieht, einem der Seinigen eine *Gewinnchance* zeigt, so hat er seine Absichten dabei. Und mithin hat der gläubige Christ diesem Rufe zu folgen, indem er sie sich zunutze macht.»

Der *Geldsegen*, der dann beim wirtschaftlich Tüchtigen eintrifft, darf somit unmittelbar als gutes Zeichen für Gottes Segen gelten. So «verklärt (…) die providentielle [d.h. auf die göttliche Vorsehung abstellende, P.U.] Deutung der Profitchancen den Geschäftsmenschen». Der darauf setzende Wirtschaftsliberalismus durfte, ja musste sich geradezu von Gott «berufen» fühlen, in der Welt mit der frohen Botschaft des freien Marktes zu missionieren. Sie eignete sich nämlich bestens, um die nicht ganz uneigennützigen und nicht ganz unparteilichen wirtschaftlichen Interessen des Bürgertums als gottgewollt und damit über jede Gesellschaftskritik erhaben zu rechtfertigen. Mit Alexander Rüstow auf den Punkt gebracht:

> «Denn wenn der wirtschaftliche Eigennutz auf geheimnisvolle Weise einen unmittelbaren göttlichen Auftrag besitzt, von Gottes unsichtbarer Hand selbst geleitet wird, so hat er es schließlich nicht mehr nötig, sich von Menschen ethisch kontrollieren und einschränken zu lassen.»[54]

Am Ende der grandiosen marktmetaphysischen «Verklärung eigennützigen Verhaltens» steht, wie Wirtschaftsnobelpreisträger Joseph Stiglitz in seinem jüngsten Buch konstatiert, die Finanzkrise 2008, die im Kern als «moralische Krise» zu verstehen ist:

> «Da [in der Finanzwelt, P.U.] der Gelderwerb als das A und O im Leben angesehen wurde, schien alles erlaubt zu sein.»[55]

Allzu lang konnte der außer Rand und Band geratene angelsächsische Finanzkapitalismus die alte Metaphysik des Marktes ideologisch missbrauchen, um jegliche Kritik an noch so maßlosem Gelddenken und Renditestreben abzuweisen. Kapitalismuskritik stand ja unter dem diskreditierenden, ursprünglich religiösen Verdacht des Ketzertums, soweit sie sich anmaßte, das segensreiche Wirken der im Marktmechanismus vermuteten «unsichtbaren Hand» Gottes in Frage zu stellen. Mit Adam Smith ließ sich erwidern:

> «Die Verwaltung des großen Systems des Universums, die Sorge für die allgemeine Glückseligkeit aller vernünftigen und fühlenden Wesen, ist indessen das Geschäft Gottes und nicht das des Menschen.»[56]

Wenn der freie Markt Anteil an Gottes wohlgeordneter Schöpfung hat, so müssen im Umkehrschluss die Kritiker der kapitalistischen Marktwirtschaft, die mehr soziale Gerechtigkeit fordern, ganz einfach des Teufels sein.[57] Wen wundert's, dass der latent den Markt vergötternde Wirtschaftsliberalismus schon früh mit dem politischen Liberalismus in Konflikt geraten musste. Dessen aufklärerischem Programm der moralischen Gleichheit und des «öffentlichen Vernunftgebrauchs» der Bürger fehlt jedoch ein vergleichbares (krypto-)religiöses Pathos. Allerdings kann der Marktliberalismus aus sich allein heraus den Status gleichberechtigter Bürger nicht gewährleisten, vielmehr setzt er ihn schon voraus. Insofern kann er den politischen Liberalismus nicht *gänzlich* über Bord werfen; er muss also die ihm gegenüber bestehende Spannung irgendwie aushalten, wenn er ethisch und politisch tragfähig bleiben will.

Auf die nicht ganz einfachen Zusammenhänge eines wohlgeordneten Verhältnisses von Bürgerfreiheit und Marktfreiheit werden wir in Kapitel 3 vertiefend eingehen. Hier befassen wir uns vorerst mehr mit den großen Linien der modernisierungsgeschichtlichen Dynamik. Und diesbezüglich ist zu konstatieren, dass der Wirtschaftsliberalismus ab der zweiten Hälfte des 19. Jahrhunderts sich vom politischen Liberalismus de facto abspaltete, als sozial *desintegrative* (d.h. den gesellschaftlichen Zusammenhalt in Frage stellende) Folgen des marktwirtschaftlichen Wettbewerbs in Form der so genannten «sozialen Frage» manifest und politisch virulent wurden, nämlich in den prekären Lebenslagen und Existenzproblemen der Verlierer des Wettbewerbs. Die Liberalen hielten an der marktmetaphysischen Überzeugung fest, «dass die notwendige soziale Integration unter allen Umständen innerhalb der Wirtschaft selber erfolgen müsse», und «sahen nicht die soziologische Notwendigkeit, den Markt durch Integration anderer Art einzurahmen»[58]. Stattdessen ließ das einst progressive liberale Bürgertum den emanzipatorischen Anspruch des gleichen Status freier Bürger für alle weitgehend fallen. Fortan überließ es den emanzipatorischen Kampf großenteils neuen gesellschaftlichen Kräften, insbesondere der Arbeiterbewegung und der Sozialdemokratie, und wurde zwecks Verteidigung seiner wirtschaftlichen Interessen und Privilegien zu einer politisch konservativen Kraft.

Dabei bildete sich gleichsam ein ideologischer Teufelskreis: Je mehr die sozialen *Tatsachen*, d.h. die sich innerhalb und zwischen den Volkswirtschaften «erbarmungslos» öffnenden Einkommens- und Vermögensscheren, das segensreiche Wirken der «unsichtbaren Hand» und die Botschaft des «Wohlstands für alle dank Wachstum» Lügen straf(t)en, umso unentbehrlicher wurde und wird die *wirtschaftsliberale Gemeinwohlideologie*, um die Preisgabe des politisch-liberalen Ideals sich selbst und der Öffentlichkeit nicht eingestehen zu müssen. In dieser Tradition steht heute noch immer der marktradikale Neoliberalismus, wie er sich seit *Thatcherism* und *Reagonomics* in den 80er und 90er Jahren des 20. Jahrhunderts politisch mehr oder weniger erfolgreich etabliert hat. Im Zeichen des Sachzwangarguments vom globalen Standortwettbewerb wurde der «ökonomische Rationalismus» (Max Weber) nun erst recht zum *politischen Ökonomismus*, d.h. zum nicht mehr bloß wirtschafts-, sondern gesellschaftspolitischen Programm: Das «Marktprinzip» wird dabei zum obersten gesellschaftlichen Organisationsprinzip schlechthin verklärt – es geht nicht mehr um eine ethisch-politisch eingebundene Markt*wirtschaft*, sondern um eine totale Markt*gesellschaft*. Diesen zum Glück noch nirgends voll realisierten Endzustand der «großen Transformation», die real in Gang ist, hat Karl Polanyi in folgendem schlichten Satz auf den Punkt gebracht, der geradezu als Definition des politischen Ökonomismus gelten kann:

> «Die Wirtschaft ist nicht mehr in die sozialen Beziehungen eingebettet, sondern die sozialen Beziehungen sind in das Wirtschaftssystem eingebettet.»[59]

Die politischen Ökonomisten verstehen das natürlich nicht als ein Problem, sondern eher als die Lösung fast aller gesellschaftlichen Probleme, und sie arbeiten daher tatkräftig an der Vollendung des Werks, beispielsweise auf der Ebene der Welthandelsorganisation (WTO). Diese hat durchaus eine wichtige wettbewerbspolitische Funktion, wie wir in Kapitel 6 noch sehen werden. Gleichwohl handelt es sich beim politischen Ökonomismus um eine von Grund auf «falsche Verheißung» – so nennt es ausgerechnet einer, der den marktradikalen Neoliberalismus nicht nur als Ökonomieprofessor an der reputierten London School of Economics gelehrt, sondern anfangs der 1980er Jahre als Cheftheoretiker von Premierministerin Margaret Thatcher auch in die Politik umgesetzt hat, nämlich John Gray.

2.3 «Die falsche Verheißung» (John Gray)

Inzwischen betreibt John Gray – auch sich selbst gegenüber – längst die schonungslose «Entzauberung» (Max Weber) dieser falschen Verheißung.[60] Das Kernübel lässt sich nach Gray in Analogie zum uralten Gresham'schen Gesetz der Nationalökonomie umschreiben, demzufolge schlechtes Geld tendenziell gutes Geld verdrängt. Gray sagt nun:

> «Auf dem freien Weltmarkt lässt sich eine Variante dieses Gesetzes beobachten: Schlechte Formen des Kapitalismus verdrängen gute.»

Mit «guten» Formen oder Modellen des Kapitalismus meint Gray etwas pauschal die sozialen Marktwirtschaften kontinental-europäischer Provenienz. Diese hätten jedoch, so Gray, unter den Bedingungen weitgehend deregulierter globaler Märkte von vornherein einen Wettbewerbsnachteil, der sie zu einer Harmonisierung ihrer sozialen und ökologischen Standards nach unten zwinge, solange sich der internationale Standortwettbewerb «nach den amerikanischen Regeln eines weltweiten Laissez-faire» richte. Wer annimmt, im globalen Wettbewerb habe jedes Wirtschaftsmodell die gleichen Gewinnchancen, der irrt sich. Der Grund ist leicht einzusehen, auch wenn Gray den Unterschied zwischen den konkurrierenden ordnungspolitischen Modellen vielleicht etwas überzeichnet:

> «In den sozialen Marktwirtschaften tragen die Unternehmen gesellschaftliche Kosten. Sie sind Institutionen, die den Zusammenhalt der Gemeinschaft, in der sie wirken, gewöhnlich nicht gefährden. Sobald man aber auf freien Märkten operieren muss, werden alle gesellschaftlichen Kosten zur Last. Amerikanische Firmen haben denn auch nur wenige solche Verpflichtungen. (...) Auf einem Weltmarkt mit Freihandelsbedingungen können sich – unter sonst gleichen Voraussetzungen – nur solche Unternehmen durchsetzen, die geringe Lohn- bzw. Lohnnebenkosten und eine ebenso geringe Steuerbelastung haben.»

Es handelt sich hier um nichts anderes als um jene strukturelle Parteilichkeit der Sach(zwang)logik des Marktes, die wir schon in Abschnitt 1.4 bemerkt haben, jetzt einfach bezogen auf den Wettbewerb der Rahmenordnungen ganzer Volkswirtschaften. Dieser Wettbewerb ist eben – in den schlichten Worten Grays – parteilich zugunsten «schlechter» und zulasten «guter» Rahmenordnungen, gut natürlich im Sinn ihrer Lebens- und Gesellschaftsdienlichkeit, nicht der rein ökonomischen (betriebswirtschaftlichen) Effizienzorientierung, unter der die Qualifikationen genau umgekehrt erscheinen. Infolge dieser strukturellen Parteilichkeit des Wettbewerbs der Rahmenordnungen kommt es nach Gray tendenziell – d.h. soweit die Sache der «Logik des freien Marktes» überlassen wird – zu folgender ordnungspolitischer Fehlentwicklung:

> «Ein freier Weltmarkt tendiert dazu, Kosten zu ‹externalisieren›, während besser organisierte Wirtschaftssysteme diese ‹internalisieren›.»

Auch John Gray bezieht sich übrigens ausdrücklich auf Karl Polanyi, indem er ihn (leicht abgewandelt) wie folgt zitiert:

> «Der Ursprung der Katastrophe liegt im utopischen Bemühen des ökonomischen Liberalismus, ein selbstreguliertes Marktsystem zu errichten.»

Während die Befürworter einer grenzenlosen Globalisierung der Weltwirtschaft noch immer die These vertreten, die zahlreichen und teilweise schwerwiegenden Indizien der bestehenden und sich größtenteils weiter verschärfenden sozialen und ökologischen, humanitären und entwicklungspolitischen Missstände auf der Welt seien die Folge von *zu wenig* freiem Markt und müssten deshalb durch *mehr Markt* kuriert werden, wächst inzwischen doch unaufhaltsam die Zahl kritischer Zeitgenossen, welche der marktmetaphysischen Gemeinwohlfiktion misstrauen. Auch wenn die meisten von ihnen deswegen nicht gleich zu manifesten Globalisierungsgegnern werden, mehren sich die Vorzeichen eines beginnenden *weltinnenpolitischen* Kampfs um die zivilisatorische Ordnung der Dinge. Es geht in dieser Auseinandersetzung um nicht mehr und nicht weniger als um die epochale Weichenstellung, ob im 21. Jahrhundert die «freien» Weltmärkte weiterhin über die Politik dominieren sollen oder umgekehrt der Primat der Politik vor der Logik des Marktes wiederhergestellt werden soll.

Die alte marktradikale Sachzwangrhetorik ist bekannt: Sie mahnt uns an, gefälligst jeden «notwendigen» gesellschaftspolitischen Preis zu zahlen, um im internationalen Standortwettbewerb «unseren» Wohlstand zu sichern. Unterschwellig werden Ängste des drohenden Besitzstandverlusts suggeriert. Nehmen wir als repräsentatives Beispiel etwa das Mitte der 90er Jahre des vergangenen Jahrhunderts in der Schweiz vieldiskutierte, von prominenten Wirtschaftsführern und Ökonomen verfasste Weißbuch «Mut zum Aufbruch», in dem es schon im Vorwort hieß, es tue die «Einsicht» not,

> «...dass Wettbewerbsfähigkeit nicht nur für die Unternehmer, sondern auch für den Staat eine permanente [und offenbar vorrangige, P.U.] Herausforderung ist. Bestehende Positionen können je länger, desto weniger als gesichert betrachtet werden. Wir brauchen einen neuen Gründergeist, eine Mentalität der Öffnung, des Wettbewerbs und der Innovation, um unsere internationale Wettbewerbsfähigkeit erhalten und stärken zu können.»[61]

Das versteht inzwischen jedermann: Sei clever und mach dich als dein eigener «Lebensunternehmer» schön fit für den Wettbewerb, dann geht's dir gut! Mehr Markt und Wettbewerb, mehr Leistungsdruck und dementsprechend Effizienzsteigerung sowie Wirtschaftswachstum sind bedingungs- und grenzenlos zu begrüssen – als das Generalrezept des Fortschritts. Deshalb empfahlen uns die Autoren des «Weißbuchs» auffallend eindringlich einen «tiefgreifenden *Mentalitätswandel* im Sinne der Abkehr vom Besitzstandsdenken sowie einer nachhaltig erhöhten Leistungsbereitschaft»[62]:

> «An die Stelle von Selbstzufriedenheit und Abwehrhaltungen müssen Leistungswille und Bereitschaft zu Innovation und Wettbewerb treten.»

Nicht weniger als dreimal (S. 10, 28, 77) wurde in dem schmalen Weißbuch dieser «Mentalitätswandel» nachdrücklich eingefordert. In die Köpfe hinein muss offenbar die Wettbewerbsmentalität – ein gigantisches, aus geistesgeschichtlicher Perspektive allerdings keineswegs besonders innovatives pädagogisches (Fortschritts-)Programm!

Weniger klar ist hingegen, für welche Fortschrittsideen denn eigentlich jene eintreten, die sich auf die neoliberale Vision nicht mehr einlassen wollen. Sind sie vielleicht einfach nur dumm, weil sie noch immer nicht begreifen, was im heutigen Standortwettbewerb Sache ist, oder schlicht zu faul, sich diesem Wettbewerb zu stellen?

Das mag in Einzelfällen der Fall sein. Aber es gibt eben auch gute Gründe für den Einspruch gegen die endlose Ökonomisierung aller Lebensbereiche und der ganzen Welt; Gegengründe, die in sich den Keim des Fortschritts zu einer höher entwickelten Gesellschaft im Sinne der ursprünglichen emanzipatorischen Ideale des Bürgertums tragen. So ist es wohl kein Zufall, dass sich wirklich führende Ökonomen der Gegenwart, die sich mit den realen Konsequenzen der ökonomistischen Fortschrittsdoktrin im Lebenszusammenhang der Menschen auseinandersetzen, längst gegen die alten marktradikalen Rezepte engagieren. Neben John Gray sind namentlich Joseph Stiglitz[63] (aufgrund seiner Erfahrungen als früherer Chefvolkswirt bei der Weltbank), Jeffrey Sachs[64] (aufgrund seiner Erfahrungen mit der von ihm früher gepredigten marktliberalen Schocktherapie in Russland) und Amartya Sen[65] (aufgrund seiner Erfahrungen mit den sozioökonomischen Problemen Indiens) zu Vordenkern einer zivilisatorisch eingebetteten, mehrdimensionalen Vorstellung von wirtschaftlichem und sozialem Fortschritt geworden. Als vielleicht prominentester und frühester Zeuge für ein solches alternatives Fortschrittsdenken bietet sich aber schon einer der größten Ökonomen des 20. Jahrhunderts an, John Maynard Keynes.

2.4 «Die ökonomischen Chancen unserer Enkelkinder» – der Traum von John Maynard Keynes

In seinem Essay «Economic Possibilities for Our Grandchildren»[66] (1930) entwarf kein Geringerer als Keynes das Leitbild einer wirklich fortgeschrittenen Volkswirtschaft für die Zeit etwa ein Jahrhundert später, also etwa 2030. Dank der bis dahin erreichten Produktivität werde das ökonomische Produktions- und Versorgungsproblem der Gesellschaft, nämlich die Beseitigung des Mangels an benötigten Gütern, im Prinzip gelöst und – bei schließlich noch etwa 15 Wochenarbeitsstunden – der Lebensstandard etwa achtmal höher als damals sein. Das übersteigerte Gelddenken («the love of money as a possession») könne dann im Lebensalltag wieder auf seine angemessene Rolle als bloßes Mittel des guten Lebens schrumpfen, statt dass der Geldbesitz wie im besitzbürgerlichen Denken nahezu als dessen Inbegriff gilt. Damit würde der Kapitalismus – im puren Gegensatz zum Mentalitätswandels-Postulat der «Weißbuch»-Autoren – *mental* seinem gelegentlichen Ende zuneigen. Das Wirtschaften würde zur Nebensache, und die Menschen könnten einen immer größeren Teil ihrer (letztlich ja ebenfalls «knappen») Lebenszeit und -energie der Perfektionierung ihrer Lebenskunst statt dem wirtschaftlichen Existenzkampf widmen: ihrer Bildung und kulturellen Entfaltung, der Pflege sozialer Beziehungen usw. usf.

Die attraktive, im guten Sinne zeitgemäße und durchaus moderne Fortschrittsidee des Keynes'schen Typs zielt also auf die sukzessive *Emanzipation* der Menschen aus den lästigen Notwendigkeiten des teilweise doch eher eigenwertarmen «Arbeitslebens», wie es etwa der englische Begriff *labour* (lat. labor = Mühsal!) noch ausdrückt. Genau diese Idee gibt letztlich der weiteren Produktivitätssteigerung in den «fortgeschrittenen» Industrieländern ihren zukünftigen lebenspraktischen Sinn und das Maß vor. Die Vision, die in dieser Fortschrittsidee steckt, könnte man in Anlehnung an einen anderen Vordenker, André Gorz[67], als eine *Kulturgesellschaft der befreiten Zeit* bezeichnen.

Ein solcher emanzipatorischer Entwurf einer *Ökonomie der Lebensfülle* (statt der bloßen Güterfülle) achtet die materiellen Grundlagen des guten Lebens keineswegs gering; er wendet sich nur gegen die irgendwann sinnwidrig werdende Perpetuierung einer *Ökonomie der Lebensnot*, für die das Ziel der Gütervermehrung dermaßen im Vordergrund steht, dass hartes Arbeiten, Produktivitätssteigerung und Wirtschaftswachstum vordringlich vor fast allen anderen Aspekten erscheinen. Warum harren wir eigentlich – zumindest als gesellschaftliche Norm – in der «konservierten Lebensform einer Ökonomie der Armut»[68] aus, *als ob* selbst in den wirtschaftlich fortgeschrittensten Ländern die Vermehrung der verfügbaren Lebensmittel im weiteren Sinn des Begriffs[69] noch immer das Dringlichste zur Sicherung unseres Überlebens wäre? Besteht das makroökonomische Problem nicht längst eher in der Vermarktung des *zu viel* Produzierten?! Drängt sich nicht mit Habermas heute mehr denn je die Frage auf,

> «...warum das Leben des Einzelnen trotz des hohen Standes der technologischen Entwicklung nach wie vor durch das Diktat der Berufsarbeit, durch die Ethik des Leistungswettbewerbs, durch den Druck der Statuskonkurrenz, durch Werte der possessiven Verdinglichung und der angebotenen Surrogatbefriedigungen bestimmt ist, warum der institutionalisierte Kampf ums Dasein, die Disziplin der entfremdeten Arbeit (…) aufrechterhalten werden.»[70]

Was die «Surrogatbefriedigungen» betrifft: Längst müssen wir doch gemäß der Logik des Marktes fortlaufend mehr konsumieren, damit mehr produziert werden kann – statt wie ursprünglich umgekehrt. Die grenzenlose Steigerung des Konsums und dessen Übersteigerung zum Hauptinhalt des guten Lebens, zum *Konsumismus*, ist nur die Kehrseite des industrialistischen *Laborismus,* der Verherrlichung beliebiger, noch so eigenwertarmer Arbeit. Beides gehört untrennbar zu dem in die Jahre gekommenen *industrial way of life* (lat. industria = Fleiß!). Konsum macht uns – über die eingesetzte Arbeitszeit zum Erwerb der benötigten Kaufkraft hinaus – selbst wiederum viel «Konsumarbeit»[71] der oft wenig genussreichen Beschaffung, Aufbereitung, Pflege und schließlich Entsorgung von Gütern; er versagt uns ab einer gewissen Menge das Erleben und Erproben unserer humanen Fähigkeiten in aktivem Tätigsein; er macht uns passiv und *enttäuscht* uns daher auf die Länge. So kann er nicht einmal die Frustrationen des Laborismus kompensieren, die wir um unseres Konsumniveaus willen «gezwungenermaßen» in Kauf nehmen. Nur *maßvoll* genossen kann er daher wirklich zum guten Leben beitragen. Kurz und gut: Ein Themenwechsel des Fortschritts steht an!

Eine sinnvollere Nutzung des nach wie vor rasanten Produktivitätsfortschritts (von etwa 1–3% pro Jahr) als bloß zum quantitativen Wirtschaftswachstum drängt sich also gerade für die wahren Freunde des Fortschritts eher über kurz als über lang auf. Nach dem *Güterwohlstand* müsste zunehmend auch der *Zeitwohlstand* als lebensdienliche Nutzung der wachsenden Produktivität in den Vordergrund treten.[72] Egal ob wir den Preis für die einseitige Maximierung unseres Güterwohlstands in Form von beruflicher Überlastung und Hetze oder von «Konsumstress» bezahlen – ein gefüllter Terminkalender bedeutet noch kein erfülltes Leben. Von daher sind der immer öfter vernehmbare Ruf nach einer «neuen Langsamkeit»[73] und das wachsende Interesse an «Lebensformen gegen die Hast»[74] oder an der «Kunst, weniger zu arbeiten»[75] zu verstehen.

Allerdings sollte dabei nicht vergessen werden, dass heute die *Verteilung* des Wohlstands innerhalb und zwischen den einzelnen Ländern extrem ungleich ist. Das primäre Ziel im Sinne einer Ökonomie der Lebensnot, die Beseitigung existenziellen Mangels, ist noch lange nicht für alle Menschen verwirklicht. Spätere Generationen werden es vermutlich (und hoffentlich!) kaum mehr verstehen können, weshalb unser Zeitgeist diesbezüglich so wenig sensibel und so wenig solidaritätsbereit war – ähnlich wie wir uns heute vielleicht wundern, warum frühere Generationen einst die Sklaverei und vor noch nicht allzu langer Zeit die südafrikanische Apartheidpolitik befürworten konnten oder für Tierschutzfragen nur geringes Verständnis zeigten.

Lassen wir uns an diesem Punkt vorerst aus dem Keynes'schen Traum zurück in die nicht ganz so schöne Realität holen. Keynes hat sich mit seiner Vision, die er als Prognose für seine Enkelkinder gemeint hat, arg vertan! Die Härten des Existenzkampfs, d.h. der individuellen Selbstbehauptung im Arbeits- oder Dienstleistungsmarkt, sind für die meisten Menschen inzwischen kaum geringer geworden. Viele arbeiten heute intensiver und extensiver als je zuvor, ganz zu schweigen von dem wachsenden Anteil jener, die nicht mehr mithalten können und vom Markt die rote Karte erhalten, auf der steht: «Sorry, not competitive enough!». Von einer Kulturgesellschaft der befreiten Zeit ist trotz des atemberaubenden Produktivitätsfortschritts und Wirtschaftswachstums seit 1930, also seit Keynes seine Prognose formulierte, wenig zu sehen. Weshalb hat sich der gute Mann so sehr geirrt?

Man wagt es kaum zu sagen, aber die Antwort kann nur heißen: Keynes hat offenbar nicht wirklich begriffen, was Wettbewerb ist, weil er die strukturelle Parteilichkeit des Marktes für diejenigen, die «marktkonform» handeln und leben, nicht beachtet hat. Zu seiner Entschuldigung können wir immerhin vorbringen, dass er die Globalisierung und ihren zentralen Effekt, die *Aushebelung des Primats der Politik vor dem Markt*, kaum voraussehen konnte.

Keynes hat natürlich darauf gesetzt, dass die (nationale) Politik den sinnvollen Umgang mit der steigenden Produktivität sichern würde, und dies durchaus zu Recht. Die Früchte der volkswirtschaftlichen Produktivitätssteigerung können eben nur politisch in anderer Form als dem Mehr-vom-Bisherigen geerntet werden. Und das heißt: Ein Ausbruch aus der Ökonomie der Armut ergibt sich niemals von selbst als «natürliches» Resultat des Produktivitätsfortschritts und Wirtschaftswachstums, sondern immer nur als Ergebnis seiner *bewusst kultivierten und gerecht organisierten* gesellschaftlichen Nutzung – oder kürzer: als Ergebnis einer ethisch-politischen *Gestaltung* der Marktwirtschaft. Deren Qualität wird sich darin erweisen müssen, dass sie eine faire Teilhabe aller Gesellschaftsmitglieder am volkswirtschaftlichen Produktions- und Konsumtionsprozess auch ohne Wirtschaftswachstum gewährleistet.[76]

2.5 «Das stahlharte Gehäuse des siegreichen Kapitalismus» – die Befürchtung Max Webers

Damit wird noch einmal klar, dass der Liberalismus letztlich nur als politischer Liberalismus sein emanzipatorisches Fortschrittsprogramm einlösen kann, sei es hierzulande oder erst recht in (oft eher fehl- als bloß unterentwickelten) Drittweltländern. Ob dort oder hier, das Programm eines puren Wirtschaftsliberalismus trägt zur Überwindung der «konservierten Lebensform einer Ökonomie der Armut» (Habermas) wenig bei. Denn die uneingeschränkte Deregulierung der Märkte und Intensivierung des Wettbewerbs *steigert* bloß den Tatbestand, dass der «freie» Markt für diejenigen, die sich in ihm behaupten müssen, ein lebenspraktischer *Zwangszusammenhang* ist, wie wir in Abschnitt 1.4 schon gesehen haben. Um das nochmals mit Max Weber, dem großen Theoretiker des geschichtlichen Rationalisierungs- und Modernisierungsprozesses, prägnant auf den Punkt zu bringen:

> «Die heutige kapitalistische Wirtschaftsordnung (...) *zwingt* dem Einzelnen, soweit er in den Zusammenhang des Marktes verflochten ist, die *Normen* seines wirtschaftlichen Handelns auf. Der Fabrikant, welcher diesen Normen entgegen handelt, wird ökonomisch ebenso unfehlbar *eliminiert*, wie der Arbeiter, der sich ihnen nicht anpassen kann oder will, als Arbeitsloser auf die Straße gesetzt wird.»[77]

Mit andern Worten: Es besteht im Markt ein struktureller *Zwang zum Erfolg*:

> «Wer sich in seiner Lebensführung den Bedingungen kapitalistischen Erfolgs nicht anpasst, geht unter oder kommt nicht hoch.»

Der Markt *erzieht* die Akteure gleichsam zu einer «kalkulatorischen Lebensform»[78]. Deshalb konnte David de Pury, der Initiant des neoliberalen Weißbuchs «Mut zum Aufbruch», in geradezu marxistisch anmutender Dialektik formulieren:

> «Ziel *muss* sein, der Beste sein zu *wollen*. (...) Nicht alle können gewinnen, aber alle können es versuchen.»[79]

Wollen und Müssen sind hier zur Identität erklärt – etwas merkwürdig für eine Doktrin, die sich als Inbegriff liberalen Denkens versteht, oder etwa nicht? Schon Max Weber hat das vorweggenommen und die drohenden Konsequenzen ziemlich klar gesehen:

«Der Puritaner *wollte* Berufsmensch sein, – wir *müssen* es sein. Denn indem die Askese aus den Mönchszellen heraus in das Berufsleben übertragen wurde und die innerweltliche Sittlichkeit zu beherrschen begann, half sie (…) jenen mächtigen Kosmos der modernen (…) Wirtschaftsordnung erbauen, der heute den Lebensstil aller Einzelnen, die in dies Triebwerk hineingeboren werden (…), mit überwältigendem Zwange bestimmt und vielleicht bestimmen wird, bis der letzte Zentner fossilen Brennstoffs verglüht ist.»[80]

Weber sah im «siegreichen Kapitalismus» das «stahlharte Gehäuse» einer neuen «Hörigkeit» heraufkommen, indem «die äußeren Güter dieser Welt zunehmende und schließlich unentrinnbare Macht über den Menschen wie niemals zuvor in der Geschichte» gewinnen würden, bis am Ende «die Ansprüche des ethischen Postulats: dass die Welt ein (…) irgendwie *sinnvoll* orientierter Kosmos sei»[81], gegenstandslos wären. Am Ende dieses Prozesses, in der totalen Marktgesellschaft, hätte sich dann zugleich die Idee der *Freiheit* überholt.

Wer ist nun am Ende der bessere Sozialökonom, der pessimistische Weber oder der optimistische Keynes? Nun, die Geschichte und damit auch die Frage bleiben offen. Denn wie die Geschichte herauskommen wird, ist kein prognostisch-theoretisches, sondern ein *praktisches* Problem: Sind wir fähig als demokratische Gesellschaft, den *politischen Willen* zu entwickeln, mit den produktiven Mitteln, über die wir heute verfügen, etwas lebenspraktisch Vernünftiges anzufangen oder nicht? Wie kann es gelingen, statt einer eindimensional gewordenen ökonomischen Rationalisierungsdynamik eine ethisch-politisch reflektierte Modernisierung zu ermöglichen? Und welches sind die politischen Voraussetzungen einer Modernisierung, die sich nicht in der sinn- und gerechtigkeitsblinden Vermehrung der Lebens*mittel* erschöpft, sondern möglichst alle Menschen *real frei* macht, gleichberechtigt ihren je eigenen Entwurf des guten Lebens verfolgen zu können, sei dieser mehr auf materielle Konsumziele oder mehr auf immaterielle Werte ausgerichtet?

Dies zu klären erfordert ein Stück politisch-philosophisch Arbeit am Begriff der Freiheit und an einem Gesellschaftsleitbild, das die Qualifikation «freiheitlich» zu Recht in Anspruch nehmen kann. Dem widmen wir uns im folgenden Kapitel.

3. Marktfreiheit oder Bürgerfreiheit? Die Freiheit, die wir meinen...

Erinnern wir uns: Vernunft, Fortschritt und Freiheit – das sind die drei großen aufklärerischen Ideen, unter denen die moderne Gesellschaft sich entwickelt hat. Als deren Fahnenträger hat sich zumeist jenes Bürgertum betrachtet, das sich als «liberal» verstand und versteht. Aber welche Freiheit ist damit genau gemeint? Indem wir das Liberalismusverständnis über die vorangegangene geistesgeschichtliche Perspektive hinaus politisch-philosophisch durchleuchten, arbeiten wir uns im Folgenden zum Kern des bürgerlichen Wirtschaftsethos vor.

Wir gehen dabei so vor, dass wir als Erstes sogleich nach der Essenz des *liberalen Prinzips* fragen (3.1). Es wird sich rasch zeigen, dass eine wahrhaftig freiheitliche Gesellschaft ein höchst anspruchsvolles politisches Projekt ist, das sich nicht auf das Rezept des «freien» Marktes reduzieren lässt. Dementsprechend sind zwei grundlegend verschiedene Liberalismuskonzepte zu unterscheiden – ein ökonomisches und ein politisches –, wobei aber nur der politische Liberalismus auf einem philosophisch tragfähigen Freiheitsbegriff beruht. Es gilt also die ökonomistischen Verkürzungen eines puren Marktliberalismus zu erhellen (3.2). Ihm stellen wir dann ein Leitbild gegenüber, das wir aus noch zu erläuternden Gründen als *republikanischen Liberalismus* bezeichnen (3.3). Es folgen einige Gedanken zu den sozioökonomischen Voraussetzungen einer «anständigen» Gesellschaft, in der die Freiheit für alle Bürger real lebbar ist (3.4). Schließlich werden wir fragen, welche wirtschaftsethischen Konsequenzen sich daraus ergeben, und die prinzipielle Antwort wird lauten: Neue Wirtschaftsbürgerrechte tun not (3.5).

3.1 Das liberale Prinzip

Als liberal bezeichnet sich fast jedermann gerne. Zweifellos haben wir es hier mit einem Schlüsselbegriff der Moderne zu tun. Der Begriff signalisiert geistige Offenheit, Autonomie und Unabhängigkeit, innere (geistige) und äußere (gesellschaftliche) Freiheit. *Liberalismus* als ernsthafte Wirtschafts- und Gesellschaftsphilosophie fragt vor allem nach den äußeren, also gesellschaftlichen und politischen Bedingungen der individuellen Freiheit. Es geht dem Liberalismus dabei um die *allgemeine Freiheit*, d.h. die prinzipiell gleiche, real lebbare Freiheit aller. Oder ökonomisch ausgedrückt: Freiheit ist ein kostbares öffentliches Gut.

Ein solcher philosophischer Freiheitsbegriff hat wenig zu tun mit jenem vulgären Pseudoliberalismus, der, wenn er «Freiheit» sagt, das voraussetzungs- und grenzenlose Recht meint, tun und lassen zu können, was einem passt – also Willkürfreiheit. Diese läuft schlicht auf das Recht der Stärkeren hinaus, ihre eigenen Interessen ohne Rücksicht auf die Schwächeren zu verfolgen. Das Ergebnis wäre nicht eine freiheitliche Gesellschaft, sondern Anarchie, also ein rechtsloser Zustand, in dem das pure *Machtprinzip* herrscht und die Schwächeren auf der Strecke bleiben. Um es bildlich auszudrücken: Die formal gleiche Freiheit für Fuchs und Henne im Hühnerstall kann bekanntlich sehr ungleiche reale Folgen für die beiden haben...

Das wohlverstandene *liberale Prinzip* steht demgegenüber für den erwähnten universalistischen Anspruch der allgemeinen Freiheit, und das heißt: Die Freiheit des Einen findet ihre legitime Grenze in der *gleichen* Freiheit der Anderen. Diese allgemeine Freiheit entsteht nicht von selbst, sondern ist politisch konstituiert, beruht also auf einer (demokratisch legitimierten) freiheitlichen *Verfassung* und damit auf dem *Rechtsprinzip*, nicht auf dem anarchischen Machtprinzip. Daraus ergeben sich gleich mehrere Definitionsmerkmale einer wohlverstandenen liberalen Gesellschaft:

a) Freie Personen sind frei als freie Bürger einer staatlich verfassten Gesellschaft, also kraft ihrer *Bürgerrechte*. Diese umfassen nach der klassischen Dreiteilung von Thomas Marshall[82] Persönlichkeitsrechte, Staatsbürgerrechte und sozioökonomische Rechte *(Abb. 6)*.

Kategorie von Menschen- bzw. Bürgerrechten	Dimension moralischer Gleichheit	Dimension der wohlgeordneten Gesellschaft
Persönlichkeitsrechte (Freiheits-, Abwehr-, Zugehörigkeitsrechte)	private Autonomie und selbstbestimmte kulturelle Zugehörigkeit	liberaler Rechtsstaat
Staatsbürgerrechte (politische Teilnahmerechte)	politische Partizipation an der «Res publica»	Demokratie
Wirtschaftsbürgerrechte (sozioökonomische Teilhaberechte)	materielle Existenzgrundlagen und Lebensbedingungen (reale Freiheit)	Sozialstaat

Abb. 6: Kategorien von Menschen- und Bürgerrechten

Auf die inneren Zusammenhänge zwischen diesen Grundrechtskategorien, die man geschichtlich auch als drei Generationen von Grundrechten betrachten kann, kommen wir schrittweise zurück.

b) Innerster Kern der liberalen Persönlichkeitsrechte ist die «*Unantastbarkeit*» *der Person* in ihrer humanen Würde, ihrer körperlichen und psychischen Integrität (grundlegend daher das Folterverbot), ihrer Weltanschauung und in ihrem Anspruch, ein selbstbestimmtes Leben führen zu können und einen eigenen Entwurf des guten Lebens zu verfolgen (Religions-, Meinungs-, Handlungs- und Wirtschaftsfreiheit).

c) Allerdings darf die Freiheit, einen eigenen Lebensentwurf zu verfolgen, die gleiche Freiheit aller anderen nicht tangieren. Es gilt daher systematisch der *Vorrang der Gleichberechtigung aller Bürger vor individuellen Konzeptionen des guten Lebens*. Mit anderen Worten: Allen Bürgern einer freiheitlichen Gesellschaft steht der grundlegende und unbedingte Freiheitsanspruch gleichermaßen zu. Denn in Bezug auf ihren Status als Person und Bürger gilt für sie alle die moralische Gleichheit, wie wir schon in Abschnitt 2.2 gesehen haben. Es ist also nicht zulässig, diesbezüglich zwischen ihnen ethnische, kulturelle, soziale oder andere Unterschiede zu machen (Diskriminierungsverbot).

d) Eine freiheitliche Gesellschaft begründet sich aus der *wechselseitigen Anerkennung* der Bürger als freie und gleichberechtigte Personen – unabhängig von ihrer familiären Herkunft, ihrer gesellschaftlichen Stellung, ihrer wirtschaftlichen Macht, ihrer Religion und Weltanschauung oder sonstigen Merkmalen. Sie *schulden* sich daher wechselseitigen Respekt als freie und gleiche Bürger. Eine freiheitliche Gesellschaft setzt damit *moralische Personen* voraus, wie John Rawls, der Vordenker des politischen Liberalismus, immer wieder betont hat.[83] Insbesondere müssen sie einen gewissen *Gerechtigkeitssinn* haben, damit sie die Idee und die Begründung der gleichen Grundrechte aller Bürger überhaupt begreifen und staatsbürgerliche Mitverantwortung für die *Res publica*, die öffentliche Sache des gerechten Zusammenlebens freier Bürger, übernehmen können. Ohne mitverantwortliche Bürger ist buchstäblich kein freiheitlicher Staat zu machen.

e) Die politische Ordnung einer freiheitlichen Gesellschaft beruht im Prinzip auf der *konsensuellen Legitimation* durch alle Bürger im «öffentlichen Vernunftgebrauch», wie auch Rawls im Anschluss an Kant sagt.[84] Damit ist die demokratische Verfassung (engl. *constitution*) als konstitutive Grundlage einer liberalen Ordnung angesprochen. Die Idee des öffentlichen Vernunftgebrauchs impliziert einen ethisch gehaltvollen Begriff demokratischer Willensbildung, der heute in der politisch-philosophischen Fachsprache als *deliberative* Politik bezeichnet wird. Wir werden darauf in Abschnitt 4.5 näher eingehen.

f) Eine «wohlgeordnete Gesellschaft» (Rawls) freier Bürgerinnen und Bürger bedarf einer gegenüber ihren unterschiedlichen Weltanschauungen und Lebensformen *neutralen öffentlichen Grundordnung*. Indem diese die legitime Privatsphäre aller Bürger gleichermaßen respektiert und schützt, ermöglicht sie einen «vernünftigen Pluralismus»[85]. Die dementsprechende strukturelle *Zweistufigkeit* ist charakteristisch für jede wahrhaftig liberale Ordnung *(Abb. 7).* Freie Bürger tragen für diese öffentliche Grundstruktur (res publica) eine politische Mitverantwortung.

Marktfreiheit oder Bürgerfreiheit?

```
            Universale Grundsätze
             des Zusammenlebens
          in gleichberechtigter Freiheit  ← ─ ─ ┐
                 («res publica»)                │
                                                │ Republikanische
         ↙    ↙    ↓    ↘    ↘                  │ Mitverantwortung
                                                │
   Lebensform _ Lebensform _ Lebensform _ Lebensform _ Lebensform ┘
       1           2           3           4           n

              «vernünftiger Pluralismus» (Rawls)
       Abb. 7: Zweistufige Grundstruktur einer liberalen Ordnung
```

g) Gegen Kräfte, die diese zweistufige Grundstruktur gewaltsam zerstören wollen, darf und soll der liberale Staat sich wehren, damit der vernünftige Pluralismus der frei gewählten Weltanschauungen und Lebensformen gewährleistet bleibt. Die gleiche Freiheit aller muss *vom Rechtstaat durchgesetzt* werden gegen teilweise mächtige Partikulärinteressen aller Art. Wohlverstandener (politischer) Liberalismus hat daher nichts mit Laissez-faire zu tun, sondern setzt eine «starke» öffentliche Ordnung voraus. Der politische Liberalismus ist wesentlich als ein Programm der Bestimmung und Rechtfertigung jenes minimalen staatlichen Zwangs zu verstehen, der notwendig ist, um die gleiche Freiheit aller und die Spielregeln ihres fairen Zusammenlebens aufrechtzuerhalten.[86]

Ein so anspruchsvoller Begriff von allgemeiner *Bürgerfreiheit* verträgt sich offenkundig nicht ohne weiteres mit radikalen Ideen einer ungebundenen *Marktfreiheit*. Leuchten wir diesen kleinen Unterschied und seine großen Folgen nun etwas genauer aus, indem wir zuerst den ökonomischen Liberalismus und anschließend ein Gegenmodell, das ich als *republikanischen Liberalismus* oder (in begrifflicher Abgrenzung zum

Wirtschaftsliberalismus) als *Bürgerliberalismus* bezeichne, jeweils nach seinem Menschenbild und seinem Gesellschaftsverständnis charakterisieren. Dabei geht es keineswegs nur um eine abstrakte Begriffsunterscheidung im akademischen Elfenbeinturm, sondern um die systematische Trennlinie zwischen einem politisch-philosophisch aufgeklärten Liberalismus und einem geschichtlich bis anhin mindestens ebenso wirkungsmächtigen ökonomischen Liberalismus, wie er sich auf der Basis der Ideen von Thomas Hobbes (und nicht etwa Adam Smith!) entwickelt hat. Smith hat dagegen im Ansatz einen republikanischen Liberalismus vertreten, wie wir sehen werden. – *Abbildung 8* gibt einen vergleichenden Überblick über die beiden nachfolgend näher vorgestellten Liberalismuskonzepte.

3.2 Ökonomischer Liberalismus oder: Der alte hobbesianische Traum

Der englische Philosoph Thomas Hobbes (1588–1679) versuchte als Erster die Begründung einer liberalen Gesellschaft strikt auf das Bild eines Menschen abzustützen, der rational seinen Eigennutzen und sonst nichts verfolgt. Das ist offenkundig der *Homo oeconomicus,* dieser kluge, aber etwas einseitig begabte Bursche, der nur eine einzige Rationalität kennt: die des vorteilsmaximierenden Kalküls. Descartes' berühmten Satz «Ich denke, also bin ich» (cogito ergo sum) ein wenig abwandelnd, lautet sein Lebensmotto: «*Ich rechne, also bin ich*». Bezeichnenderweise bedeutet schon für Hobbes «*Vernunft* ... nichts anderes als (eigennütziges, P.U.) Rechnen».[87]

Homines oeconomici sind als Eigennutzenmaximierer sozial desinteressiert; sie wollen sich keine freiwillige Rücksichtnahme auf andere, keine ethisch begründete Selbstbegrenzung zumuten lassen. Ihr Traum – das ist der hobbesianische Traum – geht dahin, eine freiheitliche Gesellschaft ganz als ein unpersönlich funktionierendes «System des geordneten Egoismus»[88] zu denken und zu begründen, das gleichsam hinter dem Rücken der Bürger von selbst das Gemeinwohl herstellt und so die Bürger restlos von jeder persönlichen «Moralzumutung» entlastet. Einen solchen radikalen *normativen Individualismus* zu rechtfertigen ist im

	Wirtschaftsliberale («neoliberale») Konzeption	Republikanisch-liberale Konzeption
Konzept der Person	Mensch als präsoziales Wesen (sozial desinteressierter Eigennutzenmaximierer): *«Ich rechne, also bin ich»* (Thomas Hobbes) ↓ *bedingtes* wechselseitiges Interesse ↓	Mensch als soziales Wesen (legitimitäts- *und* selbstinteressiert): *«Ich fühle Sympathie, also bin ich»* (Adam Smith) ↓ *unbedingte* wechselseitige Achtung und Anerkennung ↓
Freiheitsbegriff	primär negative Freiheit («Unantastbarkeit» der Privatautonomie gegen Ansprüche anderer: Abwehrrechte) ↓	primär positive Freiheit («öffentlicher Vernunftgebrauch» unter mündigen Bürgern: Beteiligungsrechte) ↓
Konzept des Bürgers	Besitzbürger (Bourgeois): *«Ich habe Privateigentum, also bin ich»*	Staatsbürger (Citoyen): *«Ich partizipiere an der Res publica, also bin ich»*
Modus der Vergesellschaftung	Vorteilstausch (macht- und interessenbasiert) ↓ Gesellschaft als Marktzusammenhang	gleiche allgemeine Bürgerrechte (gerechtigkeitsbasiert) ↓ Gesellschaft als Rechts- und Solidarzusammenhang
Wirtschaftsordnung	«freie» Marktwirtschaft («entgrenzt» und «entfesselt») ↓ totale Markt*gesellschaft*	Soziale Marktwirtschaft (embedded economy) ↓ lebensdienliche Markt*wirtschaft*

Abb. 8: Republikanischer Liberalismus vs. Wirtschaftsliberalismus

Kern die ideologische Aufgabe des Wirtschaftsliberalismus und seiner christlich-naturrechtlich verbrämten marktmetaphysischen Gemeinwohlfiktion.[89]

Die Moralentlastungsfunktion wird je nach Position entweder unmittelbar der *invisible hand* des «freien» Marktes zugesprochen – dann ist von einer *altliberalen* Position zu sprechen – oder aber mittelbar der von der «öffentlichen Hand» des Staates gesetzten Rahmenordnung des Marktes – dies entspricht einer *neoliberalen* Position. (Auf diese beiden ordnungspolitischen Konzeptionen kommen wir in Kapitel 6 noch zurück.) In beiden Versionen des Wirtschaftsliberalismus wird Freiheit strikt individualistisch als (Willkür-)Freiheit zur Verfolgung beliebiger privater Zwecke im Rahmen der gegebenen Gesetze gedacht, nur schließen diese in der neoliberalen Version eine Rahmenordnung des Marktes ein, die dessen Effizienz (und sonst nichts!) zu sichern hat.

Hinter dem normativen Individualismus steckt ein bestimmtes *Konzept der Person:* Der Mensch wird als *präsoziales,* «ungebundenes Selbst»[90] und extremer Eigennutzenmaximierer vorgestellt, der auch noch seine Beziehungen zu anderen Menschen allein als Mittel zu seiner privaten Nutzen-, Vorteils- oder Erfolgssteigerung betrachtet. Es fällt nicht schwer, hinter diesem Menschenbild das Selbstverständnis des Besitzindividualismus oder *possessiven Individualismus* («Ich habe Privateigentum, also bin ich») zu erkennen, wie es Crawford B. Macpherson schon 1962 in seiner berühmten Studie «Die politische Theorie des Besitzindividualismus» in kritischer Absicht modelliert hat. Er konnte nicht ahnen, wie sehr er damit jenem 20 Jahre jüngeren Syndrom vorgriff, das seit den 80er Jahren unter der Etikettierung als «Neoliberalismus» (im heutigen Sinn einer marktradikalen Position) gleichsam den ökonomistischen Weltgeist spielt. Greifen wir zwei prägnante Stellen aus seinem Buch heraus und verbinden wir sie:

> «Die Gesellschaft besteht aus Tauschbeziehungen zwischen Eigentümern. Der Staat wird zu einem kalkulierten Mittel zum Schutz dieses Eigentums und der Aufrechterhaltung einer geordneten Tauschbeziehung. (...) Durch den Preismechanismus des Marktes durchdringt der Warenaustausch die zwischenmenschlichen Beziehungen, denn in diesem Marktsystem ist aller Besitz, einschließlich der Kraft und Energie des Menschen, Ware. Das grundlegende

Streben nach einem Lebensunterhalt verbindet alle Individuen als Besitzer marktfähiger Waren, zu denen auch ihre eigenen Fähigkeiten gehören, ganz wesentlich miteinander. Alle müssen, im ständigen Wettbewerb mit anderen, Waren (im weitesten Sinn) auf dem Markt anbieten.»[91]

Jedermann ist also zumindest Unternehmer seiner Arbeitskraft! Wir haben hier den normativen Kern und den treibenden Beweggrund einer Sozialphilosophie vor uns, der es um die strikt individualistische Fundierung und Eingrenzung aller Wirtschafts- und Gesellschaftspolitik geht.[92] Es ist reizvoll und hilfreich, der Charakterisierung einer solchen Hobbes'schen Markt*gesellschaft* kurz die elementare Kant'sche Unterscheidung zwischen der Würde der Person und dem Preis von Leistungen entgegenzuhalten:

«Im Reich der Zwecke [d.h. des intentionalen Handelns, P.U.] hat alles entweder einen *Preis* oder eine *Würde*. Was einen Preis hat, an dessen Stelle kann auch etwas anderes, als Äquivalent, gesetzt werden; was dagegen über allen Preis erhaben ist, mithin kein Äquivalent verstattet, das hat eine Würde.»[93]

Immanuel Kant spielt hier auf die grundlegende Differenz zwischen Marktprinzip und Moralprinzip an, aus der sich zugleich der Primat der politischen Ethik vor der Logik des Marktes begründet. Das Marktprinzip und das Moralprinzip stehen für zwei wesentlich verschiedene normative Logiken rationalen Handelns im sozialen Raum: Dem ökonomisch gedachten Marktprinzip entspricht die normative Logik des (je durch den privaten Vorteil bedingten) *wechselseitigen Vorteilstausches* (ökonomische Rationalität). Das vernunftethische Moralprinzip steht dagegen für die *unbedingte* wechselseitige Anerkennung der Menschen in ihrer personalen Würde und in ihren «unantastbaren» Grundrechten, oder kürzer ausgedrückt: die *normative Logik der Zwischenmenschlichkeit* (Abb. 9).[94]

In der Perspektive der ökonomischen Rationalität stehen sich die Individuen wie schon erwähnt nur als wechselseitig desinteressierte Homines oeconomici gegenüber. Daher hat der Homo oeconomicus auch bloß ein instrumentelles *Gesellschaftsverständnis:* Er lässt sich überhaupt nur so weit auf soziale Interaktionen und Beziehungen ein, wie dies für seine privaten Zwecke vorteilhaft ist. Die gesamte Vergesellschaftung wird

Ökonomische Rationalität: normative Logik des Vorteilstausches (Marktprinzip)	Ethische Vernunft: normative Logik der Zwischenmenschlichkeit (Moralprinzip)
↓	↓
Bedingte Kooperation zwischen strikt eigennützigen Individuen (Homines oeconomici)	*Unbedingte* wechselseitige Achtung und Anerkennung der Menschen als Personen
↓	↓
Der Andere ist nur *Mittel* für meine «private» Erfolgssicherung (normativer Individualismus)	Der Andere wird in seinem humanen Eigenwert respektiert – als *Voraussetzung* legitimen Erfolgsstrebens
↓	↓
Instrumentelles Gesellschaftsverständnis: Marktmodell der Vergesellschaftung	Zivilisiertes Wirtschaftsverständnis: Primat der politischen Ethik vor der Logik des Marktes

Abb. 9: Ökonomische Rationalität vs. ethische Vernunft

nach dem Marktmodell, eben nach der normativen Logik des wechselseitigen Vorteilstausches, gedacht und auch die Politik wird bloß als die Fortsetzung des Geschäfts mit anderen Mitteln aufgefasst. (Zugegeben: Das beschreibt die «Realpolitik» leider häufig nur allzu treffend.) Dem *Sozialzusammenhang* zwischen Menschen, die sich wechselseitig als Personen achten und in ihren *moralischen Rechten* anerkennen, wird im ökonomistisch verkürzten Gesellschaftskonzept überhaupt kein humaner Eigenwert zuerkannt. Der *Status quo* der «gegebenen» Machtverhältnisse wird hinsichtlich seiner Legitimität im Lichte von Gerechtigkeitsprinzipien nicht hinterfragt. Vielmehr wird alles «Soziale» bloß als äußere Einschränkung der *negativ* (d.h. als Abwehr sozialer Verbindlichkeiten) und *voraussetzungslos* gedachten individuellen Freiheit aufgefasst. Von da stammt das oft auffallend ausgeprägte Ressentiment der Wirtschaftsliberalen gegen Sozialpolitik und gegen den Staat als Garanten einer wohlgeordneten Gesellschaft, die im ökonomistischen Weltbild in einen merkwürdigen Widerspruch zum Freiheitsverständnis zu geraten droht.

Ziehen wir an dieser Stelle ein kurzes Zwischenfazit: Der erhebliche Unterschied zwischen Marktprinzip und Moralprinzip, zwischen ökonomischer Rationalität und ethisch-praktischer Vernunft, macht das Konzept einer totalen Markt*gesellschaft*, in der der «freie» Markt mehr oder weniger alle sozialen Beziehungen zwischen den Privatpersonen regelt, zum politisch-ethischen Problemfall – und nicht zur Lösung fast aller Probleme, wie die marktradikalen Neoliberalen behaupten. Eine moderne Gesellschaft freier und gleicher Bürger ist primär als ein ethisch gehaltvoller *Rechts- und Solidarzusammenhang*, nicht als ein *Marktzusammenhang* zu denken. Ein politisch-philosophisch und wirtschaftsethisch tragfähiges Freiheitsverständnis bietet daher im Ansatz erst der moderne politische Liberalismus, der primär nicht auf den freien Markt, sondern auf freie Bürger zielt, genauer: auf die gleiche größtmögliche reale Freiheit aller Bürger.

Da allerdings die begriffsprägende Rawls'sche Variante des politischen Liberalismus gewisse Grenzverwischungen zum ökonomischen Liberalismus nicht konsequent vermeidet – darauf wollen wir hier nicht näher eingehen[95] –, ziehe ich für mein Leitbild die Bezeichnung als *republikanischer* Liberalismus vor.

3.3 Republikanischer Liberalismus oder: Das Leitbild einer voll entfalteten Bürgergesellschaft

Wie der zugegebenermaßen ungewohnte Begriff des republikanischen Liberalismus zum Ausdruck bringen soll, kommt es für einen ökonomismuskritisch aufgeklärten Liberalismus entscheidend auf eine republikanisch-ethische Beimischung an. Ohne hier auf die begriffliche Abgrenzung zum klassischen Republikanismus im Einzelnen eingehen zu können, besteht die Pointe des Versuchs einer *republikanisch-liberalen Synthese* in der dialektischen Beziehung zwischen politisch-liberaler Verfassung (als institutionenethischem Moment) und *sparsam eingeforderter politischer Bürgertugend* (als individualethischem Moment).[96]

Dem republikanischen Liberalismus liegt also zunächst ein völlig anderes *Konzept der Person* als dem Wirtschaftsliberalismus und dem diesbezüglich ambivalenten politischen Liberalismus in seiner

Rawls'schen Variante zugrunde: Der Mensch wird von Grund auf als *soziales Wesen* begriffen, für dessen gelingende Identitätsentwicklung und Lebensqualität den sozialen Beziehungen in Gemeinschaft und Gesellschaft eine konstitutive Funktion zukommt: Nicht *gegen* die soziale Gemeinschaft, sondern *in* ihr ist wohlverstandene Freiheit als allgemeine Freiheit (d.h. gleiche Freiheit aller) zu denken. Freiheit wird nicht mehr nur negativ in Abgrenzung des egoistischen Individuums zu anderen gedacht, sondern stets auch *positiv* als Möglichkeit zur gleichberechtigten Teilnahme an der *Res publica*. Es geht buchstäblich um die öffentliche Sache, die Grundsätze und Regeln des fairen (d.h. chancengleichen) und gerechten (d.h. die legitimen Ansprüche aller respektierenden) Zusammenlebens zu bestimmen. Mündige Bürger beratschlagen darüber im «öffentlichen Vernunftgebrauch» (Kant). Hier wird der innere Zusammenhang zwischen Bürgerfreiheit und Demokratie klar.

Der republikanische Liberalismus ist somit der wahre Bürgerliberalismus. Er erkennt die Essenz einer freiheitlichen Gesellschaft in der Verbindung gleicher unantastbarer *Bürgerrechte* aller mit dem republikanisch-ethischen Tugendmoment des *Bürgersinns*. Dieser *motiviert* die wechselseitige Anerkennung der Bürger als Gleiche und Freie sowie die entsprechende Bereitschaft, die eigene Interessenverfolgung den Legitimitätsbedingungen der *allgemeinen* Freiheit zu unterstellen und ein Mindestmaß an Solidarität zu üben – ganz auf der Linie des Moralphilosophen Adam Smith («Ich fühle Sympathie, also bin ich»). Der republikanisch gesinnte freie Bürger begreift auch *seine* Freiheit als Teilhabe an einem kostbaren öffentlichen Gut, für das die gemeinsame partizipative Selbstbestimmung mündiger Staatsbürger *(Citoyens)* konstitutiv ist. Und er anerkennt daher seine *Mitverantwortung* für die gute Ordnung der Res publica.

Dementsprechend anders ist das republikanisch-liberale *Gesellschaftsverständnis:* Gesellschaft wird nicht mehr primär als Marktzusammenhang, sondern als der wohlgeordnete Rechts- und Solidaritätszusammenhang einer *civil society* gedacht. Nicht die Markteffizienz, sondern die Gerechtigkeit der gesellschaftlichen Ordnung wird jetzt als das vorrangige Gestaltungskriterium gerade einer freiheitlichen Gesellschaft begriffen. Somit lässt sich der Staat nicht mehr einfach pauschal als Gegenpol der Freiheit diffamieren («mehr Freiheit, weniger Staat»), vielmehr wird er ganz im Gegenteil zunächst einmal als der unverzichtbare Garant einer wohlgeordneten Gesellschaft freier Bürger (und nicht nur als Garant des «unantastbaren» Privateigentums!) begriffen. Das Leitbild des republikanischen Liberalismus ist das einer *voll entfalteten Bürgergesellschaft* und einer durch sie buchstäblich «zivilisierten» Marktwirtschaft. Für eine so verstandene bürgerliche Gesellschafts- und Wirtschaftsordnung können drei elementare Leitideen als konstitutiv gelten:

1) *Umfassender Bürgerstatus:* Ein voll entfalteter Bürgerstatus setzt starke allgemeine Bürgerrechte voraus, und zwar neben elementaren Persönlichkeitsrechten und Staatsbürgerrechten (politischen Teilnahmerechten) auch teilweise noch fehlende *Wirtschaftsbürgerrechte* (sozioökonomische Grundrechte), soweit solche zur selbständigen Lebensführung in realer Freiheit und Selbstachtung nötig sind. (Darauf kommen wir in Abschnitt 3.5 noch zurück.) Die generelle Begründung gibt Ralf Dahrendorf als deutschsprachiger Vordenker des politischen Liberalismus und der Bürgergesellschaft: «*Citizenship* ist ein nicht-ökonomischer Begriff. Er definiert die Stellung der Menschen unabhängig von dem relativen Wert ihres Beitrags zum Wirtschaftsprozess.»[97]

2) *Bürgersinn:* In einer voll entwickelten Bürgergesellschaft nehmen die Bürger ihre privaten und ebenso ihre gemeinschaftlichen Angelegenheiten selbst in die Hand. Als Infrastruktur solcher Bürgerpartizipation blüht ein lebendiges Netzwerk egalitärer Bürgervereinigungen auf («Zivilgesellschaft» im engeren Sinn). Die Bürger fühlen sich mitverantwortlich für die *Res publica,* die öffentliche Sache des gerechten und solidarischen gesellschaftlichen Zusammenlebens, und sie spalten ihr privates Handeln davon nicht ab. Sich moralisch nicht spalten lassen heißt: *integer* sein. Republikanisch gesinnte Bürger wahren ihre Integrität, indem sie ihr privates Tun, mithin auch ihr privatwirtschaftliches Erfolgsstreben, konsequent von dessen Legitimität im Lichte der gleichen Freiheit und Grundrechte aller anderen Bürger abhängig machen. Dies ist der Kern des *republikanisches Ethos*. (Auf dessen Bedeutung im Wirtschaftsleben werden wir in Kapitel 4 noch näher eingehen.)

3) *Zivilisierung des Marktes ebenso wie des Staates:* Dass der Staat, der potenzielle «Leviathan» (Hobbes), zu bändigen ist, war Liberalen stets bewusst, weniger aber, dass freiheitsbedrohende Macht auch wirtschaftlicher Art sein kann (Macht des Geldes). In einer wahren Bürgergesellschaft ist die Souveränität des Bürgers jedoch gegenüber jeder Form von nicht legitimierter Macht zu verteidigen. Und das heißt: Die sachzwanghafte Eigenlogik des Marktes ist kein guter Grund, um die Gerechtigkeit der Spielregeln des Zusammenlebens und die reale Freiheit und Chancengleichheit der Bürger, vor allem der Schwächeren unter ihnen, einzuschränken. Vielmehr verhält es sich genau umgekehrt: Freie Bürger kommen vor dem «freien» Markt! Nochmals mit Dahrendorf formuliert: «Die Rechte der Bürger sind jene unbedingten Anrechte, die die Kräfte des Marktes zugleich überschreiten und in ihre Schranken verweisen.»[98] Wir werden uns wohl gelegentlich entscheiden müssen, was wir wollen: den nahezu total «freien» Markt oder eine wahrhaftig freiheitliche Gesellschaft.

3.4 Sozioökonomische Voraussetzungen lebbarer Bürgerfreiheit oder: Grundlagen einer «anständigen» Gesellschaft

Gemessen am entworfenen republikanisch-liberalen Leitbild einer voll entfalteten Bürgergesellschaft erscheint jene Realpolitik, die sich heutzutage «bürgerlich» zu nennen pflegt, oft merkwürdig eindimensional eingestellt. Sie scheint großenteils vergessen zu haben oder aber nicht mehr wahrhaben zu wollen, was eine wahre Bürgergesellschaft ausmacht und was angesichts des gewaltigen sozioökonomischen Umbruchs, in dem wir stehen, gesellschaftspolitisch heute auf dem Spiel steht. Gerade wer für offene Märkte und intensiven Wettbewerb ist, der wird doch wohl, falls er kein Zyniker ist, befürworten, dass auch den Verlierern des Wettbewerbs der Status vollwertiger Bürger und damit Lebensbedingungen, deren man sich als Verlierer nicht zu schämen braucht, gewährt bleiben. Bürger *verdienen* unbedingt die gesellschaftliche Achtung ebenso wie die faire Chance auf Wahrung ihrer Selbstachtung.

Es macht, wie Avishai Margalit in seinem Buch über die *Politik der Würde* gezeigt hat, vielleicht noch nicht eine gerechte, aber immerhin eine «anständige» Gesellschaft *(decent society)* aus, dass ihre Institutionen und Regeln *niemanden demütigen*, d.h. niemanden systematisch in seiner Würde, seinen Grundrechten und eben in seiner Selbstachtung verletzen.[99] Auf die entscheidende Bedeutung der Selbstachtung für *freiheitsfähige* Personen weist auch Rawls hin:

> «Die Bedeutung der Selbstachtung liegt darin, dass sie für ein sicheres Selbstwertgefühl sorgt: für die sichere Überzeugung, dass unsere bestimmte Konzeption des Guten es wert ist, verwirklicht zu werden. Ohne Selbstachtung mag nichts der Ausführung wert erscheinen, und sollten einige Dinge für uns einen Wert haben, dann hätten wir nicht den Willen, sie zu verfolgen.»[100]

Von da her erklärt sich wohl zu einem guten Teil die häufige Beobachtung, dass Menschen in einer andauernd demütigenden Lebenslage oft sogar jene Rechte und Optionen nicht mehr wahrnehmen, die ihnen noch verblieben sind. Demütigende Lebensbedingungen *entmutigen* die Betroffenen mit der Zeit, für ihre legitimen Ansprüche zu kämpfen. Der Kern der Demütigung besteht gerade darin, dass ihnen der Glaube daran geraubt wird, die Kontrolle über das eigene Leben bewahren zu können.[101] Besonders demütigend ist deshalb die Erfahrung der *strukturellen Ohnmacht*, die eigene Existenz nicht durch eigene Leistung sicherstellen zu können, wie sie insbesondere unfreiwillig erwerbs- und einkommenslosen Personen widerfährt. Armut und materielle Not sind Ausdruck eines «Mangels an Verwirklichungschancen», d.h. an «substanziellen Freiheiten, ... ein mit Gründen erstrebtes Leben zu führen», wie es Amartya Sen, Wirtschaftsnobelpreisträger und führender Entwicklungsökonom, formuliert.[102]

Der in den letzten drei Jahrzehnten modische Ruf nach existenzieller *Eigenverantwortung* aller Individuen und nach entsprechend weit gehender «Liberalisierung» und Deregulierung sozialstaatlicher Auffangnetze läuft unter solchen Umständen Gefahr, sich als blanker Zynismus zu erweisen, soweit die skizzierten strukturellen Voraussetzungen realer Freiheit nicht beachtet werden. Demgegenüber ist aus dem republikanisch-liberalen Menschenbild ganz klar abzuleiten, dass Eigenverantwortung den Bürgern nur *zumutbar* ist auf der Grundlage bestimmter gesellschaftlicher und rechtlicher Voraussetzungen. Dazu gehören erstens adäquate *Bürgerrechte*, die den Individuen einen prinzipiellen Anspruch auf die nötigen Voraussetzungen zur wirtschaftlichen Selbstbehauptung und zur Führung eines selbstbestimmten Lebens als real freie Personen gewährleisten; zweitens entsprechende *Fähigkeiten*, die es möglichst bei allen Bürgern von klein auf *auszubilden* gilt; und drittens der allgemeine Zugang zu *Ressourcen und Grundgütern*, ohne die weder im Markt noch im Leben überhaupt von Chancengleichheit die Rede sein kann.

Das bedingt zunächst eine öffentliche Infrastruktur, welche die Grundversorgung der Menschen in Bereichen wie Gesundheit und Bildung, Energie und Verkehr, Wohn- und Betätigungsraum usw. sicherstellt. Im Besonderen geht es darüber hinaus um den allgemeinen Zugang zu beruflichem Wissen und Knowhow, zu Kapital und Kredit. Gerade Letzteres ist keineswegs selbstverständlich: Als «kreditwürdig» gilt nach üblichen bankwirtschaftlichen Kriterien nur, wer Sicherheiten bieten kann. Das können besitzlose Personen i.d.R. nicht. In einer «anständigen» Gesellschaft soll aber jedermann die faire Chance haben, eine selbständige wirtschaftliche Existenz aufbauen zu können. Es braucht dafür ein ergänzendes, sozial- oder entwicklungspolitisch orientiertes (Mikro-)Kreditsystem für die Besitzlosen, wie es mit großem Erfolg zuerst die von Friedensnobelpreisträger Muhammad Yunus gegründete Grameen Bank in Bangladesch und in weiteren Entwicklungsländern aufgebaut hat.[103]

Erst alle diese rechtlichen und gesellschaftlichen Bedingungen zusammen *ermächtigen* die Bürger, tatsächlich ein freies Leben zu führen. Real lebbare Freiheit ist also eine voraussetzungsreiche kulturelle und strukturelle Errungenschaft. Eine republikanisch-liberale Politik setzt daher primär auf das *Empowerment* der Bürger im doppelten Sinne ihrer Befähigung und Berechtigung zur wirtschaftlichen Selbstbehauptung, und zwar *vorgängig* jeder zumutbaren Marktöffnung und Wettbewerbsintensivierung *(Abb. 10)*.[104] Wie wenig haben das beispielsweise die neoliberalen «Chicago Boys» bei ihren radikalen Liberalisierungsempfehlungen an die osteuropäischen Länder nach 1989 berücksichtigt! Mit ihren marktgläubigen Rezepten lösten sie etwa in Russland zunächst einen zehnjährigen Niedergang aus, statt die unverzichtbaren kulturellen und institutionellen Voraussetzungen für eine tragfähige Entwicklung zu

```
         Bildung / Kultur              Zivilgesellschaft / Rechtsstaat
                  ↘                       ↙
         Befähigung                    Berechtigung
       (Grundfähigkeiten)              (Grundrechte)
                  ↘                       ↙

                      Ermächtigung
                    (zur existenziellen
                      Selbstbehauptung)

                            ↑
                     Ressourcenzugang
                       (Grundgüter)
                            ↑
                  Wirtschafts- und Sozialpolitik
```

Abb. 10: Voraussetzungen lebbarer Bürgerfreiheit

schaffen. Dabei hatte schon Adam Smith, auf den sich die Anhänger des «freien» Marktes so gern berufen, auf die notwendige Behutsamkeit bei der marktwirtschaftlichen Öffnung von zuvor abgeschotteten Ländern hingewiesen, ohne die schwere volkswirtschaftliche Schäden entstehen könnten.[105]

Vor allem in neueren Ansätzen der Entwicklungspolitik, so auch des *United Nations Development Program* (UNDP), wird diesen Zusammenhängen zunehmend Rechnung getragen. Richtig verstandene Entwicklung lässt sich selbst noch «als Prozess der Erweiterung realer Freiheiten verstehen, die den Menschen zukommen.»[106] Mit diesem *emanzipatorischen* Ansatz unterscheidet sich Entwicklungspolitik grundlegend von einer wirtschaftsliberalen («neoliberalen») Politik, die in der Marktöffnung und Wettbewerbsintensivierung schon das hinreichende Rezept dafür sieht, dass alles gut wird. Ebenso sehr unterscheidet sie sich aber auch von herkömmlicher *kompensatorischer* Sozialpolitik, die bloß die symptomatischen Folgen der strukturellen Ohnmacht der Bürger mit nachträglicher Umverteilung ein Stück weit zu korrigieren versucht, ohne an den tiefer liegenden Ursachen etwas zu ändern. *Faire Selbstbehauptungsmöglichkeiten für alle statt «milde Gaben» für Bedürftige* – so lautet also das emanzipatorische Credo einer voll entwickelten Bürgergesellschaft.

Das republikanisch-liberale Leitbild eröffnet insofern tatsächlich einen dritten Weg jenseits von rechts und links im herkömmlichen Sinn, d.h. jenseits des «kalten Kriegs» zwischen Marktfundamentalisten (Wirtschaftsliberalismus) und Staatsdogmatikern (Sozialetatismus). Das Credo des marktradikalen Wirtschaftsliberalismus – «Macht keine Geschichten, der Markt wird's schon richten» – ist genauso altmodisch wie das Credo der Sozialetatisten – «Von der Wiege bis zur Bahre, ist der Staat das einzig Wahre». Auch ein bloßer «Systemmix» im Sinne einer kompromisshaften Mischung von Markt- und Staatssteuerung kann nicht mehr als hinreichender Ansatz betrachtet werden. Der neue Leitgedanke ist vielmehr der, dass es nicht nur und nicht in erster Linie auf den Systemmix ankommt, sondern vorrangig auf die Einbindung des gesamten (notwendigerweise immer «gemischten») Wirtschaftssystems in die Bürgergesellschaft. Diese zu stärken, wird jetzt als der entscheidende Ansatzpunkt begriffen *(Abb. 11)*.

3.5 Wirtschaftsethische Konsequenz: Wirtschaftsbürgerrechte

Eine voll entfaltete Bürgergesellschaft setzt, wie wir gesehen haben, starke Bürgerrechte, einen hinreichend entwickelten und verbreiteten Bürgersinn sowie die Einbindung der Marktkräfte in die republikanisch-liberale Gesellschaftsordnung voraus. Was die Bürgerrechte betrifft, so steht aus wirtschaftsethischer Sicht die Stärkung der bisher noch nicht besonders systematisch entwickelten sozioökonomischen Rechte oder *Wirtschaftsbürgerrechte* im Vordergrund.[107]

Marktfreiheit oder Bürgerfreiheit?

Bürgergesellschaft
(republikanischer Liberalismus)

Dritter Weg

Lebenswelt
System

Marktgesellschaft   Traditionelle   Staatsgesellschaft
(Wirtschaftsliberalismus) «System-   (Sozialetatismus)
                           alternative»

Abb. 11: Der dritte Weg jenseits von rechts und links

Grundsätzlich können Wirtschaftsbürgerrechte die reale Freiheit der Bürger in zwei Wirkungsrichtungen stärken: als Freiheit der wirtschaftlichen Betätigung *im* Markt oder als Freiheit *vom* Zwangscharakter des Marktes:[108]

- Der Freiheit *im* Markt dienen Rechte auf die *Integration* in die Marktwirtschaft («einsteigen können»). Als wirtschaftliche Betätigungsrechte verschaffen sie allen Wirtschaftsbürgern einen fairen Zugang zu den für die wirtschaftliche Selbstbehauptung erforderlichen Fähigkeiten und Ressourcen, also zu Bildung und Knowhow, zu Kapital und Kredit und nicht zuletzt zu Erwerbsarbeit.
- Der Freiheit *vom* Markt dienen Rechte auf die wenigstens partielle *Emanzipation* aus den Sachzwängen des immer härteren marktwirtschaftlichen Wettbewerbs («aussteigen können»). Als soziale Schutz- und Teilhaberechte gewähren sie allen Wirtschaftsbürgern eine faire Chance auf ein selbstbestimmtes und kultiviertes Leben,

das sich nicht restlos dem wettbewerblichen Leistungs- und Anpassungsdruck unterwerfen muss.

Zwischen den beiden Zielrichtungen besteht kein Widerspruch: Das doppelte Ziel der Integration in das Erwerbsleben und der partiellen Emanzipation aus dem Zwang, sich bedingungslos auf dem Markt «verkaufen» zu müssen, entspricht vielmehr der ganz normalen *Balance* zwischen Sozialintegration (im Sinn der vollwertigen gesellschaftlichen Partizipation) und Autonomie (im Sinn einer unantastbaren Privatsphäre). *Beides* gehört – in je persönlicher Gewichtung und Verbindung – zur wohlverstandenen Bürgerfreiheit und zur bürgerlichen Lebensqualität.

Um welche neuen Wirtschaftsbürgerrechte geht es unter diesem bürgerliberalen Horizont konkret? Dies zu bestimmen, ist in einer offenen, freiheitlichen Gesellschaft letztlich Sache der demokratischen Willensbildung unter den Bürgern. Sie steht heute vor der Herausforderung einer zukunftsfähigen Neuordnung des Verhältnisses von Bürgergesellschaft und Marktwirtschaft.

Greifen wir als exemplarisches Problemfeld jenes der *Arbeits- und Einkommenspolitik* heraus, das wir in Abschnitt 1.2 schon kurz angesprochen haben. Die einst «anständig» bezahlten industriellen Arbeitsplätze werden infolge des technischen Fortschritts und des resultierenden Produktivitätsanstiegs zunehmend wegrationalisiert, geraten sie doch im globalen Standortwettbewerb unter den Konkurrenzdruck von Niedriglohnländern. Erst recht entwertet werden die einfachen Dienstleistungen gering Qualifizierter. Die Erwerbsarbeit, die sie anbieten können, wird tendenziell «billig wie Dreck»[109]. Das schlägt sich in der sich dramatisch öffnenden Schere der Einkommens- und Vermögensverteilung in fast allen Ländern sowie im sich ausbreitenden Phänomen der «Working Poor» nieder, d.h. von Menschen, die zwar vollzeitlich erwerbstätig sind, aber gleichwohl vom erzielten Einkommen nicht leben können. Es ist davon auszugehen, dass in den meisten OECD-Ländern in naher Zukunft fast unabhängig von der Wirtschaftskonjunktur etwa 10–20% aller Arbeitswilligen den Leistungsanforderungen im härter werdenden Wettbewerb auf dem (internationalen) Arbeitsmarkt trotz aller Anstrengungen einer «aktivierenden» Sozialpolitik kaum mehr genügen werden (strukturelle Arbeitslosigkeit).

Auf die daraus resultierenden Lasten des Sozialstaats reagieren gewisse Kreise mit dem Ruf, die sozialstaatliche Unterstützung sei auf den «gezielten Beistand» für die «wirklich Bedürftigen»[110] zu konzentrieren. Wer aber bestimmt darüber, wer «wirklich» bedürftig ist? Dass eine einzelfallbezogene Bedürftigkeitsprüfung die Betroffenen rasch einmal in eine *demütigende* Bittstellerrolle gegenüber den «Sozialhilfe»- oder «Fürsorge»-Behörden versetzt und ihren Status als freie und gleiche Bürger unterhöhlt, bleibt dabei unbedacht. Vordergründig scheint es in der Sozialstaatsdebatte um Finanzierungsfragen zu gehen, aber hintergründig geht es um eine tief greifende gesellschaftspolitische Weichenstellung bezüglich der zukünftigen Grundlagen der *sozialen Integration* der Gesellschaft: Soll das Ideal einer wohlgeordneten Gesellschaft freier und gleicher Bürger unter erschwerten sozioökonomischen Umständen zeitgemäß weiterentwickelt werden? Oder wird dieses Ideal in einem wichtigen Bereich fallen gelassen und letztlich durch das autoritär-karitative Konzept eines «Sozialpolizeistaats»[111] ersetzt, der das Recht hat, jene Bürger, die auf sozialstaatliche Leistungen angewiesen sind, als unmündig zu betrachten und zu behandeln?

Falls wir an den Leitideen einer «anständigen» Gesellschaft festhalten wollen, werden wir uns eher über kurz als über lang entscheiden müssen, welches von *drei alternativen Wirtschaftsbürgerrechten* oder welcher Mix von ihnen als Grundlage zur Sicherung der sozialen Integration der Gesellschaft etabliert werden soll:

- ein *Wirtschaftsbürgerrecht auf Erwerbsarbeit* für alle? Zwar wäre ein Recht auf Arbeit juristisch kaum individuell einklagbar, aber es würde die Politik zumindest zur Integration möglichst aller Erwerbswilligen in den Arbeitsmarkt anhalten, sei es mittels eines ergänzenden, geschützten Arbeitsmarkts für Leistungsschwächere («zweiter Arbeitsmarkt»[112]), mittels Qualifizierungsmaßnahmen oder durch bessere Verteilung der zu knappen Erwerbsarbeit mittels allgemeiner Arbeitszeitverkürzungen nach Maßgabe des Produktivitätsfortschritts;[113]
- ein *Wirtschaftsbürgerrecht auf ein erwerbsunabhängiges Grundeinkommen* für alle *(«Bürgergeld»)*? Das hätte eine systematische Politik der teilweisen Entkoppelung von Einkommens- und Arbeits-

verteilung zur Konsequenz, um das «tyrannische» Durchschlagen der Härten des Arbeitsmarktes auf die gesamte Lebenslage einer Person zu verhindern. So hat es der amerikanische Philosoph Michael Walzer im Sinne einer institutionellen «Kunst der Grenzziehung»[114] zwischen Lebenssphären und ihren jeweils adäquaten Verteilungsregeln postuliert. Dabei müsste allerdings auf die volkswirtschaftliche Nachhaltigkeit eines bedingungslosen allgemeinen Grundeinkommens geachtet werden, so dass dieses für den Anfang wohl nur einen Teilbeitrag zur Existenzsicherung leisten könnte;[115]

- oder ein *Wirtschaftsbürgerrecht auf Teilhabe am volkswirtschaftlichen Kapital für alle («Bürgerkapital»)*? Das entspräche einer Politik, die mittels Kapitalbeteiligung aller Bürger (naheliegenderweise finanziert aus Erbschaftssteuern) auf einen sozial verallgemeinerten Kapitalismus («Volkskapitalismus») zielt: «Wenn der Kapitalismus gesiegt hat, dann muss man eben alle zu (Teil-)Kapitalisten machen, um sie an den Früchten dieses Sieges zu beteiligen.»[116] Als Kompensation der realen Gewichtsverschiebung zwischen Arbeits- und Kapitaleinkommen sollen demnach alle Bürger prinzipiell auf zwei Existenzbeinen stehen, also einen Arbeitslohn haben *und* angemessen am volkswirtschaftlich erzeugten Shareholder Value partizipieren – nach dem Motto: *Wenn schon Kapitalismus, dann gleich für alle.*

Dem ökonomistisch verkürzten Neoliberalismus ist das Verständnis für die bürgerliberale Qualität solcher und mancher weiterer emanzipatorischer Ideen leider gänzlich abhanden gekommen, denn er blendet die lebenspraktisch bedeutsame Differenz zwischen der Freiheit *im* Markt und der Freiheit *vom* Markt aus. Das Ideologische am marktradikalen Neoliberalismus ist, dass er den Blick auf die bürgergesellschaftlichen Voraussetzungen einer im wörtlichen Sinn *zivilisierten Marktwirtschaft* durch die dargelegte Verkürzung von Bürgerfreiheit auf Marktfreiheit versperrt. Wenn die Unterscheidung und das angemessene Verhältnis zwischen beiden Freiheitsbegriffen deutlich geworden sind, so hat dieses Kapitel seinen Zweck vollauf erfüllt.

II.

Orte wirtschaftsethischer Verantwortung

Im zweiten Teil dieser Wirtschaftsbürgerkunde wenden wir uns der wirtschaftsethischen Topologie (d.h. «Ortskunde») zu. Wir fragen also nach den gesellschaftlichen «Orten», an denen ethische Verantwortung konkret *zurechenbar* gemacht werden kann und soll. Ohne die Klärung der Orte konkreter Verantwortungsübernahme für eine lebensdienliche Wirtschaft blieben wirtschaftsethische Postulate buchstäblich *u-topisch*, d.h. eben im Altgriechischen: ortlos. Es geht um die grundlegenden Träger der Moral des Wirtschaftens in einer wohlgeordneten Gesellschaft freier Bürger. Und das sind erstens die wirtschaftlich handelnden *Bürger* selbst (Wirtschaftsbürgerethik, Kapitel 4), zweitens die *Unternehmen* (Unternehmensethik, Kapitel 5) und drittens die politisch zu bestimmende und rechtsstaatlich zu gewährleistende *Rahmenordnung des Marktes* (Ordnungsethik, Kapitel 6) – ein Problem, das es heute speziell im Kontext der Globalisierung betrachten gilt. Wir werden daher die Gedanken zur ordnungsethischen Problematik unter dem Horizont einer Weltwirtschaftsethik entfalten.

4. Wirtschaftsbürgerethik: Was heißt ein «guter Bürger» sein?

Angesichts der Sachzwänge des marktwirtschaftlichen Wettbewerbs ist nicht ohne weiteres klar, ob und wie weit den einzelnen Wirtschaftsakteuren in ihren verschiedenen Rollen als Investoren und Geschäftstätige, Arbeitnehmer und Konsumenten die Rücksichtnahme auf andere Gesichtspunkte als jene der erfolgreichen Selbstbehauptung überhaupt zumutbar ist. Mehr als in anderen, stärker von einer republikanischen Tradition geprägten Ländern besteht in Deutschland eine ausgeprägte Neigung zur legalistischen Lösung wirtschaftsethischer Probleme, und das heißt: man setzt weniger auf die Bürgertugend der Wirtschaftssubjekte (Individualethik) als vielmehr auf die rechtsstaatliche Rahmenordnung des Marktes (Institutionenethik).[117] Es macht jedoch wenig Sinn, zwischen Ordnungs- und Bürgerethik einen Gegensatz zu konstruieren; vielmehr setzen sie sich wechselseitig voraus, wie wir sogleich sehen werden.

Zuerst ist der Begriff des Wirtschaftsbürgers genauer zu definieren (4.1). Dann gilt es darüber nachzudenken, wie weit denn die individuelle ethische Verantwortungsübernahme im «Wirtschaftsleben» überhaupt zumutbar ist (4.2). Erst danach wenden wir uns den wichtigsten konkreten Handlungsfeldern verantwortungsbewusster Wirtschaftsbürger zu: als kritisch reflektierende Konsumenten und Kapitalanleger (4.3), als erwerbstätige «Organisationsbürger» in arbeitsteiligen Organisationen (4.4) und schließlich – last but not least – als wirtschaftsethisch mitverantwortliche Staatsbürger (4.5).

4.1 Zum Begriff des Wirtschaftsbürgers

Warum eigentlich *Wirtschafts*bürgerethik und nicht einfach Bürgerethik? Der Begriff des Wirtschaftsbürgers steht hier für zwei Postulate:

- Zum einen ist die Kategorie der Wirtschaftsbürger umfassender als die der Staatsbürger. Nicht die Nationalität ist das Kriterium der Zugehörigkeit, sondern die Beteiligung am volkswirtschaftlichen Produktionsprozess eines Landes. Wirtschaftsbürger bzw. Wirtschaftsbürgerin in einem Land ist, wer in diesem arbeits- und aufenthalts- oder niederlassungsberechtigt ist, dort tatsächlich seinen Wohnsitz hat und Steuern zahlt. Er erfüllt damit unabhängig von der Farbe seines Passbüchleins die Voraussetzungen für die Inanspruchnahme grundlegender *Wirtschaftsbürgerrechte* im Sinne von wirtschaftlichen Betätigungs- sowie sozialen Schutz- und Teilhaberechten, ohne damit auch schon alle politischen Teilnahmerechte im Sinne der demokratischen Wahl- und Stimmrechte im Gastland in Anspruch nehmen zu können.[118] Wer Rechte hat, hat aber auch Pflichten...

- Zum andern – und das ist hier unser Thema – bezeichnet der Begriff ‹Wirtschaftsbürger› den Bürger als Wirtschaftssubjekt *und* zugleich als moralische Person. Er steht also für einen Bürger, der sein wirtschaftliches Handeln nicht privatistisch von seinem staatsbürgerlichen Verantwortungsbewusstsein abspaltet, sondern es in dieses *integriert*. Wirtschafts*bürger* im hier gemeinten Sinn verstehen sich, um an das vorangegangene Kapitel anzuknüpfen, nicht bloß als Bourgeois, sondern stets zugleich als Citoyens, als republikanisch gesinnte Staatsbürger, die mitverantwortlich Anteil nehmen an der «Res publica», der öffentlichen Sache des guten und gerechten Zusammenlebens in einer wohlgeordneten Gesellschaft freier und gleicher Bürger. Hieraus ergibt sich die integrative Perspektive eines republikanischen *Wirtschaftsbürgerethos*.[119]

Der Kern des republikanischen Wirtschaftsethos besteht in der prinzipiellen Bereitschaft des Bürgers, seine privaten Interessen nicht voraussetzungs- und rücksichtslos zu verfolgen, sondern den privaten Erfolg oder Vorteil nur unter der Bedingung seiner *Legitimität* im Lichte der Prinzipien einer wohlgeordneten Gesellschaft freier und gleicher Bürger erreichen zu *wollen*. Auf welcher Motivationsgrundlage kann eine solche noble Haltung beruhen?

Das hat, so paradox es im ersten Moment klingen mag, viel mit dem Selbstverständnis und der darauf beruhenden *Selbstachtung (self-respect)* des Bürgers oder der Bürgerin zu tun, d.h. mit der «angemessenen Beachtung der Würde der eigenen Person oder der eigenen Position».[120] Das «bürgerliche» Selbstverständnis verbindet dabei drei Momente: die disziplinierte Leistungsbereitschaft des Wirtschaftsbürgers, den republikanischen Gemeinsinn des Staatsbürgers und die kultivierte praktische Vernunft des Bildungsbürgers. So macht der wahre Bürger auch im Wirtschaftsleben seine Selbstachtung zum Richter über sein potenziell selbstsüchtiges Vorteilsstreben – und bleibt damit auch als Wirtschaftsbürger *integer*. Diese unteilbare Selbstachtung wiederum beruht auf dem unversehrten moralischen Selbstverhältnis einer Person, die sich im gedanklichen Rollentausch mit anderen Bürgern als achtens*wert* und der moralischen Gemeinschaft der Bürger *zugehörig* (sozial integriert) wahrnehmen kann. Die Wahrung unserer Selbstachtung ist daher nicht ablösbar vom immer wieder bestandenen Gedankenexperiment, ob die Motive unseres Handelns auch vom imaginären *Standpunkt eines unbeteiligten und unparteiischen Zuschauers* aus achtens- oder billigenswert sind. Genau darin hat Adam Smith als Erster, drei Jahrzehnte vor Kant, den Vernunftstandpunkt der Moral erkannt und ihn als den Reflexionshorizont der moralischen Gefühle («Sympathie») zwischen den Menschen begriffen:

> «Wir bemühen uns, unser Verhalten so zu prüfen, wie es unserer Ansicht nach irgendein anderer gerechter und unparteiischer Zuschauer prüfen würde.»[121]

Der Wunsch, die Sympathie anderer Personen zu genießen, bildet das gar nicht so schwache Motiv dafür, dass wir unsere eigenen Handlungsabsichten selbstkritisch prüfen im gedanklichen Rollentausch mit jenen Menschen, vor denen wir unser Tun zu verantworten haben und auf deren Wertschätzung unser gutes Selbstwertgefühl beruht. Selbstachtung wächst auf dem Nährboden der guten Erfahrung, von anderen Menschen, die einem wichtig sind, geachtet zu werden. Wem es an Selbstachtung mangelt, der wird umgekehrt seinerseits mit anderen nicht immer respektvoll umgehen. Auf diese Weise hängen Selbstachtung und das moralische Motiv der verantwortlichen Selbstbindung des eigenen Handelns an ethische Gesichtspunkte der Rücksichtnahme auf die legitimen Ansprüche anderer untrennbar zusammen – auch und besonders im republikanisch-bürgerlichen Wirtschaftsethos. Wird dieses von gesellschaftlich im Rampenlicht der Medienaufmerksamkeit stehenden Personen in ihrem Geschäftsgebaren krass missachtet, so ruft das unweigerlich öffentliche Entrüstung hervor, gerade weil die Mehrzahl der Wirtschaftsbürgerinnen und -bürger ein solches Ethos durchaus verinnerlicht hat.

Der Ruf nach einer neuen Individual- oder Bürgerethik im Wirtschaftsleben ist in jüngster Zeit denn auch vor allem von *einem* Phänomen ausgelöst worden: dem Eindruck breiter Bevölkerungskreise, dass sich besonders in den «Teppichetagen», also ausgerechnet bei den so genannten «Verantwortungsträgern» der Wirtschaft, teilweise eine enthemmte, maß-, rücksichts- und schamlose Geldgier, ja eine eigentliche Abzockermentalität ausgebreitet hat. Vom republikanisch-liberalen Leitbild einer wohlgeordneten Gesellschaft freier *und gleicher* Bürger scheint die neoliberal geprägte Wirtschaftswelt, speziell die Finanzwelt, weit abgekommen zu sein. «All animals are equal, but some are more equal!» hieß es bekanntlich schon in George Orwells berühmter *Animal Farm*. In der Tat: Die «großen Tiere» scheinen aus der Perspektive der Normalbürger zunehmend die «Bodenhaftung» und – so ist auf dem skizzierten psychologischen Hintergrund fast zu vermuten – offenbar auch die moralische Basis ihrer (vom Gelddenken fehlgeleiteten?) Selbstachtung verloren zu haben. Wie sollte es sonst nachvollziehbar sein, wenn sie für sich ungeniert Millionensaläre und andere Privilegien beanspruchen, während dem «gemeinen Fußvolk» gleichzeitig gepredigt wird, aus Gründen des Standortwettbewerbs sei Maßhalten bei den Löhnen unumgänglich, auch wenn diese in weniger qualifizierten Tätigkeitsbereichen kaum mehr für ein «anständiges» Leben reichen (Problem der *Working Poor*[122]).

Wird aber angesichts des immer härteren Kampfs um Selbstbehauptung im Wettbewerb das republikanische Ethos verantwortungsbewusster Selbstbegrenzung eigennützigen Vorteilsstrebens nicht doch ein zunehmend weltfremdes Ideal? Setzt es nicht eine auf Erden seltene Spezies altruistischer «Gutmenschen» voraus? Moralische Helden also, die sich selbstlos für die Andern aufopfern und dabei im Wirtschaftsleben ihr eigenes Einkommen und Fortkommen so sehr vernachlässigen, dass sie am Ende die Dummen sind? – Nein, dies ist keineswegs gemeint! «Dumm» oder zumindest wenig lebensklug ist wohl eher, wer seine (Fremd- und) Selbstachtung dem wirtschaftlichen Erfolgsstreben unterordnet, statt sie diesem *integrierend* und handlungsorientierend zugrunde zu legen. Hier zeigt sich übrigens, wie sehr der – zum Glück real nicht existierende – etwas einseitig begabte Kunstmensch Homo oeconomicus in moralpsychologischer Hinsicht fehlkonstruiert ist, verkörpert er doch mit seiner kalten Eigennützigkeit und Gleichgültigkeit gegenüber dem Wohl seiner Mitmenschen geradezu das Gegenmodell zu *sozial und emotional kompetenten Personen*, die über eine hoch entwickelte Fähigkeit der Empathie, des «affektiven Mitschwingens»[123] mit anderen, verfügen.

Die republikanisch-ethische Grundidee ist gerade deshalb so hilfreich, weil sie uns klarmachen kann, dass es in der Wirtschaftsethik überhaupt nicht um die Alternative zwischen Altruismus und Egoismus geht, sondern eben «nur» um *integre Wirtschaftsakteure*. Als solche sind verantwortungsbewusste Wirtschaftsbürger weder hoffnungslos weltfremde *Altruisten*, die mit fliegenden Fahnen in heroischer Selbstaufopferung unterzugehen bereit sind, noch pure *Egoisten*, die jeglichen Verzicht auf Selbstbeschränkung ihres eigeninteressierten Tuns a priori als unzumutbar betrachten. Ihr Prinzip ist vielmehr das der *ethisch integrierten Erfolgsorientierung*. Und das heißt: Sie wollen sehr wohl erfolgreich sein, dies aber nur unter der Bedingung, dass sie ihr Tun vor sich selbst wie vor anderen vertreten und für «gut» befinden können. Dafür braucht es lediglich die «gemischten Motive» *(mixed motives)* lebenskluger Bürger, die ihre eigene Freiheit und Lebensqualität als Teil des kostbaren öffentlichen Guts der gleichen lebbaren Freiheit aller Bürger und damit als Teil der *gesellschaftlichen* Lebensqualität begreifen. Republikanisch gesinnte Bürger spalten ihr privates Handeln vom Leitbild der Gesellschaft, in der sie leben möchten, nicht ab, sondern reflektieren es gerade umgekehrt von dieser her hinsichtlich seiner Legitimität. Mehr ist von ihnen nicht zu verlangen – insbesondere nicht, dass sie ihre eigenen legitimen Ansprüche auf wirtschaftliche Selbstbehauptung verleugnen.

Wir sind damit beim Problem der Zumutbarkeit wirtschaftsbürgerlicher Verantwortungsübernahme angesichts des marktwirtschaftlichen Wettbewerbs angelangt. Um der Gefahr eines abgehobenen, weltfremden Moralismus zu entgehen, wollen wir dieses Problem sehr ernst nehmen und uns im zweiten Gedankenschritt darauf etwas näher einlassen.

4.2 «Rückenstützen» der Bürgerverantwortung

Die meisten von uns sind insofern in die Sachzwänge des marktwirtschaftlichen Wettbewerbs verstrickt, als wir auf Einkommenserzielung und damit auf unsere Wettbewerbsfähigkeit im (Arbeits- oder Güter-) Markt angewiesen sind. Soweit das der Fall ist, stellt der «freie» Markt für uns einen lebenspraktischen Zwangszusammenhang dar. Dieser *Zwang zur Leistung* – was als «Leistung» gilt und was nicht, definiert dabei allein die zahlungsbereite Nachfrage auf dem Markt – ist übrigens das ganze Geheimnis der Markteffizienz. Genau deshalb setzen jene, die Effizienz als obersten Wertgesichtspunkt betrachten, so sehr auf die grenzenlose Deregulierung der Märkte und die fortwährende Intensivierung des Wettbewerbs. Nicht immer aber werden die praktischen Folgen einer solchen Deregulierungspolitik für die einkommensabhängigen Menschen beachtet, unterwirft sie diese doch einer «Ökonomie der Lebensnot», die angesichts der geradezu überschießenden Produktivität unserer heutigen Volkswirtschaften eigentlich anachronistisch anmuten muss *(Abb. 12)*.[124]

Mit dem steigenden Leistungsdruck wird zunächst für alle die Selbstbehauptung im Wettbewerb schwieriger. Ein wachsender Teil der Bevölkerung genügt den Anforderungen des «gnadenlosen» Marktes nicht mehr und gerät immer mehr in prekäre Lebenslagen. Das zeigt sich symptomatisch darin, dass sich die soziale Schere zwischen Gewinnern und Verlierern des Wettbewerbs immer weiter öffnet. Zu den Verlierern gehören dabei nicht nur die (nach den Kriterien des Marktes) Leistungsschwächeren, sondern auch jene, die ganz freiwillig davon absehen, ihre gesamte Energie in ihr wirtschaftliches Vorteils- und Erfolgsstreben zu stecken, weil sie eine andere Lebensphilosophie pflegen – eine, die möglicherweise zwischenmenschlich rücksichtsvoller, sozial- und umweltverträglicher ist als jene der Karrieristen und Gewinnmaximierer. Auch

Marktderegulierung und Wettbewerbsintensivierung
↓
härtere Selbstbehauptung für alle
(«Sachzwang»)
↓
zunehmende Spaltung der Gesellschaft
in Gewinner und Verlierer
(«The winners take all of it»)
↓
Perpetuierung einer frühmodernen
«Ökonomie der Lebensnot»
statt Entfaltung einer fortgeschrittenen
«Ökonomie der Lebensfülle»

Abb. 12: Lebenspraktische Folgen von Deregulierung und Wettbewerbsintensivierung

die Selbstbegrenzer[125] haben in einem «freien» marktwirtschaftlichen *Wettbewerb der Lebensformen* bald einmal das Nachsehen und gefährden unter Umständen ihre Existenzbasis, wenn sie sich nicht an die Logik des Marktes anpassen und «härter» ihren eigenen Vorteil suchen.

Die Konsequenz ist einfach, aber ordnungspolitisch folgenreich: Nur wenn sich der Wettbewerbsdruck auf die Individuen in Grenzen hält, ist ihnen auch individuelle Selbstbegrenzung mit Rücksicht auf ethische Gesichtspunkte zumutbar. Aus dieser wirtschaftsethischen Perspektive tut eine *Politik der Sachzwangbegrenzung* not, und zwar in dem Maße, wie eben den Marktteilnehmern moralische Selbstbegrenzung zumutbar bleiben soll – in genauer Umkehr der (nicht ganz) «rein» ökonomischen Effizienzperspektive und der aus ihr folgenden Politik einer grenzenlosen Wettbewerbsintensivierung (vgl. Kapitel 1).

Ein gewisses Maß an Sachzwangbegrenzung ist in einer zivilisierten Marktwirtschaft nicht nur unumgänglich im Hinblick auf eine «anständige» Gesellschaft (Margalit), sondern auch im Sinne der Logik des Marktes durchaus möglich. Durch die ordnungspolitische Gestaltung der preislichen An- und Abreize des Marktes kann nämlich die *Wir-*

kungsrichtung des Wettbewerbs beeinflusst werden. Der Marktmechanismus wird damit nicht etwa geschwächt oder eingeschränkt, sondern lebens- und gesellschaftsdienlich genutzt und damit in seiner Legitimität gestärkt. Dabei sind hinsichtlich des Problems zumutbarer Sachzwänge zwei Fälle zu unterscheiden:

- Im besten Fall lässt sich die Wirkungsrichtung der Preissignale des Marktes so gestalten, dass ethisch verantwortungsvolles Handeln – also die Rücksichtnahme auf Gesichtspunkte der Menschlichkeit, Sozial- und Umweltverträglichkeit des Wirtschaftens – vom Markt sogar «belohnt» statt «bestraft» wird. In diesem ordnungspolitischen Idealfall decken sich ethisch wünschbares und privatwirtschaftlich erfolgbringendes Handeln, so dass überhaupt kein Problem zumutbarer ethischer Selbstbegrenzung im privaten Erfolgsstreben mehr besteht. Dieser Idealfall ist allerdings «theoretischer» Natur; er kommt real kaum je vor, setzt er doch nicht weniger als eine perfekte Rahmenordnung des Marktes voraus. (Mehr zu dieser ordnungspolitischen Perspektive folgt in Kapitel 6.)
- Im zweitbesten Fall sind die Anreizstrukturen des Marktes ordnungspolitisch wenigstens so vernünftig gesetzt, dass die Wettbewerbsnachteile, die verantwortungsbewusste Wirtschaftsbürger durch den punktuellen Verzicht auf das Ergreifen einer Einkommens- oder Gewinnchance gelegentlich in Kauf zu nehmen haben, durch Mehrleistung anderer Art oder in anderen Situationen ohne weiteres wieder wettgemacht werden können. Die «Zumutung» an die Bürger, sich in ihrem Wirtschaftsleben moralisch selbst zu begrenzen, wird also gleichsam nur «in kleiner Münze» erhoben, wie Jürgen Habermas es einmal formuliert hat.[126] Die Inkaufnahme solcher «Kleinkosten-Situationen»[127] gefährdet die Selbstbehauptung der Individuen im Wettbewerb nicht, beeinträchtigt ihre Lebenslage nur unwesentlich und ist eben deshalb zumutbar.

Um ein Bild zu zeichnen: Gute Sachzwangbegrenzungspolitik bietet auf diese Weise der latent überforderten Wirtschaftsbürgertugend *institutionelle Rückenstützen*. Nur so ist kein ethischer Heroismus nötig, um im Spannungsfeld der eigenen gemischten Motive – einerseits den eigenen

Vorteil zu suchen, andererseits dabei ein «anständiger» Mensch zu bleiben und verantwortlich zu handeln – vielleicht nicht immer, aber immer öfter seinen besseren Einsichten zu folgen. Und nur dann kann damit gerechnet werden, dass die Bürger normalerweise die moralische Stärke haben, den Versuchungen zum *moral free-riding*, zum rücksichtslosen Ausnützen aller Bereicherungschancen auf Kosten anderer, zu widerstehen. (*Freerider* sind «Trittbrettfahrer»: Wie Straßenbahnbenutzer, die «schwarz» fahren, also ohne gültiges Ticket, profitieren sie vom anständigen Verhalten der Mehrheit, ohne selbst ihren fairen Beitrag zu leisten.)

Wird die Bereitschaft der «Normalbürger» zur moralischen Selbstbegrenzung entmutigt durch die regelmäßige Erfahrung, dass man als «anständiger» Mensch meistens der Dumme ist, während sich «clevere» Ichlinge schamlos bereichern, so breitet sich in der Gesellschaft bald eine allgemeine Mentalität der moralischen Skrupellosigkeit aus. Am Ende der dann einsetzenden Entwicklung steht eine mehr oder weniger allgemein verbreitete *Korruption*. Sie ist, wie der renommierte amerikanische Rechtsphilosoph Frank I. Michelman formuliert hat, im Ansatz nichts anderes als «die Subversion des Allgemeinwohls durch Sonderinteressen».[128] Das Gift der Korruption ist gleichsam der Gegenpol zum republikanischen Ethos der Selbstbegrenzung.

Daher gilt: Wirtschaftsbürgertugend gibt es nur als *allgemein* hochgehaltenes Ethos der Selbstbegrenzung im privaten Vorteilsstreben – oder bald einmal fast gar nicht mehr. Auch sie ist also, wie die wohlverstandene Freiheit, ein kostbares öffentliches Gut. Deshalb ist es so wichtig, sie zum einen durch eine *Sachzwangbegrenzungspolitik* allgemein zu ermutigen und zumutbar zu machen, sie zum andern aber auch immer wieder allgemein einzufordern. Versuchen wir jetzt in diesem Sinne zuerst einmal, Wirtschaftsbürgertugend «in kleiner Münze» zu konkretisieren. Was können wir von den Bürgern diesbezüglich im Allgemeinen verlangen, und was in speziellen Handlungsfeldern?

Allgemein zuzumuten ist den Wirtschaftssubjekten zumindest, dass sie prinzipiell bereit sein sollen, auf die *strikte* Vorteils-, Nutzen- oder Gewinnmaximierung zu verzichten. Mit andern Worten: Jedermann soll seine Handlungsabsichten prinzipiell von einer Legitimitätsprüfung abhängig machen und sie *zur Disposition* stellen, falls Zweifel an der Verantwortbarkeit entsprechenden Handelns bestehen. Es geht dabei darum, unsere Ziele oder Interessen im Lichte der legitimen Ansprüche anderer selbstkritisch zu überprüfen, kritische Einwände anderer ernst zu nehmen und von der rücksichtslosen Verfolgung unserer «privaten» Interessen abzusehen, sofern ethisch gute Gründe dagegen sprechen.

Was aber sind ethisch gute Gründe? Das sind, wie schon in Abschnitt 3.1 erwähnt, Begründungen, die wir *unparteilich* vor oder gegenüber jedermann vertreten können, weil sie der prinzipiellen moralischen Gleichheit aller Personen Rechnung tragen. Der Begriff der Zumutbarkeit steht exakt für die ethische Bedingung der *Austauschbarkeit der Perspektiven* zwischen Akteuren und Betroffenen: Indem ich mich als Akteur in einem *gedanklichen Rollentausch* in die Lage eines Betroffenen versetze, kann ich mich selbstkritisch befragen, ob ich mein Tun gleichsam «mit seinen Augen und von seinem Standort aus»[129] gutheißen könnte. Das gilt natürlich auch umgekehrt: Es besteht eine faire Symmetrie zwischen den unparteilich vertretbaren, wechselseitigen und genau deshalb auch wechselseitig *begrenzten* «Zumutungen» zwischen Akteuren und Betroffenen.

Dies bleibt zugegebenerweise noch ein reichlich abstraktes Orientierungskriterium. Wenden wir uns deshalb jetzt einigen konkreten wirtschaftsbürgerlichen Handlungsfeldern zu.

4.3 Der Wirtschaftsbürger als kritischer Konsument und Kapitalanleger

Was verantwortungsbewusste Wirtschaftsbürger in ihrer Rolle als *(selbst-)kritisch reflektierende Konsumenten* tun, lässt sich in wenigen Worten auf den Punkt bringen. Sie nutzen ihre Kaufentscheide, um den Anbietern auf dem Markt, der Politik und ihren Mitbürgern «Zeichen» zu geben – Zeichen dahingehend, dass sie nicht nur an preisgünstigen und funktional guten Produkten interessiert sind, sondern auch nach den humanen, sozialen und ökologischen Bedingungen des gesamten Wertschöpfungsprozesses dieser Produkte fragen: von der Gewinnung der Rohstoffe über die Weiterverarbeitung bis zur Vermarktung und der Entsorgung der Abfälle.

Dass solche wirtschaftsbürgerliche Selbstbindung an ethische Gesichtspunkte im persönlichen Konsumverhalten ein wirkungsmächtiger «Hebel» zur Veränderung sein kann, hat sich in den letzten Jahren etwa im Erfolg biologisch-dynamisch produzierter Lebensmittel und umweltschonender Gebrauchsgüter sowie hinsichtlich des fairen Handels gezeigt. Zunehmend legen sensibilisierte Käuferinnen und Käufer besonderen Wert darauf, dass beispielsweise Textilien, Teppiche oder andere Produkte, die aus Drittweltländern stammen, nicht mittels Kinderarbeit oder unter anderen ausbeuterischen Arbeitsbedingungen erzeugt worden sind. Als normative Grundlage für die Definition fairer, nicht ausbeuterischer Arbeitsbedingungen steht die *Declaration on Fundamental Principles and Rights at Work* der Internationalen Arbeitsorganisation in Genf (International Labour Organization, ILO) zur Verfügung. Sie sieht folgende Kernarbeitsnormen vor: (a) die gewerkschaftliche Assoziationsfreiheit und das Recht auf Kollektivverhandlungen; (b) die Beseitigung aller Formen von Zwangsarbeit; (c) das Verbot von Kinderarbeit; (d) die Beseitigung jeglicher Diskriminierung bezüglich der Arbeitsbedingungen.

Es erweist sich auch hier als besonders wirksam, wenn das wachsende individuelle Verantwortungsbewusstsein in klaren ordnungspolitischen Rahmenbedingungen des *Konsumentenschutzes* institutionelle Rückenstützen findet, etwa in der Verpflichtung der Anbieter zur vollständigen *Produktedeklaration* bezüglich Herkunft und Zusammensetzung, in klar geregelter *Produzentenhaftung*, in der Unterstützung unabhängiger *Verbraucherorganisationen* und weiteren Maßnahmen, welche die Informations- und Rechtslage der Konsumenten verbessern. In den USA können sich kritische Konsumenten seit den 80er Jahren beispielsweise in der regelmäßig neu aufgelegten, in großen Auflagen vom renommierten *Council on Economic Priorities* (CEP) herausgegebenen Broschüre «Shopping for a Better World» über das humanitäre, soziale, gesellschaftliche und ökologische Geschäftsgebaren fast aller größeren Firmen informieren. Ähnliche Ratgeber und Informationsmedien für «nachhaltiges Einkaufen» sind seit den 90er Jahren in immer mehr europäischen Ländern greifbar, wenn auch kaum je mit dem umfassenden Informationsgehalt des amerikanischen Vorbilds. In Deutschland steht beispielsweise seit 1992 für verschiedene Branchen der online abrufbare sozial-ökologische «Unternehmenstest(er)» des Instituts für Marketing-

Umwelt-Gesellschaft (imug) an der Universität Hannover (Prof. Ursula Hansen) zur Verfügung.[130]

Zur Transparenz beitragen können auch die an Zahl und Vielseitigkeit allerdings selbst kaum mehr überblickbaren *Gütesiegel (Labels)* und *Zertifikate*, wenn sie von glaubwürdigen, unabhängigen Trägern definiert, vergeben und kontrolliert werden. Gütesiegel beziehen sich eher auf Produktqualitäten, Zertifikate auf firmenspezifische Produktionsbedingungen, doch die Grenzen sind fließend.

- So ist beispielsweise *SA 8000*[131] ein 1997 wiederum vom CEP lanciertes, inzwischen international anerkanntes Zertifikat, das die Einhaltung der grundlegenden Menschenrechte und der schon erwähnten ILO-Kernarbeitsnormen bei der Produktion in Entwicklungsländern bestätigt.[132]
- Als exemplarische Gütesiegel genannt seien der *Blaue Umweltengel* für umweltschonende Produkte (in Deutschland), *BioSuisse* für naturnah (in der Schweiz) sowie *Demeter* (international) für strikt biologisch-dynamisch produzierte und *Max Havelaar* (international) für entwicklungspolitisch nachhaltig erzeugte Lebensmittel aus Drittweltländern *(Abb. 13)*, oder *Care & Fair* sowie *Rugmark* (in Deutschland) und *Step* (in der Schweiz) für kinderarbeitsfrei hergestellte Teppiche.

Viele national etablierte Gütesiegel des fairen Handels haben sich inzwischen im Dachverband *Fairtrade Labelling Organisations International (FLO)* zusammengeschlossen, um mittels gemeinsamer Standards die Vergleichbarkeit zu verbessern und den entstandenen Label-Dschungel zu lichten. Aus demselben Grund werden humanitäre, soziale und ökologische Kriterien zunehmend miteinander verbunden, so dass möglichst sämtliche Aspekte eines gegenüber allen Beteiligten und Betroffenen (inklusive den nachkommenden Generationen) fairen und nachhaltigen Konsumverhaltens mit jeweils einem einzigen Gütesiegel für eine Produktgruppe abgedeckt werden. Die dafür ansprechbaren Zielgruppen wachsen rasch. Trendforscher sprechen dabei von den LOHAS, die einen «Lifestyle of Health and Sustainability» pflegen und auf nachhaltigen Konsum Wert legen.[134]

> *Die Mission der Max Havelaar Stiftung ist...*
> - den Produzenten und Plantagenarbeitern im Süden den Marktzugang für ihre Produkte zu fairen und nachhaltigen Bedingungen zu sichern;
> - zu zertifizieren, dass Produkte, welche das Max Havelaar Gütesiegel tragen, gemäß den internationalen Kriterien des fairen und nachhaltigen Handels produziert und gehandelt werden (FLO: Fair Trade Labelling Organization).
>
> *Die Max Havelaar-Stiftung...*
> - vergibt die Lizenz zur Verwendung des Max Havelaar Gütesiegels und handelt selber nicht direkt mit Produkten.
> - Sie erarbeitet, überwacht und kontrolliert die Bedingungen des fairen Handels.
>
> So profitieren alle vom fairen Handel:
> - Die Bauern erhalten faire Preise,
> - die Pflücker und Plantagenarbeiterinnen verbesserte Lebens- und Arbeitsbedingungen,
> - die Lizenznehmer zuverlässige, motivierte Handelspartner,
> - die Konsumentinnen und Konsumenten genießen wohlschmeckende Produkte von erstklassiger Qualität.

Abb. 13: Die Mission von Max Havelaar als Beispiel[133]

Rasch an Beachtung hat in jüngster Zeit aber auch die Rolle der Wirtschaftsbürger als *kritische Geld- und Kapitalanleger* gewonnen, vor allem in Zusammenhang mit dem «Aktiensparen». Wiederum geht es um die Nutzung des Potentials, den Finanzmärkten mit nachhaltigen Investments ethisch gehaltvolle «Zeichen» zu geben – als weitere Variante des Mottos: Wenn schon Kapitalismus, dann gleich richtig! Es sind ja letztlich die Anleger, die – vermittelt über die sogenannten Finanzintermediäre, d.h. die großen Anlagefonds und Pensionskassen – den gewaltigen Druck der globalen Finanzmärkte auf die Unternehmensleitungen zur dezidierten Steigerung des *Shareholder Value*, des inneren Ertragswerts der Aktien, ausüben. Wenn heute sogar Kleinanleger, also normale Arbeitnehmer, sich mit ihren Ersparnissen *performance*-orientiert an der Börse betätigen, so sind sie sich wohl noch oft kaum bewusst, dass sie selbst auf diese Weise, wenn auch natürlich nur marginal, Druck auf ihre

Löhne oder gar in Richtung der Wegrationalisierung ihrer Arbeitsplätze ausüben. Es liegt daher in ihrem wohlverstandenen Eigeninteresse, wenn die Pensionskassen und Anlagefonds, in denen sie ihr Geld «arbeiten lassen», nicht bedingungslos auf Rentabilitätsmaximierung zielen, sondern neben einer angemessenen Rendite auch auf qualitative Gesichtspunkte eines humanen, sozial und ökologisch verträglichen Unternehmensgebarens achten. Die Zahl der *prinzipiengeleiteten Anlagefonds* (Nachhaltigkeitsfonds, Ethikfonds, Ökofonds) wächst rasch, auch wenn ihre Konzepte aus wirtschaftsethischer Sicht noch nicht immer besonders überzeugen.[135] Von immer mehr Anlagefonds werden die von der UNO mitgetragenen *Principles of Responsible Investment* als generelle Richtlinie beachtet.[136]

Darüber hinaus existieren heute *Vereinigungen kritischer Aktionäre*, die sich über ihr Aktienstimmrecht an den jährlichen Haupt- oder Generalversammlungen Gehör für unternehmensethische Anliegen verschaffen und so zur wachsenden öffentlichen Sensibilität für das Geschäftsgebaren großer Firmen beitragen. Das gelingt i.d.R. weniger infolge des unmittelbar erzielten Eindrucks auf diese Versammlungen selbst als vielmehr über öffentliche Kampagnen und den Multiplikatoreffekt der Medienberichte. Als Vorreiterin erwähnt sei die *Convention d'actionnaires Nestlé*, die kritische Vereinigung von Nestlé-Aktionären; sie nannte sich abgekürzt in vielsagender Weise *CANES* (lateinisch: «Wachhunde»), ist inzwischen aber aufgegangen in *ACTARES*, einer Vereinigung von «AktionärInnen für nachhaltiges Wirtschaften», die sich um sämtliche börsenkotierten Firmen der Schweiz kümmert. In ähnlicher Weise hat sich in Deutschland aus dem kritischen Engagement bei einzelnen Firmen, etwa bei Daimler-Benz, der *Dachverband der Kritischen Aktionärinnen und Aktionäre* entwickelt.

4.4 Der Wirtschaftsbürger als «Organisationsbürger»

Die meisten Menschen sind heutzutage in verschiedenen hierarchisch strukturierten, komplex-arbeitsteiligen Organisationen tätig, insbesondere im Erwerbsleben als Mitarbeiter einer Firma oder einer öffentlichen Verwaltung. Wirtschaftsbürgerethik bietet diesbezüglich das Konzept des *Organisationsbürgers* an.[137] Der republikanisch-ethische Kerngedanke kommt hier in der Weise zur Geltung, dass Organisationsbürger ihre organisatorisch eingegrenzte *funktionale Rollenverantwortung* in der Organisation nicht einfach von ihrer prinzipiell *unteilbaren Bürgerverantwortung* für die gesamten Folgen seines Tuns abspalten, sondern ihre Rolle selbst noch im Lichte ihrer umfassenderen Bürgerverantwortung reflektieren *(Abb. 14)*.

Organisatorischer Verantwortung (Rollenverantwortung)	Ethische Verantwortung (Bürgerverantwortung)
■ organisatorisch *eingegrenzte* Teilverantwortung (bereichsbezogen) ■ primär *Ergebnis*verantwortung	■ prinzipiell *unbegrenzte* Verantwortung für alle Folgen eigenen Handelns ■ primär Verantwortung für *Nebenwirkungen auf andere*

«Verantwortungslücke»
(Opportunismusproblem)

Organisierte Verantwortlichkeit

■ Betriebliches Ethikprogramm
■ Professioneller Standeskodex für Führungskräfte

Abb. 14: Die Verantwortungslücke zwischen betriebswirtschaftlich-organisatorischer und ethischer Verantwortung

Wohin es führen kann, wenn das Bewusstsein für die bedeutsame Differenz zwischen Bürger- und organisatorischer Rollenverantwortung gänzlich fehlt und Letztere zu einem blinden «Kadavergehorsam» übersteigert wird, haben in schlimmster Weise jene nationalsozialistischen Kriegsverbrecher demonstriert, die sich nach dem Zweiten Weltkrieg in den Nürnberger Prozessen einfach auf ihre «Pflichterfüllung» als Offiziere und Beamten berufen und kaum Reue für ihre unmenschlichen Taten gezeigt haben.[138]

In den komplex-arbeitsteiligen Organisationen der Wirtschaft ist blinder «Kadavergehorsam» glücklicherweise längst nicht mehr gefragt. Gewiss sollen Mitarbeiter im Rahmen der arbeitsvertraglich vereinbarten Aufgaben gegenüber ihrem Arbeitgeber loyal sein, dies jedoch stets im Sinne einer *kritischen Loyalität*.[139] Und das heißt: Der kritisch-loyale Mitarbeiter erachtet es als sein moralisches Recht und seine moralische Pflicht, unter Umständen *Zivilcourage* zu entwickeln. Er wird gegen Anweisungen oder Vorgänge, die er als moralisch nicht vertretbar erkennt, nötigenfalls Einspruch erheben, auch wenn er sich damit aus Sicht seiner Vorgesetzten unangenehm «exponiert». Natürlich gerät er dabei innerhalb hierarchischer Strukturen in ein persönliches *Opportunismusproblem* zwischen moralischer Integrität und Karrierezielen, falls seine Vorgesetzten mangels eines eigenen republikanischen Wirtschaftsethos für seinen potenziellen Einspruch wenig Verständnis erwarten lassen. Auch hier tun daher «institutionelle Rückenstützen» not, die organisationsbürgerliche Zivilcourage zumutbar machen. Es braucht dafür innerbetriebliche Standards, auf die sich die Mitarbeitenden beziehen können, insbesondere ein ausdrückliches Recht zur Kritik.[140]

Hilfreich ist auch ein Standeskodex («Ehrenkodex») einer Berufsgruppe, auf den sich deren Mitglieder zur Begründung und «institutionellen Stärkung» eines Einspruchs gegenüber Vorgesetzten beziehen können. Ein gutes Beispiel bietet dafür der von der Schweizerischen Akademie der Technischen Wissenschaften (SATW) im Jahr 1991 verabschiedete, 2003 in aktualisierter Fassung neu aufgelegte Berufskodex «Ethik im technischen Handeln», der im letzten seiner zehn Grundsätze folgendes bemerkenswertes, den Geist der kritischen Loyalität zum Ausdruck bringendes Prinzip der *Wahrhaftigkeit* festhält:

> «Wahrhaftigkeit gegenüber dem Mitmenschen und sich selber ist ein wesentlicher Bestandteil der persönlichen Ethik der Ingenieure/Ingenieurinnen und technischen Wissenschafter/innen. Sie muss unerschütterliche Grundlage jedes technischen Tuns sein. Sie spiegelt sich, neben anderen Elementen ethischer Haltung, auch in der Verweigerung von unverantwortbarer technischer Arbeit wider.»[141]

In außerordentlichen Fällen, wo es um die Verletzung von Menschenrechten, um illegale oder eindeutig gemeinwohlschädliche Praktiken der eigenen Firma geht, werden Mitarbeitende sich nach vergeblicher Ausschöpfung aller firmeninternen Möglichkeiten aus ihrer Bürgerverantwortung heraus vielleicht sogar moralisch verpflichtet fühlen, sich an die kritische Öffentlichkeit zu wenden, um von außen her Druck auf die Geschäftsleitung zu erzeugen. Man spricht dann neudeutsch von *Whistleblowing*, d.h. vom «Verpfeifen» des eigenen Arbeitgebers in der Öffentlichkeit. Da aus diesem Schritt unter Umständen schwere Schäden für den guten Ruf der Firma entstehen und sich der «Whistleblower» damit selbst unter hohen öffentlichen Rechtfertigungsdruck setzt, muss für den Gang von Organisationsbürgern in die kritische Öffentlichkeit eine doppelte Legitimitätsvoraussetzung erfüllt sein:

- *Ethischer Gehalt:* Es muss sich um ein erstrangiges ethisches Anliegen handeln, das sich aus dem Tatbestand der Verletzung von allgemeinen Menschen- oder Bürgerrechten der Betroffenen oder aus massiv gemeinwohlschädigendem Verhalten der Akteure begründen lässt und daher von öffentlichem Belang ist.
- *Ultima Ratio:* Zuerst sind vom Whistleblower alle zumutbaren Möglichkeiten des direkten Ein- oder Widerspruchs bei den zuständigen Vorgesetzten oder Aufsichtsgremien der Firma auszuschöpfen. Die Organisation soll zuerst die Chance gehabt haben, das Problem intern zu erkennen und zu lösen. Der Weg an die Öffentlichkeit ist nur als letzte Option legitim.

Sind diese beiden Voraussetzungen gegeben, so ist in einer zivilisierten Gesellschaft von der prinzipiellen Schutzwürdigkeit des Whistleblowers auszugehen. Denn jede Organisation muss mit der Möglichkeit des moralischen Versagens ihrer Regeln oder einzelner Mitarbeitender rechnen, genauso wie sich ein zivilisierter Rechtsstaat gerade dadurch auszeichnet, dass er mit seiner eigenen Fehlbarkeit rechnet und deshalb seinen Bürgern ein Grundrecht auf *zivilen Ungehorsam* im Falle eines schwerwiegenden Konflikts zwischen Gewissen und geltenden Gesetzen zuerkennt.[142]

An Aufsehen erregenden Fällen von Whistleblowing, wie es sie immer wieder gibt, ist leider oft nicht nur skandalös, was der Whistleblower ins Scheinwerferlicht der Öffentlichkeit holt, sondern auch, wie er selbst danach von der verursachenden Organisation behandelt wird. Im Unterschied zu den USA, wo Whistleblower zumindest im Fall des Handelns aus selbstlosen Motiven rechtlichen Schutz genießen, bekunden hierzulande sogar die Gerichte Mühe damit, da die Weitergabe entsprechender «Insider-Informationen» arbeitsrechtlich noch immer nicht eindeutig geregelt ist.[143] Erinnert sei an den weltweit Schlagzeilen machenden Fall ‹UBS vs. Christoph Meili›, der kein gutes Licht auf die damalige Führung der schweizerischen Großbank warf, aber auch an den nicht minder berühmten, früheren Fall ‹Hoffmann-La Roche vs. Stanley Adams›.

- Der Wachmann Christoph Meili hatte 1997 im Schredderraum der inzwischen in der Fusionsfirma UBS aufgegangenen Schweizerischen Bankgesellschaft Dokumente gefunden, die offenbar vernichtet werden sollten, obschon sie möglicherweise bedeutsame Inhalte über die zu dieser Zeit international heftig diskutierte Tätigkeit der Schweizer Banken während der Nazi-Zeit enthielten und eine solche Vernichtung gegen geltende Gesetze verstoßen hätte. Meili war nicht etwa Angestellter der Bank, sondern diese war Kundin der Wachgesellschaft, für die er arbeitete. Um die Vernichtung zu verhindern, übergab er seinen Fund der jüdischen Gemeinde in Zürich. Daraufhin kündigte ihm die Wachgesellschaft fristlos, und der damalige Generaldirektor der Bank diskreditierte ihn öffentlich im Fernsehen in schwerster Weise, ohne seine Unterstellung unlauterer Motive belegen zu können. Dennoch ermittelte die Zürcher Staatsanwaltschaft weit weniger eingehend gegen die Bank als vielmehr gegen Meili, auch wenn es am Ende nicht zur Anklageerhebung kam. Meili lebte danach während fast zwölf Jahren in den USA.
- Der bedeutende Basler Pharmahersteller Hoffmann-La Roche hatte in den frühen 1970er Jahren seine marktbeherrschende Stellung im Vitamingeschäft mittels illegaler Geschäftspraktiken zu verteidigen versucht. Roche-Mitarbeiter Stanley Adams übergab 1973 den EU-Kartellbehörden in Brüssel Akten und Dokumente, die das be-

legten, nachdem man ihm firmenintern kein Gehör für seine Bedenken geschenkt hatte. Die EU-Behörden handelten unverzüglich, da eine klare Verletzung von Wettbewerbsregeln vorlag. Dennoch wurde Adams von der Firma hart sanktioniert und diskreditiert. Er wurde verhaftet und von einem Basler Gericht verurteilt; während Jahren wurde er juristisch verfolgt, bis er am Ende (1979), nach tragischen familiären und beruflichen Konsequenzen für ihn, von der EU wenigstens symbolisch mit 20 000 britischen Pfund entschädigt und die Firma verurteilt worden ist. Seine Klage gegen die Schweizer Behörden vor dem Europäischen Gerichtshof für Menschenrechte (1982) wurde jedoch mit der Begründung zurückgewiesen, dass er Geschäftsgeheimnisse der Firma verletzt habe. (Die gleiche Firma ist im Herbst 2001 erneut wegen kartellistischer Preisabsprachen von den USA und der EU verurteilt und mit hohen strafrechtlichen Bußen belegt worden.)

Die Liste ähnlicher Vorfälle ist in praktisch allen Ländern lang. Dabei käme es in den meisten Fällen gar nicht zum Whistleblowing, hätten die betroffenen Firmen organisationsintern vorgesorgt durch die Pflege einer betrieblichen Verantwortungskultur und die Einrichtung tragfähiger Kanäle des kritischen Einspruchs für Mitarbeitende aller Ebenen. Die Gewährleistung eines organisationsbürgerlichen Rechts auf Anhörung würde, verbunden mit einer tragfähigen Verantwortungskultur, die meisten legitimen Gründe für das öffentliche «Verpfeifen» beseitigen und wäre insofern auch im Eigeninteresse der Firma an der Wahrung des guten Rufs klug.

Die Art und Weise, wie eine Firmenleitung mit Mitarbeitenden umgeht, die intern moralisch begründeten Einspruch erheben oder sie gar extern «verpfeifen», besagt i.d.R. sehr viel über die bestehende oder eben nicht bestehende Integritäts- und Verantwortungskultur im Unternehmen. Stellensuchende sind daher gut beraten, am besten von vornherein Arbeitgeber vorzuziehen, die an verantwortungsbewussten, integren Mitarbeitern interessiert sind und in ihren Betrieben eine *organisierte moralische Verantwortlichkeit* etabliert haben. Auf die vielfältigen betrieblichen Ethikmaßnahmen, die dazu beitragen, kommen wir im 5. Kapitel im Rahmen der Unternehmensethik noch zurück.

4.5 Der Wirtschaftsbürger als mitverantwortlicher Staatsbürger

Ohne Bürger, die einen gewissen Bürgersinn, eine gewisse Bereitschaft zur Übernahme von Mitverantwortung für die *Res publica* haben, lässt sich in einer freiheitlich-demokratischen Gesellschaft buchstäblich kein Staat machen. Das haben wir ja schon im 3. Kapitel gesehen.

Als wirtschaftsethisch aufgeklärte Staatsbürger sind wir vor allem aufgefordert, unsere (noch so bescheidene) *ordnungspolitische Mitverantwortung* bezüglich der Rahmenordnung des Marktes wahrzunehmen. Wir können dies tun, indem wir als stimmberechtigte Bürger im demokratischen Prozess nicht bloß auf unseren eigenen privaten Vorteil achten, sondern mit unserer Stimme vernünftige Reformvorhaben zur lebensdienlichen Ausrichtung und Einbindung der Marktdynamik in die Grundsätze einer wohlgeordneten Bürgergesellschaft und eines nachhaltigen Umweltschutzes unterstützen. Und zwar auch dann, wenn wir persönlich ein zumutbares, d.h. unsere Lebenslage nicht übergebührlich tangierendes «Opfer» dafür bringen müssen.

Leitstern für so verstandene ordnungspolitische Mitverantwortung ist einmal mehr die von Kant entworfene regulative Idee des «öffentlichen Gebrauchs der Vernunft» in der demokratischen Kommunikationsgemeinschaft freier und mündiger Bürger.[144] In einer modernen offenen Gesellschaft ist die *unbegrenzte kritische Öffentlichkeit* aller mündigen Personen als der ideelle Ort der Moral zu begreifen. Pragmatische Ansätze *deliberativer (d.h. beratschlagender) Politik*, wie die Politologen sie heute entwickeln, suchen zwischen diesem Vernunftideal politischer Ethik einerseits und der weitgehend interessen- und machtbasierten Realpolitik andererseits eine *Balance* zu etablieren und auf beide Seiten hin, die ethisch-ideelle und die empirische, anschlussfähig zu bleiben *(Abb. 15).* Wir wollen hier nicht näher auf die politisch-philosophischen Grundlagen eingehen und einfach nur vier wesentliche praktische Ansatzpunkte hervorheben:[145]

- Es kommt *erstens* darauf an, Foren des öffentlichen Dialogs zu installieren, wo die Bürger ihre *Präferenzen klären* können (d.h. herausfinden, was sie wirklich wollen), indem sie den argumentativen Austausch *guter Gründe* praktizieren. Dadurch werden zugleich

```
        Kritische Öffentlichkeit
               als Ort
     staatsbürgerlicher Mitverantwortung
                    ↓
         «Balance» zwischen
     «öffentlichem Vernunftgebrauch»
           und «Realpolitik»
                    ↓
       Leitideen deliberativer Politik
```

| Argumentative Präferenzklärung | Deliberative Verfahrenslegitimation | Konsensuelle Dissensregelung | Öffentliche Konstitution des Privaten |

Abb. 15: Ansätze deliberativer Politik

jene Lobbyisten, die nicht verallgemeinerbare Partikulärinteressen vertreten, unter den sanften Druck öffentlicher Legitimationsansprüche gestellt.

- Es geht deshalb *zweitens* darum, den ethisch-vernünftigen Gehalt demokratischer Abstimmungsergebnisse zu verbessern, indem deren Legitimationskraft nicht allein in der Ermittlung von quantitativen Mehrheiten, sondern vielmehr in der Qualität der vorangehenden öffentlichen Beratschlagungsprozesse gesehen und gesucht wird. Eine vielfältige Infrastruktur solcher *deliberativer Prozesse* stellt zwar keine Gewährsinstanz, aber immerhin eine «Krücke» der öffentlichen Vernunft dar, begründen sie doch immerhin die Vermutung, «einen gewissen Grad praktischer Rationalität» hervorzubringen.[146]

- Da *drittens* gerade bei politischen Themen, bei denen es um wirtschaftliche bzw. wirtschaftspolitische Interessenkonflikte geht, eine argumentative Einigung eher selten zu erreichen ist, sind für die Fälle argumentativ nicht auflösbarer Uneinigkeit wenigstens einvernehmlich (konsensuell) getragene Regeln des *zivilisierten Umgangs mit politischem Dissens* zu etablieren. Zu einer dementsprechenden politischen Streitkultur gehört die Bereitschaft zu *fairen Kompromissen*. Fair sind Kompromisse, wenn sie nicht bloß Abbild der Machtverhältnisse sind, sondern ihrerseits noch eine gewisse ethische Begründungsqualität aufweisen, indem sie für alle Parteien im Lichte ihrer legitimen Ansprüche zumutbar und *deshalb* allseits akzeptabel sind.

- *Viertens* kommt es gemäß dem republikanisch-liberalen Gesellschaftsleitbild darauf an, dass die *öffentliche Konstitution legitimer Freiräume privater Interessenverfolgung* von allen Staats- und Wirtschaftsbürgern anerkannt wird. Es gibt in einer freiheitlichen Gesellschaft nichts Öffentlicheres als die Abgrenzung dessen, was als privat gelten darf! «Privat» ist wirtschaftliches Handeln niemals von «Natur» aus, sondern im Prinzip immer erst, nachdem es den Legitimitätstest der öffentlichen Vertretbarkeit seiner Folgen, insbesondere seiner Human-, Sozial-, Demokratie- und Umweltverträglichkeit, bestanden hat. Auch alle Privatwirtschaft ist – das scheinen gewisse Protagonisten des Wirtschaftsliberalismus bisweilen zu übersehen – in einer offenen Gesellschaft öffentlich legitimiert und daher immer wieder zur öffentlichen Rechenschaftsablegung verpflichtet, soweit sie öffentliche Interessen tangiert. Der Anspruch einer vorpolitischen Abgrenzung des Privaten vom Öffentlichen verträgt sich demgegenüber nicht mit einem republikanisch aufgeklärten Begriff von Freiheit – auch von Wirtschaftsfreiheit – als der gleichen real lebbaren Freiheit aller.

Mit dem letzten Punkt haben wir fast zwanglos den Boden für das nächste Kapitel vorbereitet, in dem wir uns speziell der Unternehmensethik, einem der wichtigsten Zweige der modernen Wirtschaftsethik, zuwenden wollen.

5. Unternehmensethik: Wie wird ein Unternehmen zum «Good Corporate Citizen»?

Zu den wichtigsten Akteuren in der Wirtschaft gehören natürlich die Unternehmer. Allerdings ist ja heute – trotz eines beachtlichen Trends zur neuen Selbstständigkeit und neuem Unternehmertum – längst nicht mehr der klassische private Eigentümer-Unternehmer tonangebend, sondern die rechtlich als unpersönliche Gesellschaft verfasste Firma («société anonyme», so die französische Bezeichnung für die Aktiengesellschaft). Sie wird von angestellten Führungskräften (Managern) geleitet. Hier herrscht in der Regel eine ganz andere «Unternehmenskultur» als in traditionellen Familienunternehmen, die oft noch in sehr persönlicher, gegenüber Mitarbeitenden, Kunden, Lieferanten und regionaler Allgemeinheit verantwortungsbewusster Weise geführt werden. Eigentlich lässt sich also kaum mehr pauschal von *den* Unternehmen sprechen. Gleichwohl macht es Sinn, das republikanisch-liberale Konzept des Wirtschaftsbürgers gerade auch auf große Unternehmen zu übertragen und sie als *Corporate Citizens* in die Pflicht zu nehmen. Der Begriff der «(Good) Corporate Citizenship» hat in der Praxis deshalb recht schnelle Verbreitung gefunden. Worum geht es dabei? Nun, offenbar buchstäblich um eine «zivilisierte» Unternehmensführung!

Führen wir uns zur Einstimmung zunächst die Entwicklung der Selbstbekenntnisse von vier namhaften Firmen zur Corporate Citizenship in den vergangenen zehn Jahren zu Gemüte (5.1). Sie zeigen eine zum Teil anhaltende Verwirrung bezüglich der systematischen Kernfrage, wie sich denn der Ruf nach Unternehmensethik zum üblicherweise für die Privatwirtschaft als gültig betrachteten «Gewinnprinzip» verhält (5.2). Nach der prinzipiellen Klärung dieser Frage nehmen wir zwei verbreitete unternehmensethische Denkmuster etwas genauer unter die Lupe, die einem republikanisch-liberalen Verständnis des Unternehmens als «guter Bürger» *nicht* genügen, da sie das Gewinnprinzip in je nur spezifisch halbierter Weise überwinden (5.3). Im nächsten Schritt können wir dann auf den Punkt bringen, worauf es für ein tragfähiges Konzept von (Good) Corporate Citizenship grundlegend ankommt (5.4). Abschließend werden kurz die praktischen Bausteine eines dementsprechenden unternehmerischen «Ethikprogramms» skizziert (5.5).

5.1 Corporate Citizenship – das «glänzende» Selbstbekenntnis großer Unternehmen

Zu den Firmen, die sich seit etwa dem Jahr 2000 mehr oder weniger ausdrücklich auf den Begriff der Corporate Citizenship[147] beziehen, gehören mindestens vier *Global Players* mit Stammsitz im deutschsprachigen Raum: Deutsche Bank und UBS, Novartis und Siemens. Diese vier schon für die erste Auflage des vorliegenden Buches (2002) ausgewählten Beispiele erweisen sich im Rückblick auf ihre seitherige Entwicklung als besonders aufschlussreich. Denn zwei der vier Firmen (Siemens und UBS) sind in der Zwischenzeit durch geradezu existenzielle Krisen gegangen, die zentral in (je verschiedenem) schwerstem unternehmensethischem Versagen wurzeln. Der brisante Punkt ist dabei, dass die offiziellen Statements beider Firmen zu ihrem Verständnis von Unternehmensethik, «Corporate Social Responsibility» und «Corporate Citizenship» schon damals (sowie bei der Prüfung ihrer Weiterentwicklung bis 2004 für die Taschenbuchausgabe 2005 dieses Buchs) Anlass zu skeptischen bis kritischen Anmerkungen gab. Bei den anderen beiden Beispielfirmen (Novartis und Deutsche Bank) war das trotz ebenfalls erkennbarer Schwachpunkte in weit weniger ausgeprägter Weise der Fall.

Wer die wirtschaftsethischen Kategorien und Konzepte beherrscht, der ist offenbar in der Lage, die den offiziellen Firmenstatements zugrunde liegenden Denkmuster und Einstellungen zu entschlüsseln und sie damit möglicherweise sogar besser zu verstehen als ihre Urheber. Um diese lehrreiche Erfahrung zu verdeutlichen, werden nachfolgend die Dokumentenanalysen und Interpretationen aus den früheren Ausgaben des Buchs unverändert übernommen und zur Abgrenzung von neuen Anmerkungen jeweils grau unterlegt.

Novartis

Beginnen wir mit dem Basler Pharmagiganten *Novartis*. Der Geschäftsbericht 2000 der Firma bot in seiner immer noch 40-seitigen Kurzform als «Geschäftsübersicht» unter der Headline «Wir bekennen uns zu gesellschaftlichen Verpflichtungen» folgende Einführung in das Thema:

> «In den Stadtstaaten des alten Griechenlands und Roms war der Titel ‹Bürger› eine ehrenvolle Bezeichnung. Mit dieser Ehre einer gingen aber auch bestimmte Verantwortlichkeiten. Ähnlich ist es mit dem Konzept des Unternehmens als Bürger. Es bedeutet, in stärkerem Maße Verantwortung für die Entwicklungen unserer Welt zu übernehmen und Worte in Taten umzusetzen.»

Schöne Worte zunächst, wenn es auch verblüfft, dass nicht etwa auf den Begriff des *modernen* Bürgers in der freiheitlich-demokratischen Gesellschaft, sondern auf die antiken Verhältnisse Bezug genommen wird. Immerhin gilt es zu bedenken, dass die freien Bürger der griechischen Polis eine ziemlich kleine Elite waren, nämlich die wirtschaftlich unabhängigen Herren. Sie ließen Sklaven und wenn möglich auch einen Haus- oder Betriebsverwalter für sich arbeiten... Dieser etwas unglückliche herrschaftliche Touch im anfänglichen Selbstverständnis von Novartis als (gutem) Bürger mag symbolisch sein für die Schwierigkeiten jeder wirklich tiefgreifenden Neuorientierung. Gewisse Inkonsistenzen sind in Übergangsphasen fast unvermeidlich. Doch die Entwicklung bei Novartis ist seither bemerkenswert.

Novartis gehörte zu den ersten Firmen, welche die Initiative «Global Compact» des UNO-Generalsekretärs Kofi Annan unterstützten, und zwar mit der erklärten Absicht, bei der Umsetzung zu den führenden Unternehmen zu gehören. Die Grundsätze dieser Initiative umfassen ursprünglich neun, inzwischen zehn Prinzipien zu vier Bereichen: Wahrung der Menschenrechte, Schaffung gerechter Arbeitsbedingungen, Schutz der Umwelt und Korruptionsbekämpfung *(Abb. 16)*.

Apropos Inkonsistenzen: Bemerkenswert selbstkritisch wurde im Geschäftsbericht 2001 eingeräumt, Novartis' «Politik der Verantwortung gegenüber der Gesellschaft» befinde sich «im Aufbau», und vor der Firma liege «noch ein langer Weg». Noch kurz zuvor ließ das konsequente Engagement des Pharmagiganten für die Ausrottung verbreiteter Krankheiten bei den Ärmsten in der Dritten Welt, die über keine Kaufkraft verfügen und mit denen sich folglich kein Geld verdienen lässt, in der Tat Zweifel offen. Wie war das etwa beim Kampf der 39 weltweit führenden Pharmahersteller *gegen* Südafrikas Regierung, als sich diese vergeblich um die billigere, für das Land bezahlbare Abgabe von Aids-Medikamenten bemühte? Nicht alle, aber doch einige Pharmakonzerne zeigten sich da eher hartherzig. So begann Südafrikas Regierung unter Missachtung der Patente, mit denen diese Firmen ihre hohen Preise vor Nachahmerprodukten (sog. Generika) schützen, im eigenen Land radikale Preissenkungen anzuordnen. Während andere Pharmafirmen sich schließlich im Jahr 2001 bereit erklärten, dem Land ihre Aids-Medikamente in großen Mengen stark verbilligt oder sogar kostenfrei zur Verfügung zu stellen, erkannte Novartis da noch keinen direkten Zusammenhang zwischen der fraglichen Geschäftstätigkeit und dem erklärten Leitgedanken der Corporate Citizenship.

Inzwischen setzt die Firma jedoch den Corporate-Citizenship-Gedanken Schritt für Schritt als integralen Bestandteil ihrer Unternehmensphilosophie und Geschäftsethik immer konsequenter um. Der Geschäftsbericht 2003 bietet eine eindrückliche zehnseitige (!) Darstellung der Grundsätze und Richtlinien ebenso wie der konkreten Projekte und Verbesserungsziele für das Jahr 2003, dokumentiert die erreichten Ergebnisse und definiert neue Ziele für 2004. Aktueller Fokus ist dabei die Ausarbeitung und flächendeckende Umsetzung präziser Richtlinien zur Beachtung der «bürgerlichen und politischen» sowie auch der «wirtschaftlichen, sozialen und kulturellen Menschenrechte». Wie ernst Novartis es damit meint, erkennt man auch daran, dass bereichsbezogene Richtlinien darauf abgestimmt werden (z.B. ein 2003 neu eingeführter Marketing-Kodex) und allen Mitarbeitenden ausdrücklich das Recht eingeräumt wird, via Beschwerdeinstanzen auf Verletzungen der Corporate-Citizenship-Regeln hinzuweisen («Whistleblower-Klausel»).[148]

Zum Engagement der Firma als guter (Welt-)Bürger gehört seit langem auch die Novartis-Stiftung für Nachhaltige Entwicklung, die zahlreiche medizinische und gesundheitspolitische Projekte vor allem in den ärmsten Ländern der Welt unterstützt. Mögen gewisse branchentypische Probleme (etwa im Bereich des Patentschutzes und der Preispolitik) auch weiterhin bestehen, so darf Novartis insgesamt gleichwohl attestiert werden, dass sie derzeit eines der weltweit überzeugendsten Beispiele gelebter Corporate Citizenship darstellt.

Diese Einschätzung ist seither weitgehend bestätigt worden. Einerseits hat Novartis ihre «Corporate Citizenship» mitsamt einer transparenten, zielorientierten Berichterstattung im jährlichen Geschäftsbericht stetig weiter ausgebaut. Die Firma anerkennt inzwischen ausdrücklich die «Menschenrechtsverantwortung von Unternehmen» und setzt seit 2006 als Pilotanwender das vom Dänischen Institut für Menschenrechte entwickelte *Human Rights Compliance Assessment* ein. Beeindruckend ist auch die Vielzahl weltweiter Patientenhilfsprogramme von Novartis.

Andererseits hat Novartis in Indien gegen dessen 2005 erneuertes Patentrecht geklagt, um den umstrittenen Patentschutz auf dem Leukämie-Medikament Glivec aufrechtzuerhalten. Damit hat Novartis die inländische Produktion kostengünstiger Generika für kaufkraftschwache Bevölkerungsschichten im Falle unentbehrlicher Medikamente bekämpft statt gefördert, ganz entgegen dem Rat praktisch aller Entwicklungsfachleute, die das neue indische Patentrecht als fortschrittlich beurteilen. Prompt verlor Novartis 2009 dieses als Präzedenzfall weltweit beachtete Gerichtsverfahren auch in zweiter Instanz, zog die Klage jedoch unbeeindruckt ans höchste indische Gericht weiter (2010 noch hängig) – und handelte sich so einen erheblichen Reputationsschaden sowie Zweifel an der Verlässlichkeit ihres jüngsten Bekenntnisses ein, dazu beitragen zu wollen, «dass auch bedürftige Patienten in Entwicklungsländern von den wissenschaftlichen und technologischen Fortschritten der Biomedizin profitieren» (Geschäftsbericht 2009, S. 65). Eine konsequentere Grundhaltung der Firma in patentrechtlichen Fragen gilt es vorerst abzuwarten.

Der UN-Generalsekretär Kofi A. Annan hat Unternehmensführer in der ganzen Welt aufgefordert, die «Global Compact»-Initiative in ihrem Unternehmen zu implementieren und umzusetzen sowie entsprechende politische Maßnahmen zu unterstützen.

Die Grundsätze der Initiative beziehen sich auf die **Wahrung der Menschenrechte**, die **Schaffung gerechter Arbeitsbedingungen**, den **Schutz der Umwelt** und den **Kampf gegen die Korruption**.

Menschenrechte
Globale Unternehmen sollen:
Prinzip 1: sich im Rahmen ihres Einflussbereichs für die Wahrung der internationalen Menschenrechte einsetzen und entsprechend handeln
Prinzip 2: sicherstellen, dass ihr Unternehmen sich von Partnern distanziert, die die Menschenrechte missachten

Gerechte Arbeitsbedingungen
Globale Unternehmen sollen:
Prinzip 3: die Versammlungsfreiheit respektieren und das Recht auf Tarifverhandlungen anerkennen
Prinzip 4: jegliche Form von Zwangsarbeit abschaffen
Prinzip 5: Kinderarbeit grundsätzlich verbieten
Prinzip 6: keinerlei Diskriminierung in Bezug auf Arbeit und Beschäftigung zulassen

Umwelt
Globale Unternehmen sollen:
Prinzip 7: Umweltprobleme mit Umsicht lösen
Prinzip 8: Initiativen lancieren, die die Verantwortung gegenüber der Umwelt fördern
Prinzip 9: sich für die Entwicklung und Verbreitung umweltfreundlicher Technologien einsetzen

Korruptionsbekämpfung
Globale Unternehmen sollen:
Prinzip 10: gegen alle Formen der Korruption einschreiten, einschließlich Erpressung und Bestechung

Abb. 16: Die UN-Initiative «Global Compact»

Siemens

Schauen wir nun, ob die Firma *Siemens* ähnlich konsequent und konsistent handelt. Immerhin wagte sie es als erste unter den vier genannten Firmen, ihren Bericht «Unser Engagement für die Gesellschaft» des Jahres 2000 unmittelbar als «Corporate Citizenship Report» zu titulieren. Das Editorial, gezeichnet vom Vorstandsvorsitzenden, klang vielversprechend:

> «Mit dem vorliegenden *Corporate Citizenship Report* ergänzen wir unsere Finanz- und Umweltberichterstattung um einen dritten Aspekt: unser Handeln und Wirken in der Gesellschaft. Auf diese Weise verdeutlichen wir zugleich unser Selbstverständnis, dass Geschäftserfolg und gesellschaftliches Engagement zusammengehören und im Zeitalter der Globalisierung eng miteinander verwoben sind. (...)
>
> Wir verstehen uns als Corporate Citizen, als Mitglied der jeweiligen Gesellschaft überall da, wo wir unternehmerisch aktiv sind. (...)
>
> Im Corporate Citizenship Report (...) geht es um gesellschaftliche Aktivitäten, das Engagement für eine humane Welt. (...) Wir wollen mitgestalten und Mitverantwortung übernehmen in der Gesellschaft, von deren Fortschritt und Integrationskraft alle profitieren.»

Wie lebt Siemens seither diesem Bekenntnis nach? Zunächst einmal steht die Firma im Corporate Citizenship Report 2000 ohne Wenn und Aber zu ihrer moralischen Verantwortung für die Beschäftigung von Zwangsarbeitern während des Zweiten Weltkriegs und dem sich daraus begründenden (späten) Engagement in der gemeinsamen Stiftung *Erinnerung, Verantwortung und Zukunft* von Staat und Wirtschaft für humanitäre Hilfe an die noch lebenden Betroffenen. Die weiteren Umsetzungsberichte beziehen sich hingegen kaum mehr auf die grundlegende Geschäftsphilosophie der Firma. Vielmehr umfassen sie einerseits Maßnahmen der Aus- und Weiterbildung, erklärtermaßen «zugleich eine *Investition* in die Zukunft des Unternehmens und jedes einzelnen Mitarbeiters» (Hvh. P.U.), und andererseits ein kunterbuntes Spektrum der «mäzenatischen Tradition»:

«Siemens nimmt seine gesellschaftliche Verantwortung sehr ernst und spendet weltweit Mittel für wohltätige Zwecke».

Zwischen *investivem «Engagement»* in den eigenen längerfristigen Geschäftserfolg und *Spendenethik* weit außerhalb der «normalen» Geschäftsaktivitäten scheint das diffus bleibende Siemens-Konzept von Corporate Citizenship etwas ratlos hin und her zu schwanken. (Diese beiden Denkmuster werden wir in Abschnitt 5.3 noch näher beleuchten.)

Daran scheint sich bei Siemens wenig geändert zu haben. Die Entwicklung bleibt enttäuschend, zeigt sie doch eher rückwärts. Der «Corporate Citizenship Report» wurde ohne erkennbare Begründung in einen konventionelleren «Corporate Social Responsibility Report» umbenannt. Der CSR-Report 2003 zählt weiterhin vor allem Vergabungen aller Art auf; mit dem Geschäftsgebaren wird kein Zusammenhang hergestellt. Symptomatischerweise steht denn auch dieser CSR-Report weiterhin *neben* dem Geschäftsbericht und enthält gleichwohl den desillusionierenden Schlüsselsatz:

«Das wichtigste Ziel des Managements ist die dauerhafte Sicherung des Geschäftserfolgs – nicht als Zweck an sich, sondern im Interesse von Aktionären, Investoren, Mitarbeitern und anderen Stakeholdern.»

M.a.W.: Der Geschäftserfolg garantiert gemäß dieser harmonistischen Sicht der Dinge selbst schon die soziale Verantwortung der Firma. Der Kontrast zum Corporate Citizen Novartis könnte kaum größer sein.

Der kritische Hinweis auf das teils instrumentalistisch verkürzte, teils vom Kerngeschäft auffallend abgespaltene karitative Verständnis von Unternehmensethik bei Siemens hat sich, wie man weiß, seit dieser Einschätzung in dramatischer Weise bestätigt. In einem der größten Korruptionsskandale der Wirtschaftsgeschichte sind mehr als eine Milliarde Euro Schmiergelder in «schwarze Kassen» für die Akquisition von Großaufträgen im Telekom-Bereich geflossen. Nach allem, was man zu dem

2006 aufgedeckten, juristisch noch nicht voll aufgearbeiteten Skandal derzeit (Frühjahr 2010) vermuten muss, waren über die bereits rechtskräftig verurteilten Manager hinaus auch Vorstandsmitglieder involviert. Es blieb Siemens gar keine andere Wahl als ein radikaler personeller und geschäftsethischer Neuanfang. Anzuerkennen ist, dass das (schon 2003 dem UN Global Compact beigetretene) Unternehmen seither konsequent am Aufbau und der Umsetzung einer Nulltoleranzpolitik hinsichtlich aktiver und passiver Bestechlichkeit arbeitet, inklusive einem «Code of Conduct für Siemens-Lieferanten». Analog zu den detaillierten internen «Siemens Business Conduct Guidelines» (Januar 2009) wird von allen Lieferanten verlangt, dass auch sie «unternehmensweit ein Compliance Programm oder einen Prozess zur kontinuierlichen Sicherstellung und Überwachung der Einhaltung der Gesetze und Verbot von Korruption errichtet und umgesetzt haben, das entsprechende für alle Mitarbeiter verbindliche Regelungen beinhaltet, einschließlich der Annahme und Vergabe von Geschenken». Unter dem Leitsatz «Die unbedingte Beachtung externer und interner Regeln ist Grundlage verantwortlichen Handelns und integraler Bestandteil unseres Geschäfts» ist eine umfassende Compliance-Organisation auf Konzern- und Bereichsebene aufgebaut worden, und es werden beachtliche Anstrengungen zur unternehmensethischen Weiterbildung und Sensibilisierung des Personals mit dem Fokus integren Handelns betrieben.

UBS

Wechseln wir nun von München an die Zürcher Bahnhofstraße. Die *UBS*, weltweit größte Vermögensverwalterin, verkündete in ihrem Bericht «Kunden, Mitarbeiter, Aktionäre und die Gesellschaft – Unser Engagement 1999/2000» in großen Lettern:

> «Als Good Corporate Citizen möchten wir den Gemeinschaften, in denen wir tätig sind, etwas zurückgeben.»

Fast könnte man bei dieser Motivangabe auf die Idee kommen, die Großbank habe diesen «Gemeinschaften» vorher etwas weggenommen. Warum will sie ihnen denn etwas davon «zurückgeben»?

Das inzwischen auf der Homepage der Bank nicht mehr auffindbare Dokument gab darüber wohl ungewollt klaren Aufschluss, und zwar schon im allerersten Satz des Vorworts, gezeichnet vom Verwaltungsratspräsidenten sowie vom Vorsitzenden der Konzernleitung:

> «Als Unternehmen können wir nur *Erfolg* haben, wenn wir mit allen unseren Ansprechgruppen – Aktionäre, Kunden, Mitarbeiter und Öffentlichkeit – den Dialog pflegen, und wenn wir Mehrwerte schaffen, die den verschiedenen Gruppen zugutekommen.» (Hvh. P.U.).

Hier wird das schon bei Siemens latente instrumentalistische Missverständnis von Unternehmensethik (als Mittel zum Zweck der Erfolgssicherung) nun unzweifelhaft manifest. Dabei scheint die UBS, die immerhin wie Novartis zu den Erstunterzeichnerinnen der Global-Compact-Prinzipien gehörte, davon auszugehen, dass zwischen «Aktionären, Kunden, Mitarbeitern und Öffentlichkeit» zumindest in längerfristiger Perspektive eine problemlose Interessenharmonie besteht. Zu lesen steht dazu:

> «Wir wollen nicht verschweigen, dass sich kurzfristig die Interessen nicht immer decken. [Es] ... mögen gelegentlich bei kurzfristiger Betrachtung Widersprüche bestehen. Längerfristig gibt es aber nur ein Interesse: ein nachhaltiges Wachstum des Unternehmens. Diesem Ziel müssen alle unsere Bestrebungen dienen.»

Alles klar – außer: Woher weiß eigentlich die UBS-Leitung, dass dieses *Firmenziel* gleichzeitig das Interesse aller, also offenbar das allgemeine Interesse ist? Die UBS-Antwort lautet:

> «Indem wir für unsere Aktionäre Mehrwerte schaffen, schaffen wir auch Mehrwerte für alle anderen Ansprechgruppen.»

Deshalb brauchen diese «Ansprechgruppen» selbst keine eigenen *Ansprüche* mehr anzumelden und sich – mit Ausnahme der Anspruchsgruppe der Aktionäre oder *Shareholder*, die sogar *maßgebliche* Ansprüche haben, also offenbar etwas «gleicher» als die andern sind *(Abb. 17)* – bloß noch «ansprechen» zu lassen. Es ist also wohl kein Zufall, dass die UBS den sonst üblichen Begriff der «Anspruchsgruppen» des Unternehmens (englisch: *Stakeholder*) konsequent vermeidet.[149] Die marktmetaphysische Gemeinwohlfiktion und der *Shareholder Value*, auf den wir im nächsten Abschnitt näher eingehen, lassen grüßen!

Immerhin stand im erwähnten UBS-Credo aber auch noch Folgendes zu lesen:

> «Die Respektierung ethischer Normen und das Finden der Balance zwischen verschiedenen Interessen, mit denen wir uns konfrontiert sehen, gewinnt an Bedeutung.»

Welches die praktische «Bedeutung» ethischer Normen bei UBS ist, wird so jedoch gerade *nicht* klar; mit einer bloßen (machtbasierten?) «Interessenbalance» ist es jedenfalls nicht getan. Die geradezu gegensätzlichen Konzepte des prinzipiengeleiteten Handelns («Respektierung ethischer Normen») und der (prinzipienfreien, opportunistischen) Suche nach einem Machtgleichgewicht («Interessenbalance») stehen ungeklärt nebeneinander. Auch passt die Idee der *Balance* nicht unbedingt zur erklärten vorrangigen Bedienung der Aktionäre, es sei denn, der «Gleichgewichtspunkt» sei selbst noch durch den größtmöglichen Shareholder Value definiert. Am Ende gewinnt vor allem der Eindruck an Bedeutung, dass die UBS-Leitung wohl noch kein besonders trennscharfes, wirklich handlungsorientierendes Konzept von Unternehmensethik haben kann, sonst wären so unklare bis inkonsistente Aussagen kaum aufs edle Selbstdarstellungspapier gelangt. Unter diesen Umständen ist es vielleicht konsequent, dass im Geschäftsbericht 2003 das Thema vorerst gar nicht mehr auftaucht.

«Aufgetaucht» sind hingegen bei UBS im Strudel der Finanzkrise 2008 Schrottpapiere auf der Basis amerikanischer Subprime-Hypotheken im Umfang von mehr als 80 Milliarden CHF, welche die Großbank in ihrem Investmentbanking aufgrund ihrer hochriskanten Renditemaximierungsstrategie angehäuft hatte. Mit einer Bilanzsumme, die 2007 gut sechsmal höher als das Bruttoinlandprodukt der Schweiz war, hätte der drohende Konkurs das gesamte Land mitgerissen («too-big-to-fail»-Problematik). Gleichzeitig kam bei UBS eine eigentliche unternehmensethische (Wohlstands-)Verwahrlosung ans Tageslicht: Mit kriminellen Machenschaften hatte UBS ihren Private-Banking-Kunden in den USA (und nach verschiedenen Indizien vermutlich auch in europäischen Ländern) aktive Beihilfe zur Steuerhinterziehung angeboten. Kaum zu überbieten war, dass die mittlerweile am Staatstropf hängende Bank ihren Kadern und Investmentbankern für die Geschäftsjahre 2008 und 2009, die von horrenden Verlusten und massenhaft abwandernden Kunden gebrandmarkt waren, nichtsdestotrotz Boni in der Höhe von ca. 12 bzw. 3 Milliarden CHF zukommen ließ. Beim konsequenten Verzicht auf die Boni-Exzesse hätten sich die Verluste deutlich geringer halten lassen...

Ein konsequenter personeller und geschäftsethischer Neustart wie etwa bei Siemens scheint in der Finanzbranche den Verantwortlichen allgemein schwer zu fallen. Eher versuchen sie nach der Finanzkrise möglichst rasch zum *business as usual* (und den offenbar dazugehörigen persönlichen Multimillionenbezügen) zurückzukehren. Und statt ordnungspolitische Mitverantwortung zu übernehmen und tragfähige Regulierungen der Branche zu unterstützen, versuchen sie mit lobbyistischen Mitteln, diese weiterhin so gering wie möglich zu halten.

Auf diesem Hintergrund wirkt es zwiespältig, wenn UBS 2009 einen «Code of Business Conduct and Ethics» mit an sich klaren und guten Prinzipien erlassen hat, ohne zugleich die Geschäftsmodelle (also die Art und Weise, wie man Kundennutzen generieren und damit Geld verdienen will) sowohl im Investment- als auch im Private Banking konsequent auf gesellschaftlich verantwortbare Grundlagen und unter entsprechende Rahmenbedingungen stellen zu wollen. Was an «the new UBS» (Vorwort des erwähnten Code) wirklich neu ist, wird erst die Zukunft weisen.

Abb. 17: Anspruchsgruppen der Unternehmung (mit ungleicher Gewichtung gemäß Shareholder-Value-Doktrin)

Deutsche Bank

Werfen wir zuletzt noch einen kurzen Blick auf die *Deutsche Bank* als Branchenkollegin der UBS. «Engagement heute – Verantwortung für morgen» hieß im Jahr 2000 ihr entsprechender Bericht. Im Editorial des Vorstandssprechers vernimmt man auch hier, dass «die Deutsche Bank ein Unternehmen mit *Bürgersinn*, ein ‹*Good Corporate Citizen*› sein» will. Das mutige Bekenntnis zum Bürgersinn[150] ändert aber nichts an der auch hier zu findenden bunten Mischung von geschäftsneutraler Spendenethik («Es gilt durch konkrete Hilfen Gutes zu tun – und zu bewirken!») und investiver Grundhaltung. Letztere wird gleich im Anschluss an das Credo der Good Corporate Citizenship in die Waagschale geworfen, *als ob* es sich um ein unternehmensethisches Postulat handelte:

> «...ein ‹Good Corporate Citizen› sein. Dafür genügt es nicht, in Einklang mit den Gesetzen zu leben und wirtschaftlichen Erfolg zu erreichen – hinzukommen muss vielmehr die *gesellschaftliche Akzeptanz*.» (Hvh. P.U.)

Wie soll man dieses Akzeptanzstreben verstehen – etwa als *Inbegriff* des «Bürgersinns» oder gar als dessen geschäftspolitische (Möglichkeits-)*Bedingung* und *Grenze*? Offenbar hat sich der «Sprecher» des Vorstands der größten deutschen Bank (oder sein PR-Verantwortlicher) bezüglich der fundamentalen Differenz zwischen dem strategischen Gesichtspunkt der *Akzeptanzsicherung* (d.h. dem Ziel der *faktischen* Abwesenheit von gesellschaftlicher Kritik am Firmenverhalten) und dem ethischen Anspruch der *Legitimation* (als *normativ* gut begründeter Rechtfertigung) noch nie «ansprechen» lassen... Viel weiter gekommen ist auch die Deutsche Bank seither nicht; ihr Bericht «Gesellschaftliche Verantwortung» des Jahres 2003 bestätigt vielmehr die alten Denkmuster.

Und diese alten Denkmuster scheinen in der Deutschen Bank nach der Finanzkrise, durch die sie vergleichsweise gut und ohne Staatshilfe hindurchgekommen ist, weiter ihr Unwesen zu treiben. Schon im Frühjahr 2009 hat der Vorstandsvorsitzende das alte Renditeziel von 25% bekräftigt. Berücksichtigt man die inzwischen gemeinhin als notwendig erkannte höhere Eigenkapitalunterlegung eines soliden Bankgeschäfts, so entspricht dies sogar noch radikaleren absoluten Gewinnzielen als vor der Krise. Das 2009/10 ebenfalls bekräftigte Bekenntnis zur Corporate Citizenship – «Ziel all unseres Handelns als verantwortungsbewusster Unternehmensbürger ist es, soziales Kapital zu schaffen»[151] – bleibt von der wieder aufgenommenen Jagd nach grenzenlosen Gewinnen merkwürdig abgespalten. So ist vorerst wohl mit Wilhelm Busch zu schließen: Da staunt der Laie und der Fachmann wundert sich...

Fazit: Echte unternehmensethische Handlungsorientierung vermochten die meisten dieser schönen Bekenntnisse angesichts ihrer Schwammigkeiten und Begriffskonfusionen offensichtlich nicht zu geben; sie sind – mit der erfreulichen Ausnahme von Novartis – erstaunlich *unpraktisch* geblieben. Um aber einem möglichen Missverständnis vorzubeugen: Es ging hier nicht darum, das Selbstverständnis einzelner Firmen schlecht zu machen. Nur zeigt sich eben schon in der teilweise verräterischen Sprache der Selbstdarstellung, nicht erst in ihren praktischen Folgen, noch eine gewisse Unprofessionalität, ja zum Teil fatale Hilflosigkeit in Sachen Ethik.

Spätestens seit der jüngsten Finanz- und Wirtschaftskrise ist jedoch in Praxis und Theorie eine nachholende unternehmensethische Aufklärung voll in Gang gekommen. Als Ausdruck dieses Umbruchs sind vonseiten des UN Global Compact Office «Principles for Responsible Management Education»[152] herausgegeben worden, die auf eine von Grund auf andere Ausbildung und eine neue, professionelle Einstellung des Führungsnachwuchses der Wirtschaft zielen. Beginnen wir damit bei dem noch allzu oft übersprungenen Kern der Sache: dem Gewinnprinzip.

5.2 Unternehmensethik und «Gewinnprinzip» – ein Stück nachholende Aufklärung

Vor allem bei den oben verfolgten Banken-Beispielen schimmert durch, dass man sich dort letztlich noch immer am so genannten Gewinnprinzip orientiert, d.h. an der Vorstellung, dass die oberste – und legitime! – Aufgabe des Managements in der «nachhaltigen» Gewinn- oder Rentabilitätsmaximierung bestehe, wie sie sich bei börsenkotierten Firma etwa im *Shareholder Value* niederschlägt. Der Shareholder Value ist eine präzisierte Fassung des Gewinnprinzips. Er definiert dieses durch den kapitalisierten Wert aller (auf den Gegenwartswert diskontierten) zukünftig erwarteten Nettoerträge des Unternehmens, womit angeblich das Problem gelöst ist, dass sonst kurzfristige Gewinnmaximierung zu Lasten der «nachhaltigen» Ertragskraft des Unternehmens betrieben werden könnte.[153]

Das Gewinnprinzip, in welcher Variante auch immer, ist natürlich ein *normatives* Konzept mit unternehmens*ethischem* Geltungsanspruch. Es besagt, dass es nicht nur das legitime Recht, sondern sogar die moralische Pflicht des Unternehmens sei, sich strikt auf die (langfristige) Gewinnmaximierung zu konzentrieren, und zwar deshalb, weil eben dieses unternehmerische Gebaren dank dem segensreichen Wirken der «unsichtbaren Hand» des Marktes gemeinwohldienlich sei.[154] Was für eine wunderbar harmonievolle *Nirwana-Ökonomie!* Dem Unternehmer, der daran noch glauben mag, gibt sie gleichsam einen magischen Trichter in die Hand: Sämtliche möglichen Konflikte zwischen verschiedenen gesellschaftlichen Ansprüchen an das Wirtschaften zaubert dieser weg, indem er sie auf *eine* homogene Größe reduziert, die nur zufälligerweise mit dem Gewinninteresse der Kapitaleigner identisch ist *(Abb. 18).*[155]

Was der magische Trichter nicht einzutrichtern vermag, das nennt man dann im ökonomischen Jargon bezeichnenderweise «externe Effekte», sieht darin aber üblicherweise eher ein marginales Problem. Das Gewinnprinzip gilt in diesem Sinne bis heute in manchen betriebswirtschaftlichen Lehrbüchern als wertfreies und interessenneutrales «Formalziel» im Dienste des Gemeinwohls.[156] Seine berühmteste Version stammt vom amerikanischen Ökonomen und Nobelpreisträger Milton Friedman und lautet:

«The social responsibility of business is to increase its profits»[157] (and nothing else!).

Unternehmensethik 129

```
          gesellschaftliche Wertvorstellungen
              ↘  ↘  ↓  ↙  ↙
         ╱─────────────────────╲
        │      Ökonomismus      │
         ╲─────────────────────╱
    ↙   ↙   ↙   ↘         ↘   ↘   ↘
«externe Effekte»              «externe Effekte»
                  ↓
              «Formalziel»
                Gewinn
                  ↓
       «ökonomisch rationaler Mitteleinsatz»
                  ↓
              «Gemeinwohl»
```

Abb. 18: Der magische Trichter des Homo oeconomicus

Der Marktmetaphysiker Friedman hat sich in seinem Credo mit der Wahl des Adjektivs «social» keineswegs versprochen, sondern meint wirklich, was er sagt. In eindeutigem Deutsch doppelt beispielsweise Gerd Habermann nach, der Vorsitzende der Friedrich-August-von-Hayek-Stiftung und Vordenker der Arbeitsgemeinschaft Selbständiger Unternehmer (ASU) in Deutschland:

> «So hat auch der gewerbliche *Unternehmer* ein spezifisches *Ethos*, dem er nachleben *muss*, wenn er seiner sozialen Funktion und Aufgabe entsprechen soll. *Seine höchste ‹soziale Verantwortung›* besteht darin, auf möglichst wirtschaftliche Art Güter und Dienstleistungen anzubieten. Sein *Imperativ als Unternehmer* heißt darum: Produziere! Nütze deinem Kunden! *Sei erfolgreich!* ‹Unternimm›! Zwischen dem *ökonomisch Gebotenen* und dem *moralisch*

Richtigen besteht für ihn insoweit kein Gegensatz: *beide fallen zusammen.* Es widerspricht so auch nicht der Moral, sondern ist geradezu *sittliche Pflicht des Unternehmers,* im Rahmen der Unternehmensräson alles zu tun, um das Unternehmen ‹fit› zu halten, auch etwa für einzelne Mitarbeiter schmerzliche Maßnahmen durchzuführen. Voraussetzung ist allerdings, dass der produzierende Unternehmer die allgemeineren moralischen und gesetzlichen Regeln beachtet, wie dies auch von jedermann sonst verlangt wird. Nur insoweit er dies nicht tut, kann er in einen Konflikt geraten. Innerhalb dieser Regeln ist jedoch das *unternehmerische Handeln selber erste sittliche Pflicht.*»[158]

In dieser eindrücklichen Argumentation zum (kategorischen?) «Imperativ» des Unternehmers erkennt man andeutungsweise noch eine weitere Strategie zur Rettung des Gewinnprinzips, nämlich mittels eines Sachzwangarguments. Da die einzelnen Unternehmen unter Wettbewerbsbedingungen stünden, so lautet das Argument, könnten sie ethischen Gesichtspunkten gar nicht Rechnung tragen, soweit dies auf Kosten des «ökonomisch Gebotenen» (Habermann) ginge – es sei denn bei Strafe des Verlusts ihrer Wettbewerbsfähigkeit. Der primäre Ort der Moral sei in der Marktwirtschaft daher nicht das einzelne Unternehmen, sondern die Rahmenordnung des Marktes. Das ist durchaus richtig, wenn es nicht verabsolutiert und zum ideologischen Zweck der Entlastung der Unternehmen von direkten Verantwortungszumutungen missbraucht wird. Sonst läuft es auf folgende «rahmendeterministische» Wiederherstellung des Gewinnprinzips hinaus, wie sie vor allem der Wirtschaftsethiker (oder vielmehr Moralökonom) Karl Homann vertritt:

«Langfristige *Gewinnmaximierung* ist (...) *nicht ein Privileg* der Unternehmen, für das sie sich ständig entschuldigen müssten, es ist vielmehr ihre *moralische Pflicht,* weil genau dieses Verhalten – unter Voraussetzung einer geeigneten Rahmenordnung – den Interessen der Konsumenten, der Allgemeinheit, am besten entspricht.»[159]

Das kann so nicht stimmen, denn die meisten von uns sind ja nicht einfach nur Konsumenten (mit Interesse an preisgünstigen Produkten), sondern auch Arbeitnehmer (mit Interesse an anständigen Arbeitsbedingungen und guten Löhnen) ebenso wie Bürger (mit Interesse an einer guten Ordnung der *Res publica*). Und zwischen diesen verschiedenen Rollen bestehen durchaus Wert- und Interessenkonflikte. Aber ganz abgesehen davon und grundsätzlicher: Die unternehmerische Freiheit wird ja – genauso wie die (in Kapitel 3 erhellte) Bürgerfreiheit – «durch eine geeignete Rahmenordnung» nicht etwa eliminiert, sondern überhaupt erst *konstituiert*. Also heißt auch hier die Kehrseite der Münze der (unternehmerischen) Freiheit unabdingbar Selbstverantwortung! Die Pflicht, die Verantwortbarkeit einer unternehmerischen Geschäftsstrategie gegenüber allen Betroffenen zu begründen, nötigenfalls auch vor der unbegrenzten kritischen Öffentlichkeit, obliegt dabei der Unternehmensleitung. Sie kann sich dieses Verantwortungsanspruchs nicht entledigen, indem sie auf Sachzwänge verweist oder pauschal behauptet, der Wettbewerb diene automatisch dem Gemeinwohl. Nobelpreisträger Gunnar Myrdal hat dieses Denkmuster schon vor mehr als einem halben Jahrhundert treffend als die «kommunistische Fiktion» des Wirtschaftsliberalismus bezeichnet.[160]

Dass an der unterstellten Gemeinwohldienlichkeit eines uneingeschränkten «Gewinnprinzips» etwas nicht stimmen kann, lässt sich mit einer einfachen logischen Überlegung zeigen. Die Stärke des nachfolgenden Arguments liegt gerade darin, dass es zunächst gar nichts mit der spezifischen Wertorientierung des Gewinnstrebens zu tun hat, sondern für jedes mögliche Partikulärinteresse gilt. Indem nämlich die Maximierung *einer* bestimmten Wertorientierung, beispielsweise eben der Gewinnmaximierung, zum «Prinzip» erklärt (oder besser: *ver*klärt) wird, bedeutet das ja nichts anderes, als dass ihr alle entgegenstehenden Wertgesichtspunkte, selbst moralische Rechte Betroffener, ungeprüft untergeordnet werden. Die ethische Reflexion über eine begründete situative Rangordnung der konfligierenden Wertorientierungen findet so *nicht* statt. Wie jede ernsthafte ethische Grundhaltung beruht aber auch Unternehmensethik auf der Bereitschaft, das eigene Vorteilsstreben abhängig zu machen von seiner ethischen *Legitimität*, d.h. seiner moralischen Berechtigung nach Maßgabe guter Gründe, die unparteilich gegenüber jedermann vertretbar sind.[161] Daraus ergibt sich ohne weiteres ein doppelter Schluss:

- *Strikte Gewinnmaximierung* kann prinzipiell keine legitime unternehmerische Handlungsorientierung sein, da sie moralische Selbstbindung von vornherein verwirft.

■ *Legitimes Gewinnstreben* ist stets moralisch (selbst-)begrenztes, *moderates* Gewinnstreben – nach Maßgabe der Verantwortbarkeit bzw. Zumutbarkeit gegenüber allen Betroffenen.

Es gibt also kein ethisch begründbares «Gewinnprinzip» – das Gewinnstreben ist zwar ein marktwirtschaftlich nützliches Motiv, aber gewiss nicht die oberste moralische Pflicht des Unternehmers. Dies ist vielleicht die zentrale Botschaft einer nicht selbst noch ideologisch verkürzten Unternehmensethik: Das unternehmerische Gewinnstreben ist mit all seinen alltäglichen Konsequenzen immer nur *Gegenstand* unternehmensethischer Reflexion, niemals selbst die ethische *Maßgabe*. Es geht stets darum, vorbehaltlos zu prüfen, was angesichts der Vielzahl real konfligierender Wertgesichtspunkte unternehmerischer Wertschöpfung aus ethischer Sicht *Vorrang vor dem Gewinnziel verdient*. Insbesondere ist es die moralische Pflicht der Unternehmensleitung wie auch von jedem anderen «guten Bürger», die legitimen Ansprüche und moralischen Rechte aller vom unternehmerischen Handeln Betroffenen (auch, aber eben nicht nur die der Kapitaleigentümer) zu wahren. So einfach ist das «im Prinzip».

Läuft aber die Zurückweisung des Gewinnprinzips, das aus ethischer Sicht gar kein Prinzip sein kann, nicht auf eine idealistische Überforderung der Unternehmen hinaus, die sich ja im marktwirtschaftlichen Wettbewerb zu behaupten haben? Zum guten Glück ist das normalerweise nicht der Fall. Denn die Erfüllung der meisten Ansprüche an ein Unternehmen setzt selbst schon dessen erfolgreiche Selbstbehauptung im Markt voraus. Pauschal das genaue Gegenteil des marktmetaphysischen Glaubens an eine totale Harmonie im Markt zu unterstellen, nämlich einen totalen Konflikt zwischen allen Stakeholdern (vgl. weiter oben Abb. 17), wäre nicht weniger weltfremd und ideologisch. In Wirklichkeit gehört es zu den *praktischen* Aufgaben guter Unternehmensführung, eine möglichst weit reichende Verträglichkeit aller legitimen Ansprüche an das Unternehmen zu schaffen, indem sie in *fairer Ausgewogenheit* berücksichtigt oder bedient werden.

Soweit ein Unternehmen in diesem Sinn auf der Basis ethischer Geschäftsgrundsätze seine nachhaltige Existenz- und Erfolgssicherung betreibt, ist auch das Gewinnstreben legitim (Bereich A in *Abb. 19*). Nur eine strikte Gewinn- oder Rentabilitäts*maximierung* im einseitigen

Partikulärinteresse der Shareholder (und des Managements) ist ethisch unvertretbar, da sie wie dargelegt unmittelbar auf Kosten aller anderen, möglicherweise ebenso legitimen oder sogar eindeutig vorrangigen Anliegen und Ansprüche geht (Bereich B in *Abb. 19*).

andere Wertorientierungen

A   Bereich legitimen Gewinnstrebens
B   Bereich fragwürdigen Gewinnstrebens

Abb. 19: Wechselbeziehung zwischen Gewinnorientierung und anderen Wertorientierungen

Es gibt somit keinen «zwingenden» Grund, weshalb eine verantwortungsbewusste Unternehmensführung sich gegen einen unternehmensethisch aufgeklärten Umgang mit den verschiedenen Stakeholder-Ansprüchen stellen müsste. Vielmehr sollte sie ihre professionelle Aufgabe gerade in der fairen und ausgewogenen Wertschöpfung für alle Beteiligten und Betroffenen erkennen. In die Richtung eines solchen integrativen Grundverständnisses von *guter Unternehmensführung* beginnen sich, wenn auch erst zögerlich, die internationalen Standards von «best practice» zu entwickeln.[162]

Die damit im Prinzip eingeleitete *ethische Integration des Gewinnstrebens* kann unterschiedlich weit gehen. Entlang ihrer graduellen Ausprägung lässt sich geradezu ein Spektrum von Unternehmenstypen zwischen rücksichtslos maximierender Gewinnorientierung am einen extremen Pol und ideell ausgerichteter, überhaupt kein Gewinnziel verfolgender Sinnorientierung am anderen Pol definieren *(Abb. 20)*.

```
                    Non-Profit-                Prinzipiengeleitetes   Gewinnoptimierung                Gewinnmaximierung
                    Organisationen             Gewinnstreben          unter Nebenbedingungen           (u. U. auch illegal)
                              Sozial-                                          (legal)   Rücksichtslose
                              unternehmen
Sinn-                                                                                                                  Gewinn-
orientierung  ◄────┴────┴────┴────┴────┴────┴────┴────┴────┴────► orientierung
(lebensweltlich)                          Neues                    Altes                              (marktbezogen)
                                      Unernehmertum            Unernehmertum
                                      (vernunftethisch        (marktmetaphysisch
                                        integriert)              integriert)
```

Abb. 20: Unternehmenstypen nach gradueller Gewinnorientierung

Die interessantesten, da integrativsten Modelle finden sich naturgemäß in der Mitte des Spektrums – als konsequent prinzipiengeleitetes und entsprechend moderates Gewinnstreben oder sogar als *Sozialunternehmertum* mit prioritären gemeinnützigen Zielen, etwa nach dem Beispiel der (schon in Abschn. 3.4 erwähnten) Grameen Bank von Nobelpreisträger Muhammad Yunus. Bemerkenswert rasch wächst seit dem Niedergang der alten Marktgläubigkeit nicht nur die Zahl konventioneller Unternehmen, die mit konsequent integrem, prinzipiengeleitetem Handeln (Geschäftsintegrität) Ernst machen, sondern auch die Vielfalt an Sozialunternehmen, deren Tätigkeit nicht von finanziellem Erfolg, sondern von der Arbeit an der Verbesserung gesellschaftlicher Verhältnisse motiviert ist. Sie wollen dies jedoch – in Abgrenzung sowohl von primär gewinnorientierten Unternehmen als auch von reinen Non-Profit-Organisationen – nach unternehmerischen Prinzipien möglichst eigenwirtschaftlich tun. In der Vereinigung ASHOKA sind sie längst international organisiert.[163]

5.3 Zwei Varianten halbierter Unternehmensethik – als Versuche der partiellen Rettung des «Gewinnprinzips»

Ökonomistisch an einem strikten «Gewinnprinzip» festzuhalten, wird glücklicherweise allmählich als etwas altmodische und unpopuläre Position wahrgenommen. Zugeständnisse im Sinne der *Corporate Social Responsibility*, der gesellschaftlichen Verantwortung der Unternehmen, sind daher seit Jahrzehnten auf dem Vormarsch. Aber wie oft in der Geistesgeschichte dominieren anfangs neue Positionen, die mit einem Fuß noch im alten Denken stecken. Der Abschied vom Gewinnprinzip – samt seiner historischen Spätform der *Shareholder-Value*-Doktrin – findet dabei manchmal nur vordergründig statt, während hintergründig an der ökonomistischen Formalzielfiktion eines automatisch gemeinwohldienlichen Gewinnprinzips partiell festgehalten wird. (Genau deshalb ist es bedeutsam, sich mit dieser Fiktion weiterhin kritisch auseinander zu setzen.)

Geht man von den zwei bilanzmäßigen Seiten einer Erfolgsrechnung aus, so lassen sich die zwei typischen Muster halbierter Unternehmensethik so charakterisieren, dass jeweils nur eine Seite als unternehmensethischer «Ort» der Moral in Betracht gezogen wird, sei es die Seite der Gewinnverwendung oder die der Gewinnerzielung *(Abb. 21)*.

Gewinnerzielung	Gewinnverwendung
«ethische» Gewinnerzielung	außerökonomische Gewinnverwendung
↓	↓
«Ethik» als Erfolgsfaktor	Spendenethik
↓	↓
Investition in späteren Gewinn (Langfristökonomie)	Gewinnmaximierung um *danach* «Gutes zu tun» (Philanthropie)
Instrumentalistische Unternehmensethik	Karitative Unternehmensethik

Abb. 21: Zwei Varianten halbierter Unternehmensethik

a) Wird nur die Gewinn*verwendung* als Ort der unternehmerischen Verantwortung verstanden, so resultiert daraus das Konzept *karitativer* Unternehmensethik. Diese blendet die ethischen Aspekte der Erfolgserzielung vollständig aus und setzt die Unternehmensethik erst jenseits des

Kerngeschäfts als *Spendenethik* oder (wie es in den USA oft genannt wird) *Corporate Philanthropy* an, d.h. mit der teilweisen Verwendung oder Vergabe des Gewinns für ethisch gute Zwecke. In den Worten des namhaften deutschen Betriebswirtschaftsprofessors Dieter Schneider:

«Nur wer Überschüsse erzielt hat, kann sie guten Zwecken zuführen.»[164]

Gerade damit ein Unternehmen viel «Gutes tun» kann, erscheint es dann moralisch geboten, zunächst nach strikt betriebswirtschaftlichen Gesichtspunkten einen möglichst großen «Gewinnkuchen» zu backen. Womit das angeblich ethisch neutrale Formalziel der Gewinnmaximierung scheinbar gerettet und der unbequeme ethische Anspruch auf die Verteilung des bereits *erzielten* Gewinns eingeschränkt ist. Dieser erhält so weiterhin normativen Vorrang vor den guten Taten. In den USA wird diese Position deshalb gerne als ein Standardscherz der Business Ethics variiert:

«Corporate social responsibility is fine, if you can afford it.»

Ausgeblendet wird bei solcher Spendenethik, dass weder die Methoden noch das Ziel der Gewinnmaximierung als solches ethisch neutral sind. Man stelle sich aber vor, wie absurd es wäre, wenn ein Investor zunächst bedingungs- und rücksichtslos den *Return on Equity*, d.h. die Eigenkapitalrentabilität, maximieren würde, ohne zu fragen, unter welchen humanitären, sozialen, politischen und ökologischen Bedingungen das angelegte Kapital sich vermehrt, um *danach* mit dem Ertrag solche gesellschaftlichen und ökologischen Schäden lindern zu helfen, die gerade *durch* einseitig gewinnmaximierendes Wirtschaften verursacht und «in Kauf» genommen worden sind!

b) Wird umgekehrt nur die Gewinn*erzielung* als Ort der unternehmerischen Verantwortung betrachtet, so mündet dies in das Konzept *instrumentalistischer* Unternehmensethik: Ethik wird zum strategischen Erfolgsfaktor, zur *Investition* in die langfristige Erfolgssicherung des Unternehmens. Im Rahmen dieser Orientierung am *Business Case* wird beispielsweise folgendermaßen argumentiert:

«Verzicht auf heute möglichen, aber ethisch zweifelhaften Gewinn wird somit zur langfristig ausgerichteten *Investition* für Marktanteile, Umsatz und Gewinn. Sie werden zum *Instrument* der Zukunftssicherung des Unternehmens.»[165]

Hier steht ganz klar die betriebswirtschaftlich-strategische Funktionalität («Ethik zahlt sich aus»), nicht der Eigenwert ethischer Gesichtspunkte im Vordergrund. Auf Amerikanisch kommt diese Denkweise kurz und bündig als vermeintliche Selbstverständlichkeit daher, die keiner langen Begründung bedarf:

«Sound ethics is good business in the long run.»

Sämtliche verfügbaren Studien zu den unternehmensethischen Denkmustern von Führungskräften zeigen, dass diesem Statement nahezu alle Befragten (mehr als 98%!) zustimmen, in Deutschland und in der Schweiz genauso wie in Frankreich und den USA.[166] Gerade *dass* sich ein «gesundes» Maß an Rücksichtnahme auf moralische Gesichtspunkte («sound ethics») in der Regel als langfristökonomisch kluge Vorleistung («good business in the long run») erweist, wird als Zeichen für die prinzipielle Harmonie zwischen Gewinnprinzip und Moralprinzip interpretiert: Unternehmensethik und Langfristökonomie scheinen zusammenzufallen.

Aber wie schon gesagt: Das ist Nirwana-Ökonomie. Soweit die unterstellte Harmonie zutrifft, mag die ökonomisch kluge Orientierung an der langfristigen, «nachhaltigen» Erfolgssicherung im Markt *zufälligerweise* den Eindruck erzeugen, sie sei *ethisch* gehaltvoll. Doch genau dort, wo sich das ethisch gebotene Verhalten betriebswirtschaftlich *nicht* rechnet und folglich unternehmensethisch (nicht betriebswirtschaftlich!) begründete Selbstbegrenzung zur Geltung gebracht werden sollte, genau an diesem entscheidenden Punkt versagt das instrumentalistische Konzept. Denn ihm gemäß ist es ja die buchstäblich entscheidende *Bedingung* und damit das Definitionsmerkmal von «sound ethics», dass sie sich rechnet!

Dem ist entgegenzuhalten: *Bedingte Ethik ist keine Ethik*, denn sie verletzt unter Umständen den kategorischen Imperativ des *unbedingten* Respekts vor dem humanen Eigenwert, der Würde und den Grundrechten anderer Menschen.[167] Genau daraus begründet sich der prinzipielle Vorrang der Ethik vor der betriebswirtschaftlichen Logik (Primat der Ethik): *Wer Prinzipien hat, kann nicht zugleich dem «Gewinnprinzip» frönen.*

5.4 Integrative Unternehmensethik: Das Unternehmen als «guter Bürger»

Wohlgemerkt: Gegen das wirksame unternehmerische Motiv des Gewinnstrebens und dessen kluge Nutzung durch die Wirtschaftsordnung als partielles Anreiz- und Steuerungsinstrument ist damit nichts gesagt, nur ist legitimes Gewinnstreben eben als stets moralisch begrenztes Gewinnstreben zu begreifen. Es geht auch im Unternehmen um jene ethisch integrierte Erfolgsorientierung, von der schon im Kontext der allgemeinen Wirtschaftsbürgerethik (in Kapitel 4) die Rede war. Ein integrativ verstandenes Konzept *integrer Unternehmensführung*[168] baut zentral auf einer «gründlich» überlegten, ethisch tragfähigen «Geschäftsgrundlage» auf, ähnlich wie ein gut gebautes Haus auf einem soliden Fundament ruht.

Auch hier gilt im Weiteren: Eine im ethischen Sinne gute *Rahmenordnung des Marktes* kann und soll es der Unternehmensleitung – als «institutionelle Rückenstütze» – zwar leichter (zumutbar) machen, auf der Basis von ethischen Geschäftsgrundsätzen *(Business Principles)* im Markt Erfolg zu haben, aber eine restlose Entlastung der Unternehmensleitung von ethisch begründeter Selbstbindung kann sie nicht leisten. Natürlich kann umgekehrt Unternehmensethik den Bedarf nach einer ethisch gehaltvollen Rahmenordnung des Marktes ebenso wenig gegenstandslos machen, stößt doch die unternehmensethische Selbstbindung unter den Bedingungen eines harten wirtschaftlichen Wettbewerbs an Grenzen der Zumutbarkeit. Das angemessene Verhältnis von Ordnungsethik und Unternehmensethik ist somit nicht das einer Alternative, sondern das einer wechselseitigen Verstärkung.

Zu betonen ist: «wechselseitig»! Denn auch eine gute Rahmenordnung des Marktes fällt ja nicht einfach vom Himmel, sondern muss realpolitisch durchgesetzt werden gegen starke Partikulärinteressen, deren Träger die Politik nur als Fortsetzung des Geschäfts mit anderen Mitteln betrachten und Reformen, die ihren Besitzstand tangieren könnten, oft massiv bekämpfen. Die Ordnungspolitik wird bei nüchterner Betrachtung nie besser sein können, als diejenigen politischen Kräfte im Lande, die in der Regel dank ihrer Geldmacht das Sagen haben, sie wirklich haben wollen.

Unternehmensethik muss auf dem Hintergrund der republikanisch-liberalen Wirtschaftsbürgerethik daher schon *in sich zweistufig* konzipiert werden *(Abb. 22)*:

---

2. Stufe der Verantwortung:
Republikanische Unternehmensethik
(«Corporate Citizenship»)

Kritische Hinterfragung gegebener Wettbewerbsbedingungen

1. Stufe der Verantwortung:
Geschäftsethik

■ **«Geschäftsintegrität»:**
 – sinngebende Wertschöpfungsidee
 – bindende Geschäftsgrundsätze
 – Integritätsmanagementsystem

■ **Branchen- und ordnungspolitische Mitverantwortung** für
 – ethische verantwortbare Standards guter Unternehmensführung
 – faire Rahmenbedingungen des Wettbewerbs

Abb. 22: Das zweistufige Konzept integrativer Unternehmensethik

---

■ Auf der Stufe der (marktbezogenen) *Geschäftsethik* geht es um die unmittelbare Geschäftsintegrität der Firma in ihrem Marktverhalten, d.h. um eine ethisch integrierte Erfolgsstrategie. Eine solche umfasst erstens, als den motivierenden Kern echten Unternehmertums, eine ethisch wertvolle *Wertschöpfungsidee* («Mission») im Hinblick auf die Produkte oder Dienstleistungen, mit denen man sein Geld verdienen will. Je nach Unternehmenstyp (gemäß Abb. 20

in Abschn. 5.2) wird die Messlatte dabei unterschiedlich hoch gelegt, sei es näher bei idealistisch geprägtem Sozialunternehmertum oder näher bei Gewinnoptimierung unter definierten ethischen Nebenbedingungen. Etwa in der Mitte liegt beispielsweise die Ausrichtung auf die gesellschaftlich besonders sinnvolle und zugleich geschäftlich erfolgreiche Erfüllung von Basisbedürfnissen kaufkraftschwächerer Menschen.[169] So oder so gehören zweitens, als Leitplanken eines selbst begrenzten, moderaten Gewinnstrebens, grundlegende *Geschäftsprinzipien* dazu, an die man sich erklärtermaßen in nachprüfbarer Weise halten will. Für die flächendeckende Umsetzung im betrieblichen Alltag bedarf es drittens eines konsistenten Systems des *Integritätsmanagements* (vgl. Abschn. 5.5).

- Auf der Stufe der (gesellschaftsbezogenen) *republikanischen Unternehmensethik* geht es darüber hinaus auch um ein Stück *branchen-, ordnungs- und gesellschaftspolitische Mitverantwortung* für die Qualität und Legitimität der Rahmenbedingungen, unter denen sich die Unternehmensleitung die Aufgabe der verantwortungsvollen *und* erfolgreichen Führung überhaupt zumuten lassen will. Einerseits können die einzelnen Unternehmen sich auf der Ebene ihrer Branchenverbände *subpolitisch*[170] nach innen für hohe ethische Standards guter Unternehmensführung im brancheninternen Wettbewerb einsetzen, andererseits können sie sich gemeinsam nach außen *ordnungspolitisch* für gemeinwohldienliche Reformen der nationalen und internationalen Rahmenbedingungen engagieren.

Auf der republikanischen Ebene der politischen Mitverantwortung haben wir gleichsam den Lackmustest wahrhaftiger Unternehmensethik vor uns: Unternehmer, die es mit einer ethisch integrierten Erfolgsstrategie wirklich ernst meinen und einigermaßen klug sind, erkennen ihr *wohlverstandenes Eigeninteresse* an einem ethisch kultivierten Wettbewerb in der eigenen Branche und an gemeinwohldienlichen Rahmenbedingungen der Marktwirtschaft! Denn sie wollen als *Unternehmer mit Prinzipien* doch nicht im Markt das Nachsehen haben, bloß weil die ordnungspolitischen Anreize falsch gesetzt sind, so dass Akteure, die sozial oder ökologisch weniger verantwortungsvoll handeln, mit in jedem Sinne «unverdienten» Kostenvorteilen belohnt werden. Wer dabei unternehmerisch das Nachsehen hat, weil er sich humanitäre, soziale und ökologische Verantwortung etwas kosten lässt, der wird sich dezidiert *für* (statt gegen) mehr rechtsstaatlich organisierte Verantwortlichkeit, d.h. für die ethische Richtigstellung der Spielregeln, einsetzen. Und er wird dafür (statt dagegen) sein, dass der zuständige Branchenverband die «schwarzen Schafe», die die Wettbewerbsstandards sowie den guten Ruf des Wirtschaftszweigs verderben, zurückpfeift oder nötigenfalls aus seinen Reihen ausschließt.

Glaubwürdige Unternehmensethik ist unteilbar. Sie beginnt mit konsequent praktizierter Geschäftsintegrität im Kerngeschäft, aber sie lässt sich nicht privatistisch auf dieses eingrenzen. Präzis an dieser unteilbaren Zweistufigkeit der Unternehmensethik ist wohlverstandene, vom bürgergesellschaftlichen Leitbild des republikanischen Liberalismus her begriffene *Corporate Citizenship* festzumachen.

5.5 Organisierte Verantwortlichkeit im Unternehmen: Bausteine des betrieblichen Integritätsmanagements

Das soeben erwähnte Engagement für organisierte Verantwortlichkeit in der Marktwirtschaft macht vor der internen Organisation des einzelnen Unternehmens nicht Halt. Wie wir schon in Abschnitt 4.4 gesehen haben, geraten ja verantwortungsbewusste Wirtschaftsbürger gerade als «Organisationsbürger» in einer hierarchisch-arbeitsteiligen Organisation leicht in ein *Opportunismusproblem* zwischen ihrer funktionalen Rollenverantwortung (Erfolgsverantwortung) und ihrer unteilbaren Bürgerverantwortung. Auch hier gilt es daher die innerbetrieblichen Spielregeln unternehmensethisch richtigzustellen. Die einzelnen Organisationsbürger sollen auf allen hierarchischen Ebenen *berechtigt, befähigt* und *ermutigt* werden, immer dann, wenn ethische Gesichtspunkte in der Organisation oder von einzelnen Akteuren missachtet zu werden drohen, *Zivilcourage* zu üben und Einspruch zu erheben, und zwar ohne dass sie dafür mit persönlichen Nachteilen für ihre berufliche Laufbahn bestraft werden. So und nur so kann allmählich eine *gelebte Integritäts- und Verantwortungskultur* im Unternehmen wachsen.

Wesentlich ist wiederum, dass die Entfaltung einer solchen Unternehmenskultur und die Institutionalisierung ethisch tragfähiger Standards und Prozesse guter Unternehmensführung sich wechselseitig voraussetzen und unterstützen. Einerseits muss die kritische Loyalität[171], die von allen Unternehmensangehörigen konsequent ausgeübt werden soll, zuvor systematisch eingeübt werden. Andererseits gilt es strukturelle Fehlanreize, die der erwünschten Integritäts- und Verantwortungskultur zuwiderlaufen, ebenso konsequent zu eliminieren. Es braucht ein umfassendes *Integritätsmanagement* aus einem Guss, um eine konsistent organisierte Verantwortlichkeit auf allen Führungsebenen (vertikale Integrität) und in allen Organisationsbereichen (horizontale Integrität) zu gewährleisten.[172]

Welche konkreten «Ethikmaßnahmen» gilt es zu diesem Zweck zu ergreifen? Ein integratives Ethikprogramm umfasst idealerweise die folgenden sechs systematisch notwendigen, zum Teil weiter oben schon angesprochenen Bausteine:

a) Eine geklärte und wohlbegründete unternehmerische *Wertschöpfungsaufgabe* gibt dem unternehmerischen Tun lebenspraktischen Sinn, indem sie echte menschliche oder gesellschaftliche Bedürfnisse definiert, nach deren Erfüllung das Unternehmen im Markt strebt («Mission Statement»).

b) Verbindliche *Geschäftsgrundsätze* deklarieren in nachprüfbarer Form die Selbstbindung des Unternehmens an legitime Strategien und Methoden der Erfolgssicherung, und zwar unter Einschluss von Grundsätzen der republikanischen Mitverantwortung für faire Spielregeln des Wettbewerbs und darüber hinaus für allgemeine öffentliche Anliegen («Business Principles» und «Code of Conduct»).

c) Klar definierte und gewährleistete moralische *Rechte* sämtlicher Stakeholder, insbesondere der Mitarbeiter als Organisationsbürger, bekräftigen deren unantastbare Persönlichkeitsrechte und eröffnen ihnen praktikable Chancen der Beteiligung an einem möglichst offenen, macht- und sanktionsfreien unternehmensethischen Diskurs («Bill of Stakeholder Rights»).

d) Eine *diskursive Infrastruktur* institutionalisiert in der Organisation Orte der sanktionsfreien und ergebnisoffenen argumentativen Klärung von Verantwortbarkeits- und Zumutbarkeitsfragen bezüglich des unternehmerischen Handelns («Foren» des unternehmensethischen Dialogs, Ethikkomitee, usw.).

e) Maßnahmen der ethischen Kompetenzbildung fördern die Befähigung der Mitarbeiter auf allen Ebenen und ermutigen sie zur eigenständigen ethischen Reflexion und Argumentation («Ethiktraining»), eingebettet in die kontinuierliche Pflege einer gelebten – vor allem vom obersten Management konsequent vorgelebten! – *Integritäts- und Verantwortungskultur* im Unternehmen.

f) Die flächendeckende Überprüfung und nötigenfalls Ergänzung der bestehenden *Führungssysteme* im Unternehmen (Zielsetzungs-, Anreiz- und Leistungsbeurteilungsverfahren, usw.) sichert deren *Konsistenz* mit den ethisch erwünschten Handlungsorientierungen und stellt die Einhaltung der definierten Grundsätze und Standards sicher («Compliance-Programm»).

Der Weg zu einem solchen umfassenden Konzept des unternehmensethischen Integritätsmanagements ist als ein firmenspezifisch zu gestaltender Lernprozess zu verstehen. Erfreulicherweise machen sich in jüngster Zeit immer mehr Unternehmen auf diesen Lernweg, und es sind meistens nicht die schlechtesten.

Lohnt es sich, diesen anspruchsvollen Weg zu gehen? Die Antwort hängt letztlich davon ab, in welcher Art von Unternehmen die Beteiligten tätig sein wollen. Der skizzierte Weg ist der richtige, wenn sich eine Firma konsequent als ein guter *Corporate Citizen* verstehen und profilieren will, d.h. als ein «guter Bürger», der sich durch eine integre und wahrhaft «Werte schaffende» Geschäftstätigkeit seinen wirtschaftlichen Erfolg und sein öffentliches Ansehen am Ende in jedem Sinn *verdient* hat.

6. Weltwirtschaftsethik: Wettbewerb der Rahmenordnungen oder Rahmenordnung des globalen Wettbewerbs?

«Globalisierung» ist zu einem Reizwort der Gegenwart geworden. Um die Globalisierung der Märkte – dies ist ja in der Regel gemeint – tobt ein Glaubenskrieg. Für die Einen ist sie das Beste, was uns passieren kann, für die Andern geradezu ein Schimpfwort. Zuerst sind die Tagungen der Welthandelsorganisation (WTO) in Seattle 1999 und Genua 2001 sowie das Weltwirtschaftsforum (WEF) in Davos zu Symbolen des Konflikts geworden: große Programme weltwirtschaftlicher Liberalisierung, die paradoxerweise nur mehr hinter lokalem Stacheldraht diskutiert werden konnten. Offenbar ging und geht es da um viel – viel Weltanschauung, viel Macht, viele Interessen. Denn die Logik des Marktes, die grenzensprengend entfesselt wurde oder werden sollte, ist ja nicht für alle «effizient», sondern ziemlich parteilich, wie wir schon im 1. Kapitel erkannt haben. Der Fortschritt, den sie verheißt (2. Kapitel), und die Freiheit, die ihre Protagonisten mit dem «freien Weltmarkt» meinen (3. Kapitel), beruhen auf tiefliegenden marktmetaphysischen Hintergrundannahmen – einem Glauben also –, die einer nachholenden wirtschaftsethischen Aufklärung bedürfen.

Zunächst wollen wir den Glaubenskrieg um die Globalisierung etwas ausleuchten (6.1) und untersuchen, wie die Globalisierung machtpolitisch funktioniert (6.2). Dann benötigen wir ein tragfähiges Leitbild lebens- und gesellschaftsdienlicher *Ordnungspolitik* (6.3), von dem aus die prinzipielle Herausforderung einer vernünftigen Globalisierungspolitik in den Blick kommt (6.4). Den Schluss macht ein kurzer Ausblick auf einen epochal notwendig werdenden weltwirtschaftsbürgerlichen Bewusstseinswandel (6.5).

6.1 Globalisierung im Glaubenskrieg

Globalisierung ist ein machtvoller Prozess der umfassenden Veränderung des Verhältnisses von Wirtschaft, Gesellschaft und Politik, in dessen Zentrum die Entgrenzung von Märkten steht. Dass dieser Prozess im Gang ist, ist nicht einfach eine Tatsache, die naturwüchsig wie das Wetter über uns kommt, sondern immer schon Konsequenz einer Politik der Globalisierung. Es genügt daher nicht, nach den «objektiven» Auswirkungen der Globalisierung zu fragen, vielmehr ist sie einer ideologiekritischen Durchleuchtung und ethisch-politischen (Re-)Orientierung zugänglich und bedürftig: Da macht jemand Politik – Globalisierungspolitik. Wer betreibt die Globalisierung aus welchen Interessen, zu wessen Vorteil und zu wessen Nachteil? Und an welchen Leitideen sollte eine ethisch vernünftige Globalisierungspolitik ausgerichtet werden?

Zunächst einmal: So neu ist das Phänomen nicht, wie es der noch junge Begriff der Globalisierung suggeriert. Bereits im Jahr 1844 schrieben Karl Marx und Friedrich Engels im Kommunistischen Manifest darüber:

> «Das Bedürfnis nach einem sich stets ausdehnenden Absatz für ihre Produkte jagt die Bourgeoisie über die ganze Erdkugel. Überall muss sie sich einnisten, überall anbauen, überall Verbindungen herstellen. Die Bourgeoisie hat durch ihre Exploitation des Weltmarkts die Produktion und Konsumption aller Länder kosmopolitisch gestaltet. (...) Sie zwingt alle Nationen, die Produktionsweise der Bourgeoisie sich anzueignen, wenn sie nicht zugrunde gehen wollen ...»[173]

Das Zitat stellt eine weitsichtige Vorwegnahme dessen dar, was heute als globaler «Standortwettbewerb» bezeichnet wird. Ihr gegenüber neu ist in jüngerer Zeit allenfalls die Überlagerung des alten Konflikts zwischen «Bourgeoisie» und abhängig Beschäftigten durch den Konflikt zwischen einer verselbständigten spekulativen Finanzwirtschaft einerseits und der produktiven Realwirtschaft sowie der Politik andererseits. (Darauf gehen wir im nachfolgenden Abschn. 6.2 näher ein.)

Schon mit der um das Jahr 2000 herum einsetzenden Antiglobalisierungsbewegung, die besser als Bewegung für eine andere Globalisierungspolitik zu verstehen war und ist, kündigte sich die Rückkehr der Politik in die weltwirtschaftliche Dynamik an. Spätestens seit der Finanzkrise wird die Dringlichkeit einer neuen Weltwirtschaftsordnung immer deutlicher. Die Schlüsselfrage, um die es dabei geht, betrifft das Verhältnis von Markt und Politik: Ist Globalisierung gut, weil sie mittels des internationalen Standortwettbewerbs endlich auch die Politik dem Effizienztest des Marktes unterwirft und sie so diszipliniert? Oder ist Globalisierung schlecht, gerade weil sie den Primat der Politik vor dem Markt in sein Gegenteil verkehrt?

Um die Globalisierung wäre kaum ein Glaubenskrieg zwischen «Globalophilen» und «Globalophoben» entstanden, wenn es sich wirklich um eine unabänderliche Tatsache handelte, die ebenso hinzunehmen wäre wie das Wetter. Gleichwohl wird die Globalisierung meistens als eine solche Tatsache hingestellt. Der Anschein einer von niemandem kontrollierbaren Naturwüchsigkeit, also eines quasi natürlichen *Sachzwangs*, ist ja auf den ersten Blick auch ganz plausibel. Nur ist eben diese «Instanzlosigkeit»[174] des Weltmarktes gerade das Ergebnis einer gezielten Politik, die auch ganz anders ausgerichtet sein könnte. Wer eine solche Politik begrüßt, ist offenbar der Überzeugung, dass es sich dabei um wünschbare, *«gute» Sachzwänge* handelt: Der Sachzwang des globalen Wettbewerbsdrucks steht dann zugleich für jenes *Heilsversprechen*, das wir als marktmetaphysische Gemeinwohlfiktion bezeichnet haben (vgl. Abschnitt 1.4). Ihr gemäß sorgt die unsichtbare Hand des «freien» Weltmarktes von selbst dafür, dass alles gut wird. Auf diesem Hintergrund scheint das Gute an den Sachzwängen des Weltmarkts vor allem darin zu bestehen, dass mit dem Verweis auf sie der «störende» Gestaltungsanspruch fast jeglicher Wirtschafts- und Gesellschaftspolitik scheinbar ganz wertfrei als «unmöglich» und zugleich als «unnötig» abgewiesen werden kann.

Das Entscheidende, was es hier zuerst zu begreifen gilt, ist Folgendes: In der Globalisierungsdebatte stehen sich – wie in allen wirtschaftsethischen Fragen – nicht etwa auf der einen Seite eine außerethische, wertfreie ökonomische Sachlogik und auf der anderen Seite «die Ethik» gegenüber; vielmehr geht es um den Konflikt zwischen zwei *beidseits weltanschaulich geprägten normativen Positionen*. Nur versteckt sich die eine davon hinter dem Jargon der vermeintlich oder angeblich wertfreien ökonomischen «Sachlogik»! Es ist schlicht die *ideologische*

Funktion der ganzen Sachzwang- und Gemeinwohlrhetorik, den im Zeichen der Globalisierung in Gang gebrachten Schub der moralischen Enthemmung ökonomischer (Erwerbs-)Motive und der institutionellen Entfesselung einer eigensinnigen marktwirtschaftlichen Systemdynamik von ethisch-politischen Einwänden «frei» zu halten – besonders von jenen der zahlreichen Verlierer in allen Ländern. Den «nötigen» ideologischen Begleitgesang zu dieser sehr *realen* Verselbständigung von Kapitalverwertungsinteressen hat in den 30 Jahren vor der Finanz- und Wirtschaftskrise ziemlich laut und schrill der Chor der marktradikal gewordenen Neoliberalen gesungen. Ihr *Gospelsong des Globalismus* hatte nur einen kurzen und ziemlich simplen Text:

> *Gepriesen seist du, Standortwettbewerb, oh freier –*
> *besiege den Primat der Politik, dies Ungeheuer.*
> *Hallelujah!*

Der springende Punkt ist in der Tat die von den Propheten des «freien» Weltmarkts offenkundig allzu weit getriebene *Entmachtung der Politik:* Indem der entgrenzte Wettbewerb auf deregulierten, globalen Märkten nicht mehr nur die einzelnen Wirtschaftsakteure, sondern auch die Staaten zur Rücksichtnahme auf die Bedingungen effizienter Kapitalverwertung *zwingt*, soll er sein segensreiches Werk vollbringen – als «heilsamer» Wettbewerb der Standorte. Dieser ist immer zugleich ein *Wettbewerb der nationalen Rahmenordnungen* des Marktes. Das ganze Pathos der Globalisierungseuphoriker beruhte schlicht darauf, dass sie die so zustande kommende Umkehrung des Primats der Politik *vor* der Logik des Marktes in die «Disziplinierung» der Politik *durch* die Sachzwanglogik des Marktes nicht als Problem, sondern als die Lösung fast aller Probleme sahen und begrüßten. Weshalb sie das zum Teil noch immer tun, hat beispielsweise Percy N. Barnevik, der langjährige Verwaltungsratspräsident von Asea Brown Boveri (ABB), schon im Jahr 2001 in ungenierter Offenheit preisgegeben:

> «Ich würde Globalisierung als die Freiheit für meine Gruppe von Unternehmen definieren, zu investieren, wo und wann sie will, zu kaufen und zu verkaufen, wo sie will, und die möglichst geringsten Restriktionen zu unterstützen, die aus Arbeitsgesetzen und sozialen Übereinkünften resultieren.»[175]

So viel zur Heilslehre des globalen Marktes und ihrer ziemlich irdischen Interessenbasis. Aber weshalb konnte sie sich realpolitisch durchsetzen? Anders gefragt: Wie genau ist es zur verhängnisvollen Verkehrung des Verhältnisses zwischen Politik und Markt gekommen?

6.2 Wie «funktioniert» die Globalisierung? Der strafende Finanzmarktgott

Nicht ganz zufällig ist es bisher vor allem *ein* Markt, der dem theoretischen Idealmodell der Globalophilen ziemlich nahe gekommen ist, seit die kommunikationstechnologische Infrastruktur praktisch überall auf der Welt *real-time* die Verfolgung des Geschehens auf allen Börsenplätzen der Welt erlaubt: der globale *Finanz- und Kapitalmarkt*.[176] Der Grund ist, neben der genannten technologischen Voraussetzung, einfach: Das Kapital (hinter dem natürlich verwertungsinteressierte Personen und Institutionen stehen) ist der mobilste Produktionsfaktor, und das heißt: Das Kapital reagiert am «sensibelsten» – gleichsam wie ein scheues Reh – auf sich international verändernde Standortbedingungen jeder Art, soweit sie das Risiko- und Ertragskalkül der Anleger beeinflussen. «Gute» Standortbedingungen sind aus seiner Sicht selbstverständlich solche, die eine «freie», d.h. reibungsfreie, kostengünstige und ertragreiche Kapitalverwertung ermöglichen. Verschlechtern sich diese Bedingungen (z.B. durch steigende Lohn- oder Lohnnebenkosten, Infrastrukturkosten, Zinskosten und Steuern) in einem Land, so kommt es zur mehr oder weniger massiven «Kapitalflucht»; verbessern sie sich hingegen deutlich, so fließt internationales Kapital in Milliardenhöhe zu den attraktiven Standorten. Die Volatilität solcher Kapitalbewegungen übt einen unerhört *disziplinierenden* Effekt auf alle Betroffenen aus; sie schlägt auf die Güter produzierende und Dienstleistungen erbringende Realökonomie ebenso durch wie auf die nationalen Instanzen der Wirtschafts- und Währungspolitik:

- Die *Unternehmen* werden vor allem von den großen institutionellen Anlegern (Portefeuilles von Pensionskassen und Versicherungen, Investmentfonds von Banken, usw.) diszipliniert: Die Aktien von

Firmen, die eine im internationalen Vergleich zu tiefe *Performance*, also einen geringen *Return on Equity* (ROE, d.h. Eigenkapitalrentabilität) erzielen, werden bald einmal aus den Portefeuilles der Großanleger eliminiert. Dann geraten die Börsenkurse der betroffenen Firmen unter Druck, was nicht nur die berufliche Position der verantwortlichen Manager gefährdet, sondern die Gefahr eines *Unfriendly Takeover*, einer «feindlichen» Übernahme der Firma heraufbeschwört und damit ihre Existenz in Frage stellt. Die Hochhaltung des *Shareholder Value* um fast jeden Preis ist daher angesagt.[177] Es ist wichtig zu sehen, dass die Führungskräfte der Wirtschaft ebenso sehr Opfer wie Täter des ganzen Prozesses sind.

■ Die *staatlichen Instanzen* der Wirtschafts- und Währungspolitik werden vor allem durch die Möglichkeit einer unter Umständen massiven Spekulation des internationalen Devisenhandels gegen die Landeswährung (oder jüngst sogar gegen den Euro) diszipliniert. Sie sehen sich, vielleicht mit Ausnahme der USA (gegen den US-Dollar kann man praktisch nicht spekulieren), zwecks Erhaltung der «Standortattraktivität» und Währungsstabilität zu einer finanzmarktfreundlichen Politik genötigt (z.B. Subventionen bzw. Steuererleichterungen für Investoren, Unternehmen und höchste Einkommen).

Von der guten Wirtschaftspolitik aus der Perspektive des anlagesuchenden Kapitals hängen dessen Investitionsbereitschaft und damit die Schaffung neuer Arbeitsplätze ab. Geraten die diesbezüglichen Zukunftserwartungen nur ein wenig in Zweifel oder verbessern andere Länder ihre komparativen Standortbedingungen spürbar, so «bestrafen» die globalen Finanzmärkte – gleichsam wie ein virtueller, allerdings nicht ganz unparteilicher Weltgerichtshof[178] – das zurückfallende Land fast über Nacht mit abrupten Kapitalabflüssen und daraus folgenden Zinserhöhungen bis zur Kreditverweigerung und drohendem Staatsbankrott. Das zwingt dann das betroffene Land, in der Regel unter tatkräftiger Mitwirkung des Internationalen Währungsfonds (IWF)[179], zu «Strukturanpassungen» (d.h. Reduktion des Haushaltsdefizits durch massive Einschränkung der öffentlichen Ausgaben ohne Rücksicht auf bildungs-, gesundheits- und sozialpolitische Folgen; Deregulierung der Märkte und exportorientierte Wirtschaftspolitik). Eine schwere Rezession und die weitere Verschärfung der sozialen Probleme sind meistens der Preis, den die Allgemeinheit zahlt. Man denke an die so genannte Asienkrise 1998 oder an die schweren Schuldenkrisen von Argentinien 2002, Island 2008 und Griechenland 2010, mögen deren Wurzeln auch jeweils landesintern zu finden sein.

Je dominanter der in jedem Sinn alle Grenzen sprengende Finanzkapitalismus geworden ist, umso stärker ist auch der resultierende Druck auf die Politik zur «Hofierung des Kapitals»[180]. Immer öfter und in immer fatalerem Ausmaß werden die Staaten erpressbar; sie müssen wohl oder übel die Kapitalverwertungsinteressen gegenüber den wirtschaftlichen und sozialen Bedürfnissen der Menschen bevorzugt bedienen, unter Umständen – wie in der Finanzkrise – sogar unmittelbar auf Kosten der Steuerzahler. Und das wird sich im Prinzip nicht ändern, bevor der verloren gegangene *Primat der Politik*, und zwar einer dem Gemeinwohl verpflichteten Politik, vor der Logik der Finanzmärkte wiederhergestellt ist.

Wie fatalistisch diese neue Dominanz der globalen Finanzmärkte über ganze Volkswirtschaften von den Globalisierungseuphorikern lange Zeit hingenommen worden ist und wie sehr dahinter die alte (pseudo-)religiöse Metaphysik des Marktes steckt, hat schon anlässlich der Asienkrise der namhafte amerikanische Ökonom und Nobelpreisträger Paul Krugman wunderbar ironisiert, als er sagte:

«Der globale Kapitalmarkt bestraft uns – er wird schon wissen warum.»[181]

Der *belohnende und strafende Finanzmarktgott* entzieht – und darin besteht das entscheidende Problem – einer autonomen Wirtschaftsordnungspolitik der einzelnen Staaten weitgehend den Boden. Dabei wirkt die Globalisierung gleich doppelt, sowohl von außen als auch von innen, auf das tendenzielle Ende der staatlichen Wirtschaftspolitik hin. Die innenpolitische Seite dieses Drucks wird oft nicht genügend beachtet, weshalb sie hier kurz verdeutlicht sei: Die exportorientierten Wirtschaftszweige leiten nämlich den ungeheuren Druck des internationalen Wettbewerbs, in dem sie stehen, mit ihren oft einflussreichen Verbänden landesintern ihrerseits an die Politik weiter. Speziell die großen, weltweit tätigen Unternehmen, die so genannten *Global Players*, werden buchstäblich zu «heimatlosen Gesellen», zu transnationalen Firmen, deren betriebswirtschaftliche Interessen kaum mehr an volkswirtschaftliche Interessen der Bürger ihres Herkunftslandes gebunden sind.

Der innenpolitische Effekt der Transnationalisierung von Firmen ist fatal: Solange Großproduzenten einen erheblichen Teil ihres Umsatzes im Heimmarkt tätigten, waren sie in ihrem Heimland nicht nur an niedrigen (Lohn-)Kosten interessiert, sondern auch an einer kaufkräftigen Binnennachfrage und damit am Wohlstand breiter Bevölkerungskreise. Überdies fühlten sich ihre Führungskräfte in der Regel als Staatsbürger dem Land solidarisch verbunden. Das alles motivierte sie zu einer gewissen Rücksichtnahme auf volkswirtschaftliche Kreislaufzusammenhänge. Genau dies trug vonseiten der Arbeitgeber den «sozialdemokratischen Konsens»[182] der goldenen Nachkriegszeit. Heute ist dagegen für global orientierte Firmen der heimische Absatzmarkt meistens von prozentual viel geringerer Bedeutung als der im Stammland nach wie vor anfallende Kostenanteil für das *Headquarter*, weshalb dort das Interesse an niedrigen Löhnen und Steuern sowie sonstigen kostengünstigen Rahmenbedingungen nunmehr dasjenige an der binnenwirtschaftlichen Nachfrage klar überwiegt. (So erzielt beispielsweise die Firma Nestlé als weltgrößte Lebensmittelherstellerin mehr als 98% ihres Umsatzes außerhalb des Stammlandes Schweiz, in dem sie aber nach wie vor bedeutende zentrale Funktionen angesiedelt hat.[183])

Die transnationalen Konzerne verweigern sich infolgedessen zunehmend der aus ihrer Perspektive altmodisch anmutenden nationalen Solidarität.[184] Der altbekannte Slogan eines früheren Präsidenten von General Motors: «Was gut ist für GM, ist gut für die USA» hat ausgedient. Was gut ist für GM (oder Nestlé, Siemens, UBS...), braucht überhaupt nicht mehr gut für Amerika (bzw. Deutschland oder die Schweiz) zu sein. Stattdessen üben die *Global Players* jetzt, mit der roten Karte der *möglichen* Standortverlagerung ins kostengünstigere Ausland winkend, auf die nationale oder regionale Wirtschafts- und Steuerpolitik ihres Stammlandes einen starken Druck in Richtung «besserer» Standortbedingungen aus. Dabei haben sozial- und umweltpolitische oder andere Anliegen der Allgemeinheit in aller Regel das Nachsehen. Nicht zuletzt trägt der Steuerwiderstand der mit dem Wegzug drohenden Investoren zu einer ausufernden Staatsverschuldung bei, die dann teilweise durch Kürzungen bei den öffentlichen Bildungs-, Infrastruktur-, Gesundheits- und Sozialausgaben auf die Allgemeinheit abgewälzt wird. Was zuvor schon die meisten Entwicklungsländer erfahren mussten, droht nun auch immer mehr volkswirtschaftlich fortgeschrittenen Ländern: die innere soziale *Des*integration als Preis für die globale wirtschaftliche Integration.[185]

Warum aber ist gleichwohl die Globalisierung mitsamt dem aus ihr resultierenden *Wettbewerb der Rahmenordnungen* und dem entsprechenden Bedeutungsverlust nationaler wirtschafts- und sozialpolitischer Instanzen nicht nur von den unmittelbar interessierten Finanzkreisen und den *Global Players*, sondern auch von auffallend vielen Wirtschaftstheoretikern und Politikern so euphorisch begrüßt worden? Zugespitzt gefragt: Wie soll man es verstehen, dass bisweilen sogar Politiker – in einer merkwürdig anmutenden, an Goethes Zauberlehrling erinnernden Berufsauffassung – den Primat der Politik vor der Logik des «freien» Weltmarkts zurückweisen? Die Erklärung ist in ihrem Vorverständnis von einer gut funktionierenden Marktwirtschaft und der entsprechenden Konzeption guter Ordnungspolitik zu finden.

6.3 Drei ordnungspolitische Konzepte «guter» Marktwirtschaft

Wie also kann man den Verlust des Primats der Politik vor der Logik des Marktes vorbehaltlos begrüßen? Wir wissen es schon: Darin verbirgt sich letztlich die *altliberale Metaphysik des Marktes*. Sie hält den freien Markt für eine «natürliche» Wirtschaftsordnung und setzt insgeheim darauf, dass hinter dem Kräftespiel des anonymen Wettbewerbs die «unsichtbare Hand» Gottes in segensreicher Weise waltet.[186] Diese metaphysische Hintergrundüberzeugung kommt etwa in der bei den pauschalen Globalisierungsoptimisten auffallend beliebten Hayek'schen Lobpreisung des «Wettbewerbs als Entdeckungsverfahren»[187] zum Ausdruck. Im globalen «Wettbewerb der nationalen Problemlösungen» lässt sich nämlich aus dieser Sicht erkennen, «wie der Weg zur Lösung unserer (wessen? P.U.) Probleme aussieht»,[188] offenbar ganz unabhängig von der Art dieser Probleme. Der Weltmarkt fungiert gleichsam als der neue allwissende

Hegel'sche Weltgeist. Dieser *Offenbarungstheorie des Marktes* korrespondiert ein ebenso tief verwurzeltes Misstrauen in die praktische Vernunft des Menschen, ganz besonders hinsichtlich seiner Fähigkeit zur politischen Gestaltung der gesellschaftlichen Verhältnisse – ein Anspruch, der von Friedrich August von Hayek als verwerflicher «Konstruktivismus»[189] (mit seiner schlimmsten Ausprägung in den Ideen des Sozialismus) gebrandmarkt und als «Anmaßung von Wissen»[190] wahrgenommen worden ist. Gemeint ist letztlich nichts anderes als die ketzerische Anmaßung, die Welt mit den beschränkten menschlichen Mitteln besser einrichten zu können als Gott selbst.

Doch der nobelpreisgekrönte Marktmetaphysiker F. A. von Hayek (1899–1992) ist längst tot, und ernst zu nehmende Vertreter dieses Steinzeitliberalismus sind kaum mehr auszumachen. Heute ist (vorerst noch) der *Neoliberalismus* tonangebend. Wie hält es diese ordnungspolitische Lehre mit der globalen Frage? Zu beachten ist zunächst, dass die neoliberale Position – entgegen einem landläufigen Missverständnis – im Unterschied zum Altliberalismus sehr wohl den Primat und den Gestaltungsauftrag der Politik befürwortet *(Abb. 23)*. Beide Positionen in einen Topf zu werfen, ist ein (leider häufiger) Fehler, der es den Neoliberalen allzu leicht macht, den Kritikern krasse Missverständnisse oder die unredliche Verzerrung der neoliberalen Konzeption vorzuwerfen.[191]

Während die Altliberalen wie erwähnt noch dem Glauben an die «prästabilierte Harmonie» (Leibniz) in der Schöpfungsordnung anhingen,[192] begreifen es die Neoliberalen als ordnungs*politische* Aufgabe des Staates, die konfligierenden Interessen der Wirtschaftsakteure in gemeinwohldienlicher Weise zu harmonisieren. Marktwirtschaft wird daher von den Neoliberalen ausdrücklich als eine «staatliche Veranstaltung»[193] begriffen: Offene Märkte und wirksamer Wettbewerb sowie die eigentums-, vertrags- und haftungsrechtlichen Voraussetzungen dieser «Veranstaltung» bedürfen der rechtsstaatlichen Etablierung. Marktwirtschaft hat sich niemals von selbst entwickelt; sie ist nichts «Natürliches», sondern immer schon *politisch* gegen oft hartnäckige Widerstände durchgesetzt worden, an ihrem Anfang im England des 18./19. Jahrhunderts genauso wie heute im Prozess der Globalisierung – die WTO lässt grüßen. Der Staat und zunehmend auch suprastaatliche Institutionen erbringen unabdingbare *konstitutive und komplementäre Funktionen* für

Weltwirtschaftsethik

Harmonisierungsinstanz?

```
        natürliche Evolution              gesellschaftliche Konstruktion
                ↓                                      ↓
         «unsichtbare Hand»                      Marktwirtschaft
        (naturrechtliche Metaphysik              als politische
            des Marktes)                          Veranstaltung
                ↓                                      ↓
           «freier Markt»                    staatlich geordneter Markt
           (laisser faire)                        (Rechtsordnung)
                ↓                                      ↓
      Wettbewerb der Rahmenordnungen        Rahmenordnung des Wettbewerbs
                ↓                                      ↓
           Paläoliberalismus                   Gestaltungskriterium?
```

```
              wirksamer Wettbewerb                Lebensdienlichkeit
                      ↓                                   ↓
                systemfunktionale                   lebensweltliche
               Wettbewerbspolitik                    «Vitalpolitik»
                      ↓                                   ↓
         «Marktprinzip» = konstitutiv         «Marktrand» = konstitutiv
                      ↓                                   ↓
            totale Marktgesellschaft              «vitale» Marktwirtschaft
                                                    im doppelten Sinn
                      ↓                                   ↓
                Neoliberalismus                      Ordoliberalismus
```

Abb. 23: Systematische Trennlinien zwischen Paläo-, Neo- und Ordoliberalismus jede Marktwirtschaft. Das gilt selbst für eine weitgehend deregulierte Marktwirtschaft, die in erster Linie auf die Kräfte des «freien» Marktes vertraut. Der Primat der Politik präjudiziert politisch fast nicht – außer dem Ziel der politischen Durchsetzung offener Märkte und eines wirksamen Wettbewerbs.

Diejenigen Neoliberalen, die den globalen Standortwettbewerb und mit ihm den Wettbewerb der nationalen Rahmenordnungen nahezu uneingeschränkt befürworten,[194] scheinen nicht immer klar zu sehen, dass sie damit – entgegen ihrem ordnungspolitischen Grundkonzept – auf der supranationalen Ebene in ein paläoliberales Marktwirtschaftsverständnis zurückfallen, also letztlich in die alte, in der großen Depression der Weltwirtschaftskrise von 1929 schon einmal zusammengebrochene Freihandelsdoktrin. Was sie dazu verführt, ist vor allem die normative Überhöhung der «reinen» ökonomischen Rationalität zum höchsten aller Werte, ihr *Effizienzglaube* also, mit dem wir uns schon im 1. Kapitel eingehend befasst haben (C. C. von Weizsäcker: «Der Ökonom *glaubt* daran, dass Effizienz erwünscht ist»). Globalisierung, verstanden als «Emanzipation» entgrenzter und deregulierter Märkte aus der unter dem Pauschalverdacht der «Ineffizienz» stehenden politischen Kontrolle, erscheint als Generalrezept zur größtmöglichen Steigerung des *Weltgemeinwohls* – und das gilt allen Marktmetaphysikern unbesehen hinsichtlich seiner Verteilung als gut und vernünftig.

Jetzt wird der entscheidende Punkt klar: Der effizienzvernarrte Neoliberalismus vertritt den Primat der Politik nur genau so weit, wie es um die staatliche Bereitstellung der *Funktionsvoraussetzungen* des marktwirtschaftlichen Systems im Sinne effizienter Kapitalverwertung geht. Dazu gehören neben den grundlegenden rechtsstaatlichen Voraussetzungen (Schutz des Privateigentums sowie der Handels- und Gewerbefreiheit, Vertragsrecht, Haftungsrecht) insbesondere die *Wettbewerbspolitik* (Offenhaltung der Märkte und Sicherung eines wirksamen Wettbewerbs) sowie die Geld- und Stabilitätspolitik (Gewährleistung einer wertbeständigen Währung, stabiler Preise und stetigen Wirtschaftswachstums). Man hat schließlich aus der Erfahrung gelernt, dass unkontrollierte Märkte zur Selbstvermachtung und damit zur Wettbewerbsbeschränkung tendieren – und dies ist «ineffizient». *Normatives Kriterium für «zulässige» Wirtschaftspolitik* ist aus neoliberaler Sicht aber immer nur, dass der Marktmechanismus voll zur Wirkung gebracht wird – oder eben in einem Wort: die *Effizienz* des Marktes. Der neoliberale Schlachtruf «mehr Markt!» verträgt sich daher durchaus mit dem funktionalistisch eingeschränkten Primat der Politik. Hingegen werden gestaltende politische Eingriffe nach ethischen Gesichtspunkten in aller Regel abgelehnt, soweit sie als «effizienzmindernd» eingestuft werden.

Ganz anders verstanden wird der Primat der Politik dagegen von der *ordoliberalen* Position, die sich ursprünglich bis in die 50er Jahre selbst als «neoliberal» bezeichnet hat, dann aber eine neue Selbstbezeichnung wählte, als der Begriff des Neoliberalismus zunehmend von den Marktradikalen okkupiert wurde.[195] Der Ordoliberalismus anerkennt den Primat der Politik vor der Logik des Marktes in einem doppelten Sinne: Zum einen – und vorrangig – hat die Ordnungspolitik die Bedingungen der *Legitimität*, also der ethisch-politischen Rechtfertigungsfähigkeit der marktwirtschaftlichen Ordnung, zu begründen. Zum anderen – jedoch erst nachrangig – hat sie das effiziente *Funktionieren* des ökonomischen Systems zu gewährleisten. Die Vordenker des so verstandenen Ordoliberalismus, namentlich Wilhelm Röpke und Alexander Rüstow, weniger eindeutig Walter Eucken, vertreten daher ausdrücklich den Primat der *politischen Ethik* vor der ökonomischen Logik des Marktes. Zwar plädieren auch sie für eine dezidierte Wettbewerbspolitik, aber anders als die heutigen «Neoliberalen» angelsächsischer Prägung, von denen sie inzwischen ein tiefer wirtschaftsphilosophischer Graben trennt, übersteigern sie die Markteffizienz nicht zum obersten ordnungspolitischen *Gestaltungskriterium*. Vielmehr betonen sie mit Röpke:

> «Die Marktwirtschaft ist nicht alles. Sie muss in eine höhere Gesamtordnung eingebettet werden, die nicht auf Angebot und Nachfrage, freien Preisen und Wettbewerb beruhen kann.»[196]

Mit andern Worten: Die marktwirtschaftliche Ordnung wird von den Ordoliberalen gewiss dezidiert befürwortet, nicht aber ökonomistisch zum Inbegriff einer freiheitlichen Gesellschaftsordnung überhöht:

«Wer auch jetzt noch den Liberalismus als eine primär wirtschaftliche Anschauung begreifen will, ist selbst in einer ‹ökonomistischen› Einengung befangen, die heute vollkommen überholt erscheint. (...) Der *politisch-kulturelle* Liberalismus (...) ist das Primäre und der wirtschaftliche Liberalismus (...) etwas Sekundäres.»[197]

Für die ordoliberale Position ist deshalb ein zweistufiges Konzept von Ordnungspolitik konstitutiv *(Abb. 24)*: Die Wettbewerbspolitik ist zwar unverzichtbar, aber sie ist nachrangig gegenüber der an «höheren» Kriterien orientierten *«Vitalpolitik»*, die nach Rüstow «alle Faktoren in Betracht zieht, von denen in Wirklichkeit Glück, Wohlbefinden und Zufriedenheit des Menschen abhängen».[198]

1. **«Vitalpolitik»** (A. Rüstow)

   = Einbettung des marktwirtschaftlichen Systems «in eine höhere Gesamtordnung, die nicht auf Angebot und Nachfrage, freien Preisen und Wettbewerb beruhen kann» (W. Röpke)

   = Ausrichtung und Begrenzung der «blinden» Marktkräfte nach ethischen Gesichtspunkten der Lebensdienlichkeit durch
   - subjektive Rechte (Wirtschaftsbürgerrechte)
   - Rechnungsnormen (Internalisierung externer Effekte)
   - Randnormen («Grenzwerte» i. w. S.)

   ↓ *normative Vorgaben*

2. **Wettbewerbspolitik**

   = Durchsetzung offener Märkte und wirksamen Wettbewerbs im Rahmen der vitalpolitischen Vorgaben

   = effizienter Einsatz des marktwirtschaftlichen Wettbewerbs im Hinblick auf «vitale» Zwecke des guten Lebens und gerechten Zusammenlebens

Abb. 24: Zwei Ebenen ordoliberaler Ordnungspolitik

Mit dem ordoliberalen *Primat der Vitalpolitik vor der Wettbewerbspolitik* ist die neoliberale Ideologie, der gemäß «mehr Markt» im Prinzip immer gut sei, ethisch-politisch durchbrochen: Wo die Effizienz des Marktes mit «vitalen» Gesichtspunkten des guten Lebens und gerechten Zusammenlebens in Konflikt gerät, sind die Marktkräfte mittels einer ihnen (zumindest) «widergelagerten Gesellschaftspolitik»[199] in Schranken zu weisen. Deshalb betonen die Ordoliberalen,

> «...dass der *Marktrand*, der Marktrahmen, das eigentliche Gebiet des Menschlichen ist, hundertmal wichtiger als der Markt selbst. Der Markt hat lediglich eine dienende Funktion. (...) Der Markt ist ein Mittel zum Zweck, ist kein Selbstzweck, während der Rand eine Menge Dinge umfasst, die Selbstzweck sind, die menschliche Eigenwerte sind.»[200]

In diesen Sätzen von Rüstow erkennt man leicht Karl Polanyis normativen Grundgedanken der *embedded economy*, der eingebetteten Marktwirtschaft, wieder.[201] Die grundlegende ordoliberale Leitidee ist die einer *lebensdienlichen Marktwirtschaft*, die die Marktkräfte mittels ethisch-politischer Vorgaben auf «vitale» Gesichtspunkte *ausrichtet* und wo nötig *begrenzt*. Drei elementare vitalpolitische Ansatzpunkte (drei «R») lassen sich hierfür unterscheiden: subjektive *Rechte*[202] aller Wirtschaftsbürger, ins einzelwirtschaftliche Kalkül eingehende *Rechnungsnormen* und den Wettbewerb oder Markt begrenzende *Randnormen:*[203]

- *Rechte* legitimieren die Wirtschaftsbürger[204] zur angemessenen Teilnahme am volkswirtschaftlichen Prozess und zur Teilhabe an dessen Ergebnis, also an der gesellschaftlichen Wohlfahrt. Es geht hier um nichts anderes als um Wirtschaftsbürgerrechte. Darauf sind wir im 3. Kapitel schon eingegangen; erinnert sei deshalb nur kurz an Ralf Dahrendorfs zentrales Postulat: «Die Rechte der Bürger sind jene unbedingten Anrechte, die die Kräfte des Marktes zugleich überschreiten und in ihre Schranken verweisen.»
- *Rechnungsnormen* dienen der Gestaltung der An- und Abreizstrukturen des Marktes nach vitalpolitischen Gesichtspunkten am zentralen Punkt der einzelwirtschaftlichen Kosten/Nutzen-Kalküle. Hier geht es darum, gemäß dem Verursacherprinzip sämtliche «externen Kosten», die aus dem privaten Wirtschaften entstehen, aber bei Dritten statt bei den Akteuren anfallen, in die Kalküle der Wirtschaftssubjekte zu internalisieren. Das ist in arbeits- und sozialpolitischer Hinsicht prinzipiell genauso mach-

bar wie in umweltpolitischer Absicht. Die Abgrenzung zwischen privatwirtschaftlich einzubeziehenden und außer Betracht gelassenen volkswirtschaftlichen, sozialen oder ökologischen Kosten ist nämlich stets normativ bestimmt. Preise am Markt haben deshalb generell nichts «Natürliches» an sich, sondern sind immer schon ordnungspolitisch durch entsprechende Rechnungslegungsvorschriften konstituiert.

- *Randnormen* setzen dem Markt buchstäblich «Grenzwerte» nach humanitären, sozialen und ökologischen Gesichtspunkten und schützen so jene Lebenssphären vor der Ökonomisierung, in denen Markt und Wettbewerb *nicht* herrschen sollen. Es geht hier beispielsweise um Marktgrenzen zeitlicher Art (Arbeits- und Ladenöffnungszeiten), ökologischer Art (Emissions- bzw. Immissionsgrenzwerte), arbeits- und sozialpolitischer Art (Minimallöhne und gewährleistetes Existenzminimum). Dazu gehören auch Zulassungsnormen, welche die Berechtigung zur Teilnahme von Leistungsanbietern an einem spezifischen Markt (z.B. von Ärzten, Anwälten, Treuhändern und Finanzdienstleistern, Lehrkräften und andern Professionen) von der Erfüllung überprüfbarer Qualitätsvoraussetzungen abhängig machen – zum Schutz der Kunden und der Allgemeinheit. Im Fall von Gütern und Dienstleistungen, für deren angemessene Verteilung der Markt generell als ungeeignet erachtet wird (z.B. öffentliche Infrastruktur, Gesundheits-, Bildungs- und Kulturgüter), kann dieser ganz oder teilweise durch ein anderes, i.d.R. administratives Versorgungsprinzip ersetzt werden.

Es ist wichtig zu begreifen, dass solche vitalpolitischen Lenkungs- und Begrenzungsansätze nicht einfach als marktwirtschaftsfeindlich diskreditiert werden können. Im Gegenteil werden die wahren Freunde einer *zivilisierten Marktwirtschaft* sie dort befürworten, wo vorrangige ethisch-politische Gesichtspunkte dies nahelegen. Wer dagegen blindwütig dem Markt über alles huldigt, gehört auf die Länge wohl eher zu den Totengräbern einer lebensdienlichen Wirtschaft. Denn deren vitalpolitische Gestaltung lässt sich nicht auf das Rezept ‹offene Märkte und wirksamer Wettbewerb› reduzieren. Eine in jedem Sinn vitale Marktwirtschaft folgt vielmehr einer doppelten Leitidee: Im fairen Wettbewerb soll kein anderer Zwang als der des besseren Angebots zählen (wettbewerbspolitischer Aspekt) – aber es muss ja nicht überall im Leben Wettbewerb herrschen (vitalpolitischer Aspekt).

Diese ordoliberale Zweistufigkeit von vorrangiger Vitalpolitik und nachrangiger Wettbewerbspolitik bietet mehr denn je die grundlegende Orientierungsidee, um die längst verblasste, im Standortwettbewerb orientierungsschwach gewordene Konzeption der *Sozialen Marktwirtschaft* im doppelten Sinn zu revitalisieren.[205] Deren wichtigster Vordenker, Alfred Müller-Armack, hatte das Verhältnis von Marktwirtschaft und Bürgergesellschaft im Prinzip noch richtig bestimmt:

> «Die Wettbewerbsordnung muss im Gesamtrahmen der Gesellschaft gesehen werden. (…) Sie vermag nicht, die Gesellschaft als Ganzes zu integrieren.»[206]

Müller-Armack lag damit auf der ordoliberaler Linie Röpkes, der dieselbe Ordnung der Dinge betonte:

> «In Wahrheit kann die Marktwirtschaft – und mit ihr die gesellschaftliche und politische Freiheit – nur als Stück einer *bürgerlichen Gesamtordnung* und in ihrem Schutze gedeihen. Das soll heißen, dass sie eine Gesellschaft *voraussetzt*, in der bestimmte grundlegende Dinge respektiert werden…»[207]

Fatalerweise verschob Müller-Armack diese «grundlegende» gesellschaftspolitische Aufgabe jedoch in eine «zweite Phase»[208] der Sozialen Marktwirtschaft:

> «Es wird kaum bestritten, dass in der nächsten Phase der Sozialen Marktwirtschaft gesellschaftspolitische Probleme *vor* die ökonomischen treten werden. (…) Nach der Lösung des Produktionsproblems im Rahmen einer vollbeschäftigten Wirtschaft verschiebt sich der Aufgabenbereich der Sozialen Marktwirtschaft. Sie muss künftig als Politik einer freien Gesellschaft begriffen werden.»[209]

Der Verzicht auf die *konstitutive* Entwicklung der «bürgerlichen Gesamtordnung» (Röpke) rächte sich realpolitisch sehr bald. Die ausdrücklich als «Dritter Weg»[210] zwischen Markt- und Staatsgläubigkeit entworfene Konzeption der Sozialen Marktwirtschaft wurde mehr und mehr auf das additive Muster von effizienzorientierter Wirtschaftspolitik und *kompensatorischer* Sozialpolitik verkürzt. Letztere versucht erst im Nachhinein – also bloß die Symptome statt die Ursachen bekämpfend – die wirtschaftspolitisch verursachten, unzumutbaren vitalen Folgen für die Menschen mit sozialstaatlichen Transferleistungen (also mit Geld) auszugleichen, statt sie mit vitalpolitisch orientierter Ordnungspolitik möglichst von vornherein zu verhindern.

Die damit programmierte Überlastung des kompensatorischen Sozialstaats dauert bis heute an; sie führt in fast allen Ländern zu einer chronisch wachsenden Staatsverschuldung. Und gleichwohl schafft es der herkömmliche Sozialstaat immer weniger, die schon in Abschnitt 3.4 erörterten Voraussetzungen einer «anständigen Gesellschaft» (Margalit) zu gewährleisten. Besserung ist nicht in Sicht, wenn nicht endlich die zivilisatorische Ordnung der Dinge wiederhergestellt wird. Und das heißt: Es gilt konsequent dem Vorrang der Prinzipien einer wohlgeordneten Bürgergesellschaft und einer durch sie zivilisierten Marktwirtschaft Nachachtung zu verschaffen.

6.4 Vitalpolitische Grundsätze einer zivilisierenden Globalisierungspolitik

Das zweistufige Konzept wirtschaftsethisch gehaltvoller Ordnungspolitik als (vorrangiger) Vital- und (nachrangiger) Wettbewerbspolitik gilt es auch einer «aufgeklärten Globalisierung»[211] zugrunde zu legen. Die Alternative zur Vergötterung der Globalisierung – zur Metaphysik des Weltmarktes als des neuen Weltgeistes – ist nicht ihre Verteufelung, sondern ihre vitalpolitische Zivilisierung mittels einer supranationalen Rahmenordnung.

Nun lautet ja aber das generelle Sachzwangargument gerade, dass uns der globale Standortwettbewerb «keine Wahl lässt». Der Einwand ist durchaus ernst zu nehmen: Sozial- oder Umweltstandards, die allein in *einem* Land durchgesetzt werden, können für dieses bald einmal volkswirtschaftlich kontraproduktive Effekte haben. Wenn nämlich den privaten Investoren aus vitalpolitischen Rahmenbedingungen erhebliche Kostennachteile entstehen, so wählen sie zu deren Vermeidung möglicherweise die Option der «Abwanderung» an einen für sie kostengünstigeren Standort.[212] Geraten hier die schönen vitalpolitischen Leitideen etwa in die «Globalisierungsfalle»[213]?

An diesem Punkt kommt es jetzt darauf an, dass wir geistig über den *Sachzwängen* stehen und sie als *normative* Herausforderungen durchschauen, die einer politischen Bearbeitung bedürfen, anstatt sie unkritisch zu ökonomistischen *Denkzwängen* einer wettbewerbskonditionierten Mentalität zu überhöhen.[214] Genau dazu hat allzu lang der neoliberal imprägnierte Zeitgeist tendiert, und zwar – wie Habermas einmal formuliert hat – mit der «aufgesetzten Fröhlichkeit einer neoliberalen Politik, die sich selbst ‹abwickelt›»:

> «Die lähmende Aussicht, dass sich die nationale Politik in Zukunft auf das mehr oder weniger intelligente Management einer erzwungenen Anpassung an Imperative der ‹Standortsicherung› reduziert, entzieht den politischen Auseinandersetzungen den letzten Rest an Substanz.»[215]

Aus Einsicht in den unaufgebbaren Primat ethisch orientierter Politik vor der Logik der Märkte gilt es dieser «lähmenden Aussicht» einen *neuen Mut zur Politik* entgegenzusetzen: Nie zuvor war die Durchsetzung einer zeitgemäßen Vitalpolitik wichtiger als heute – nämlich als *Sachzwangbegrenzungspolitik im Interesse real lebbarer Bürgerfreiheit*. Freilich kann diese Aufgabe mit fortschreitender Globalisierung nur noch teilweise auf der nationalen Ebene wahrgenommen werden; sie verschiebt sich notwendigerweise zunehmend auf die Ebene einer noch zu entwickelnden supranationalen Vitalpolitik. Der elementare vitalpolitische Leitsatz einer wirtschaftsethisch aufgeklärten Globalisierungspolitik kann nur lauten: *Wer A sagt, muss auch B sagen* – oder konkret: Wer den globalen Markt will, der sollte vernünftigerweise auch eine vitalpolitisch orientierte *Global Governance* mit weltweiten Menschenrechts-, Demokratie-, Sozial- und Umweltstandards befürworten. Gemeint ist damit eine Weltordnung, die auf einem ausbalancierten Netzwerk sich wechselseitig in Schach haltender Regulierungsinstanzen und Regelsysteme beruht und so – als globale *Governance without Government*[216] – ohne Weltregierung und Weltstaat auskommt.[217]

Dem zweistufigen Konzept unverkürzter Ordnungspolitik entsprechend, brauchen globalisierte Märkte *supranationale Instanzen für globale Vitalpolitik ebenso wie für globale Wettbewerbspolitik*. Schon was Letztere betrifft, liegt international noch manches im Argen. Erst recht mangelt es an universalen vitalpolitischen Rahmenbedingungen (Menschenrechts-, Gesundheits-, Umwelt-, Tier- und Landschaftsschutz), die den globalen «Standortwettbewerb» nach übergeordneten Kriterien der Lebensdienlichkeit moderieren.

Für die sich allmählich entwickelnde supranationale Wettbewerbspolitik bietet sich wenigstens bezüglich der globalen *Güter- und Dienstleistungsmärkte* bereits heute ein starker Träger an, nämlich die WTO (*World Trade Organization*, Welthandelsorganisation). Allerdings kann von einem fairen Zugang aller Drittweltländer zu den für sie existenziell wichtigen Agrar- und Textilmärkten noch kaum die Rede sein, solange manche OECD-Länder ihre eigene Landwirtschaft, Textilindustrie usw. protektionistisch vor der internationalen Konkurrenz schützen und ihnen zugleich auf dem Weltmarkt mittels teils massiver Exportsubventionen unlautere Wettbewerbsvorteile verschaffen. Noch weniger klar ist, wie eine supranationale Vitalpolitik etabliert werden kann. Zwei prinzipielle Lösungen sind denkbar:

- Die erste Möglichkeit besteht darin, auch diese Aufgabe der WTO zu übertragen. Realpolitischer Vorteil dieser Lösung wäre, dass die WTO eine durchsetzungsmächtige Institution ist. Als gewichtiger Nachteil muss wohl gelten, dass in der WTO zumindest bis anhin das wettbewerbspolitische Denken vorherrscht. Wie verschiedene konkrete Streitfälle der letzten Jahre in der WTO belegen, ist bis auf weiteres eher unwahrscheinlich, dass ihre Instanzen fähig und gewillt sind, den vitalpolitischen Gesichtspunkten regelmäßig den ihnen gebührenden Vorrang vor den wettbewerbspolitischen Gesichtspunkten einzuräumen. So hat etwa die bekannte Kontroverse zwischen USA und EU bezüglich des (vor allem von Frankreich abgelehnten) Imports von hormonbehandeltem Rindfleisch exemplarisch gezeigt, dass die WTO die systematische Unterscheidung zwischen vital- und wettbewerbspolitischen Wettbewerbsbeschränkungen bisher nicht (aner-)kennt und deshalb dazu tendiert, Importrestriktionen auch dann generell als wettbewerbsbehindernden Protektionismus zurückzuweisen, wenn sie vitalpolitisch aus (abweichenden) Leitbildern des guten Lebens und Zusammenlebens begründet sind.

- Die zweite und wohl realistischere Möglichkeit beruht auf dem Konzept von *balancierter Gegenmacht*. Dieses zielt darauf, das sachgegebene Spannungsverhältnis zwischen supranationaler Vital- und Wettbewerbspolitik als solches in transparenter Weise zu institutionalisieren. Der WTO würden also eine oder mehrere wenn nicht vor-, so doch wenigstens «widergelagerte» (Röpke) UNO-Institutionen gegenübergestellt, die arbeitsteilig oder in einer Hand die humanitären, sozialen, kulturellen und ökologischen Gesichtspunkte vertreten. In die Rolle eines Dachorgans könnte beispielsweise die UNCTAD *(UN Conference on Trade and Development)* hineinwachsen. Hauptvorteile einer solchen Lösung sind die Fachkompetenz, mit der diese neuen supranationalen Institutionen arbeiten könnten, sowie die Möglichkeit, dass die sich allmählich herausbildende Weltöffentlichkeit die Ausbalancierung der supranationalen Ordnungspolitik zwischen den «widergelagerten» Trägern kritisch verfolgen und beeinflussen könnte. Der Nachteil dieses Wegs besteht in der erheblichen Gefahr, dass die vitalpolitischen Instanzen realpolitisch von der WTO regelmäßig an die Wand gespielt werden könnten, wie es bisher etwa bezüglich der Internationalen Arbeitsorganisation (ILO) in Genf der Fall ist, die ja zu *einem* der Träger der supranationalen Vitalpolitik ausgebaut werden könnte.

Welcher Weg eher Erfolg verspricht, wird sich realpolitisch zeigen müssen. So oder so wird die angedeutete epochale Aufgabe – diesbezüglich sollten wir uns keinen Illusionen hingeben – einen lange dauernden wirtschaftskulturellen Lernprozess und wohl auch einen zähen politischen Kampf vor allem in den «führenden» Industriestaaten sowie in der WTO, dem Internationalen Währungsfonds (IWF) und der Weltbank bedingen.

Im Brennpunkt der Aufgabe, den Standortwettbewerb nach vitalpolitischen Gesichtspunkten zu mäßigen, stehen seit der jüngsten Finanz-, Wirtschafts- und Schuldenkrise nicht zuletzt die globalen *Finanz- und*

Kapitalmärkte. Es darf nicht mehr geschehen, dass die spekulativen Kräfte eines weltumspannend agierenden Finanzkapitalismus selbstherrlich die «Masters of the Universe» spielen und im Zeichen hemmungs- und maßloser Renditemaximierung ganze Staaten in Währungs-, Schulden- und Sozialkrisen treiben können. Der Finanzsektor kann nicht mehr länger als eine privatwirtschaftliche Branche wie jede andere aufgefasst werden; er muss vielmehr in seinem Kern als *Service public* begriffen und dementsprechend – ähnlich wie etwa die Energieversorgungs-, Telekom- oder Verkehrsinfrastruktur – als gemeinwohlorientierte Infrastruktur einer zivilisierten Weltwirtschaft ausgestaltet werden.[218]

Das erfordert starke supranationale Finanzaufsichtsbehörden, wie sie mit dem IWF, der Weltbank und neuerdings dem *Financial Stability Board* zwar ansatzweise geschaffen, aber noch kaum auf einen umfassenden vitalpolitischen Orientierungshorizont ausgerichtet worden sind. Die vorrangigen vitalpolitischen Aufgaben einer supranationalen Finanzmarktordnung bestehen darin, alle Volkswirtschaften hinreichend mit Geld, Kredit und elementaren Finanzdienstleistungen zu versorgen, ihnen eine nachhaltige, lebensdienliche Entwicklung unter fairen Wettbewerbsbedingungen zu ermöglichen und einen sich gegenüber diesen Zwecken verselbständigenden, buchstäblich «abgehobenen» und zu schädlichen Spekulationsblasen führenden Finanzkapitalismus in Schranken zu weisen. Spätestens die Finanz-, Wirtschafts- und Schuldenkrise hat vor Augen geführt, wie dringlich eine dementsprechende Neuordnung der globalen Finanzwirtschaft geworden ist.

Letztlich stellt sich unausweichlich die «kapitale» Frage unserer Wirtschafts- und Gesellschaftsordnung. Es ist nämlich der *Kapitalismus*, also die Dominanz privater Eigentums- und Kapitalverwertungsrechte, die uns Bürgerinnen und Bürgern zunehmend in die Quere kommt beim Bemühen, demokratisch eine zivilisierte Marktwirtschaft zu verwirklichen. Eben deshalb kommt es darauf an, den konsequenten Vorrang einer *bürgerrechtlichen* Verfassung vor allen noch so mächtigen eigentumsrechtlichen Interessen zu verwirklichen. Der Kapitalismus muss zu diesem Zweck nicht gleich abgeschafft, wohl aber durch eine zeitgemäße *Public Governance* (öffentliche Steuerung) gebändigt werden.

Im Prinzip ist zu diesem Zweck dem Staat (für jede Volkswirtschaft) bzw. einer koordinierenden supranationalen Finanzbehörde (für die Weltwirtschaft) die *Gewährleistungsverantwortung* für das Funktionieren dieser Infrastruktur im Dienst der Allgemeinheit samt den entsprechenden Regulierungs- und Aufsichtskompetenzen zu übertragen.[219] Bestimmte Teilaufgaben können dann durchaus in Form von demokratisch legitimierten und öffentlich kontrollierten *Leistungsaufträgen* an privatwirtschaftliche Akteure delegiert werden. Doch sie sind in Zukunft gemäß den öffentlichen Vorgaben zu erfüllen. Auf diese Weise könnte der heute noch bestehende faktische Primat eines verselbständigten, sich allein an privaten Kapitalverwertungsinteressen orientierenden Finanzsektors überwunden werden.

6.5 Der Wirtschaftsbürger als Weltbürger: Kurzer Ausblick auf einen langen Weg in die Zukunft

Ob das epochale Projekt einer vitalpolitischen Einbettung der globalen Märkte zukunftsträchtig ist oder nicht, ist letztlich eine Frage des *politischen Willens*. Hier schließt sich der Kreis von der Weltwirtschaftsethik zur Wirtschaftsbürgerethik. Die weltwirtschaftlich führenden OECD-Länder sind ja demokratisch verfasste Gesellschaften. In ihnen haben es die Staats- und Wirtschaftsbürger prinzipiell in der Hand, ihren Regierungen Beine zu machen, d.h. ihnen den Auftrag zur aktiven Übernahme ordnungspolitischer Mitverantwortung auf der supranationalen Ebene zu erteilen. Warum aber tun sie's (noch) nicht? Es ist wohl eine doppelte Frage des *welt- und wirtschaftsbürgerlichen Bewusstseins:*

- Um eine Frage des *weltbürgerlichen* Bewusstseins geht es insofern, als das Leitbild einer «anständigen», wenigstens einigermaßen wohlgeordneten Gesellschaft freier und gleicher Bürger zumindest in seinen Grundzügen von der nationalen auf die supranationale Ebene übertragen werden muss.[220] Zielhorizont ist in der «postnationalen Konstellation» (Habermas) eine Weltgemeinschaft sich wechselseitig in ihren Menschen- und Bürgerrechten achtender und anerkennender «Weltbürger». Damit wird nichts anderes aktuell als die schon von Kant entworfene Vision einer weltbürgerlichen Grundordnung des Zusammenlebens der Völker.[221] Kulturelle Voraussetzung – und als solche knappste Ressource – ist die Ausweitung des unentbehrlichen republikanisch-ethisch *Bürgersinns* über die jeweilige nationale Gesellschaft hinaus auf die ideelle Gemeinschaft aller Menschen. Benötigt werden mit anderen Worten solidarische Weltbürger, die gemeinsam als *kritische Weltöffentlichkeit* wirken, d.h. als moralische Instanz einer weltumspannenden Zivilisation. Dazu gehört nötigenfalls auch eine weltweit aufmerksame «Politik der Beschämung» von Staaten, Firmen oder anderen Akteuren, die grundlegende ethische Standards missachten.

■ Um eine Frage des *wirtschaftsbürgerlichen* Bewusstseins handelt es sich insoweit, als die geschichtliche Errungenschaft einer sozialstaatlich organisierten Solidarität der wirtschaftlich Starken mit den Schwächeren und der Gewinner mit den Verlierern des Wettbewerbs durch die Globalisierung der Märkte gefährdet ist, wenn sie nicht ihrerseits von der nationalen auf die supranationale (z.B. europäische) und letztlich auf die globale Ebene erweitert wird. Das setzt voraus, dass das Verständnis und die Sensibilität der Bürger für die *sozioökonomischen Voraussetzungen real lebbarer Freiheit* in naher Zukunft einen Quantensprung nach oben machen. Erst daraus kann mit der Zeit vielleicht der mehrheitsfähige politische Wille zum energischen weltweiten Kampf gegen Hunger und Elend, Armut und soziale Ausgrenzung der Schwächeren erwachsen, etwa im Sinne der (bisher nicht annähernd realisierten) *Milleniumsziele der UNO*[222] und darüber hinaus. Den diesbezüglichen Zielhorizont bildet die Ermächtigung (Befähigung und Berechtigung) möglichst aller Menschen auf der Welt zur Führung eines selbstbestimmten Lebens unter fairen, nicht demütigenden sozioökonomischen Existenzbedingungen, wie wir in Abschnitt 3.4 gesehen haben. Es geht um die supranationale Durchsetzung starker Wirtschaftsbürgerrechte für alle Menschen, getragen von einem Grenzen überschreitenden Wirtschaftsbürgerethos.

Die Entwicklung des wirtschaftsbürgerlichen Ethos ist heute vielleicht sogar der entscheidende Faktor, der auch dem umfassenderen Weltbürgerethos auf die Sprünge helfen kann.[223] Ohne republikanisch-ethischen Wirtschaftsbürgersinn kommen wir der Vision einer vitalpolitisch kultivierten und gezähmten Weltwirtschaft wohl nicht näher. Es kommt dabei entscheidend darauf an, *beiden* wirtschaftsbürgerlichen Leitideen, den rechtsstaatlich bzw. völkerrechtlich zu etablierenden Wirtschaftsbürgerrechten *und* dem Wirtschaftsbürgerethos, im Prozess der Zivilisierung der Weltwirtschaft wachsende Anerkennung zu verschaffen.

Vielleicht aber ist der Sprung von der nationalen direkt auf die globale Ebene teilweise zu groß. Vielleicht ist es realistischer, zunächst *vitalpolitische Lernschritte auf weltregionaler Ebene* anzupeilen, nämlich in den bereits bestehenden regionalen Wirtschaftsblöcken (EU, ASEAN, NAFTA, MERCOSUR etc.).[224] Es ist vorstellbar, dass die vitalpolitisch «führenden» internationalen Gemeinschaften wie die OECD oder die Europäische Union ein Stück weit vorangehen, indem sie zunächst einmal *intern* das Niveau der vitalpolitischen Rahmenbedingungen des Wettbewerbs zwischen ihren Volkswirtschaften anheben und erst in einem zweiten Schritt über Verhandlungen ihre Standards allmählich weltweit *nach oben* angleichen.[225]

Wie auch immer: Im noch jungen 21. Jahrhundert ist unzweifelhaft ein geradezu epochaler «Bewusstseinsschub der Menschheit»[226] erforderlich, wenn es gelingen soll, die entfesselte globale Wirtschaftsdynamik in eine sinnvolle und legitime supranationale Ordnung sich wechselseitig achtender und anerkennender Welt-(Wirtschafts-)Bürger einzubinden. Doch es ist eine alternativenlose Herausforderung, sofern wir das Projekt der kulturellen und gesellschaftlichen Moderne, die Emanzipation der Menschen aus Abhängigkeiten und Zwängen aller Art, auch aus ideologischen Denkzwängen, nicht preisgeben wollen.

Das wird noch reichliche wirtschaftsethische Aufklärungsarbeit an der bis anhin herrschenden Metaphysik des Weltmarktes erfordern. Gegen dominante Partikulärinteressen ein ethisch orientiertes, «zivilisiertes» Verständnis von nationaler und supranationaler Ordnungspolitik zu vertreten, braucht noch immer Mut und Beharrlichkeit. Aber es geht um eine attraktive, ja vielleicht um die einzige hoffnungsvolle menschheitsgeschichtliche Zukunftsvision – die Vision einer vitalpolitisch eingebundenen Globalisierung, die allen Menschen auf diesem Planeten die Voraussetzungen für ein gutes, menschenwürdiges Leben in realer Freiheit und vernünftigem, d.h. international und intergenerationell verallgemeinerungsfähigem Wohlstand gewährt.

Anhang

Anmerkungen

1   Ludwig Erhard: Wohlstand für alle, Düsseldorf 1957. Erhard vertrat notabene keinen puren Wirtschaftsliberalismus, sondern das ordoliberale Konzept der Sozialen Marktwirtschaft. Auf die verschiedenen ordnungspolitischen Konzepte wird in Abschn. 6.3 des Buchs näher eingegangen.
2   Schon vor der Finanz- und Wirtschaftskrise zeigten sich die empirischen Belege für dieses wachsende Ungerechtigkeitsempfinden deutlich; für Deutschland z.b. in der Bertelsmann-Studie von Robert B. Vehrkamp/Andreas Kleinsteuber: Soziale Gerechtigkeit 2007. Ergebnisse einer repräsentativen Bürgerumfrage, Gütersloh 2007.
3   Max Weber: Die Protestantische Ethik und der Geist des Kapitalismus, in: ders., Gesammelte Aufsätze zur Religionssoziologie I, 9. Aufl., Tübingen 1988, S. 17–206, hier S. 94 (Erstveröffentlichung 1904/05).
4   Manfred Riedel: Norm und Werturteil, Stuttgart 1979, S. 8.
5   Das Postulat der «Zivilisierung des Marktes» habe ich erstmals formuliert im Buch *Integrative Wirtschaftsethik* (s. Anmerkung 7), 1. Aufl. 1997, S. 261, bzw. 4. Aufl. 2008, S. 281. Genau gleichzeitig, in wechselseitiger Unkenntnis, ist es auch formuliert worden von Marion Gräfin Dönhoff: Zivilisiert den Kapitalismus, Stuttgart 1997, S. 35.
6   Immanuel Kant: Was heißt: sich im Denken orientieren? (1786), in: Werkausgabe Bd. V, hrsg. v. W. Weischedel, 4. Aufl., Frankfurt a.M. 1982, S. 265–283.
7   Peter Ulrich: Integrative Wirtschaftsethik. Grundlagen einer lebensdienlichen Ökonomie, 4. vollständig neu bearb. Aufl., Bern/Stuttgart/Wien 2008 (1. Aufl. 1997). Als kurze Übersicht vgl. ders.: Sich im ethisch-politisch-ökonomischen Denken orientieren – Der

St. Galler Ansatz der integrativen Wirtschaftsethik, in: Dietmar Mieth/Olaf J. Schumann/Peter Ulrich (Hrsg.), Reflexionsfelder integrativer Wirtschaftsethik, Tübingen 2004, S. 11–28.

8 Den Begriff der Wirtschaftsbürgerkunde – als Beitrag zur «Bildung des allgemeinen Wirtschafts- und Gesellschaftsverständnisses» – verwendet seit langem auch Rolf Dubs: Volkswirtschaftslehre. Eine Wirtschaftsbürgerkunde für höhere Schulen, Erwachsenenbildung und zum Selbststudium, 7. Aufl., Bern/Stuttgart/Wien 1998, S. 21. Zur pädagogischen Debatte über Konzepte wirtschaftsbürgerlicher Bildung vgl. das Journal für Sozialwissenschaften und ihre Didaktik, Jahresband 2001: Ökonomische und politische Bildung – (k)ein schwieriges Verhältnis? Welche ökonomische Bildung wollen wir? (Schwalbach/Ts. 2003), u.a. mit dem Beitrag von Peter Ulrich: Wirtschaftsbürgerkunde als Orientierung im politisch-ökonomischen Denken.

9 Immanuel Kant: Grundlegung zur Metaphysik der Sitten (1785/86), in: Werkausgabe Bd. VII, hrsg. v. W. Weischedel, 4. Aufl., Frankfurt a.M. 1978, S. 9–102, hier S. 99.

10 Kant: Grundlegung zur Metaphysik der Sitten, S. 96.

11 Karl Marx/Friedrich Engels: Die deutsche Ideologie (1846), Marx-Engels-Werke Bd. 3, 4. Aufl., Berlin 1969, S. 9–530, hier S. 21.

12 Friedrich Engels: Anteil der Arbeit an der Menschwerdung des Affen (1876), 22. Aufl., Berlin 1988.

13 Vgl. Jürgen Habermas: Arbeit und Interaktion. Bemerkungen zu Hegels Jenenser «Philosophie des Geistes», in: ders., Technik und Wissenschaft als «Ideologie», Frankfurt a.M. 1968, S. 9–47. Vgl. dazu auch Peter Ulrich: Transformation der ökonomischen Vernunft. Fortschrittsperspektiven der modernen Industriegesellschaft, 3. rev. Aufl., Bern/Stuttgart/Wien 1993, S. 55ff.

14 C. Christian von Weizsäcker: Logik der Globalisierung, Göttingen 1999, S. 5. – Auf die geistes- und dogmengeschichtlichen Hintergründe dieses merkwürdigen *Glaubens* kommen wir in Kap. 3 noch zurück.

15 Max Horkheimer: Zur Kritik der instrumentellen Vernunft, Frankfurt a.M. 1967, S. 14 (engl. Eclipse of Reason, New York 1947).

16 Der Verkehrsinfarkt. Ein Dossier, in: Die Weltwoche, Nr. 15, 12. April 2001, S. 25.
17 Vgl. zu diesem Begriff Stephan Schmidheiny: Kurswechsel. Globale unternehmerische Perspektiven für Entwicklung und Umwelt, München 1992, S. 37ff.
18 Vgl. dazu das eindrückliche Buch von Richard Sennett: Der flexible Mensch. Die Kultur des neuen Kapitalismus, Darmstadt 1998.
19 Was in einer Gesellschaft als das materielle Existenzminimum gelten soll, ist keine naturgegebene, objektiv ermittelbare Größe, sondern eine sich stets verändernde kulturelle Norm. Denn es geht um die Voraussetzungen dafür, ein nicht entwürdigendes Leben als eine sich selbst achtende und sozial integrierte Person führen zu können, die auch von den Anderen als vollwertiges Gesellschaftsmitglied geachtet wird.
20 Der Begriff der Lebensdienlichkeit geht zurück auf zwei bedeutende evangelisch-theologische Sozialethiker: Emil Brunner: Das Gebot und die Ordnungen. Entwurf einer protestantisch-theologischen Ethik, Zürich 1932, 4. Aufl. 1978, S. 387; Arthur Rich: Wirtschaftsethik, Bd. II: Marktwirtschaft, Planwirtschaft, Weltwirtschaft aus sozialethischer Sicht, Gütersloh 1990, S. 23.
21 Vgl. zu dieser zweidimensionalen Fassung des Begriffs der Lebensdienlichkeit Ulrich: Integrative Wirtschaftsethik, S. 217ff.
22 Vgl. Viktor E. Frankl: Der Wille zum Sinn, Bern 1972.
23 Für die eingehende Entfaltung einer so ansetzenden Vernunftethik vgl. Ulrich: Integrative Wirtschaftsethik, S. 23ff.
24 Die genaue Klärung der ethischen «Blindheit» des Marktes – d.h. der Differenz zwischen Marktprinzip und Moralprinzip – folgt weiter unten in Abschn. 3.2.
25 Der Begriff des Neoliberalismus wird hier in der heute journalistisch vorherrschenden Weise zur Kennzeichnung eines oft fast schon fundamentalistisch anmutenden, undifferenzierten Marktliberalismus verwendet, im vollen Bewusstsein, dass er dogmengeschichtlich für eine anspruchsvollere Position steht. Wir gehen dem in Kap. 3 und v.a. in Abschn. 6.3 nach.
26 Die Dialektik Hegels beruht auf dem Gedanken, dass sich jede These (Behauptung) in einer Antithese (Gegenargument) negie-

ren, dann aber in einer Negation der Antithese eine Synthese bilden lässt, welche die ursprüngliche These auf höherem Niveau in sich bewahrt. Der Widerspruch zwischen These und Antithese wird also in der Synthese in dreifachem Sinne aufgehoben: (1) auf eine höhere Reflexionsebene gehoben und (2) dort beseitigt, wobei aber zugleich (3) der ursprüngliche Gedanke darin bewahrt (d.h. integriert) wird.

27 Vgl. zu diesem treffenden Ausdruck Karl-Heinz Brodbeck: Die fragwürdigen Grundlagen der Ökonomie. Eine philosophische Kritik der modernen Wirtschaftswissenschaften, 2. Aufl., Darmstadt 2000, S. 3.

28 Vgl. Gerhard Weisser: Die Überwindung des Ökonomismus in der Wirtschaftswissenschaft, in: ders., Beiträge zur Gesellschaftspolitik, Göttingen 1978, S. 573–601 (Erstveröff. 1954).

29 Joseph Schumpeter: Kapitalismus, Sozialismus und Demokratie, 4. Aufl., München 1975, S. 129 (New York 1942, 1. dt. Aufl. 1950).

30 Zum neoklassischen Konzept der ökonomischen Theorie vgl. Ulrich: Integrative Wirtschaftsethik, S. 187ff. (Anm. P.U.).

31 Siegfried Katterle: Alternativen zur neoliberalen Wende. Wirtschaftspolitik in der sozialstaatlichen Demokratie, Bochum 1989, S. 21f.

32 Auf die Shareholder-Value-Doktrin wird im Kontext der Unternehmensethik, speziell in Abschn. 5.2, näher eingegangen.

33 Adam Smith hat die berühmte Metapher von der «invisible hand» in seinen beiden Hauptwerken, der *Theory of Moral Sentiments* (1759) und dem *Wealth of Nations* (1776), je nur einmal und eher beiläufig verwendet (Theorie der ethischen Gefühle, hrsg. v. W. Eckstein, Hamburg 1985, S. 317; Der Wohlstand der Nationen, hrsg. v. H. C. Recktenwald, München 1978, S. 371). Die unsichtbare Hand markiert bei ihm weniger das zentrale Erklärungs- oder Begründungsmodell als vielmehr die metaphysisch überdeckte *Grenze* seiner markttheoretischen Bemühungen – auffallenderweise beide Mal im Zusammenhang mit Problemen einer gerechten und gemeinwohlverträglichen Verteilung der Marktergebnisse, die zu lösen offenbar einer höheren Macht überlassen bleiben. Der «freie» Markt ist und leistet bei Smith nicht alles! Vgl. dazu Peter Ulrich:

Der kritische Adam Smith im Spannungsfeld zwischen sittlichem Gefühl und ethischer Vernunft, in: Arnold Meyer-Faje/Peter Ulrich (Hrsg.), Der andere Adam Smith. Beiträge zur Neubestimmung von Ökonomie als Politischer Ökonomie, Bern/Stuttgart 1991, S. 145–190.
34 Vgl. oben, Anmerkung 26.
35 Vgl. Ulrich: Integrative Wirtschaftsethik, S. 129ff.; zur diskursethischen Grundlegung S. 81ff.
36 Vgl. Karl Popper: Die offene Gesellschaft und ihre Feinde, 2 Bde., München 1956.
37 Zur berühmten aufklärerischen Idee vom «öffentlichen Vernunftgebrauch» mündiger Bürger vgl. Immanuel Kant: «Beantwortung der Frage: Was ist Aufklärung?» (1784) sowie «Zum ewigen Frieden. Ein philosophischer Entwurf» (1795), beides in: Werkausgabe Bd. XI, hrsg. v. W. Weischedel, 6. Aufl., Frankfurt a.M. 1982, S. 53–61 bzw. 193–251.
38 Jürgen Habermas: Vorbereitende Bemerkungen zu einer Theorie der kommunikativen Kompetenz, in: J. Habermas/Niklas Luhmann, Theorie der Gesellschaft oder Sozialtechnologie. Was leistet die Systemforschung?, Frankfurt a.M. 1971, S. 101–141, hier S. 137.
39 Kant: Was ist Aufklärung?, S. 53.
40 Wilhelm Röpke: Maß und Mitte, Erlenbach-Zürich 1950, S. 17f. (Hvh. i. Orig.).
41 Vgl. Jürgen Habermas: Die Moderne – ein unvollendetes Projekt, in: ders., Kleine politische Schriften I-IV, Frankfurt a.M. 1981, S. 444–464.
42 Jürgen Habermas: Konzeptionen der Moderne, in: ders., Die postnationale Konstellation, Frankfurt a.M. 1998, S. 195–231, hier S. 198.
43 Max Weber: Die Protestantische Ethik und der Geist des Kapitalismus, S. 94.
44 Die Unterscheidung von Lebenswelt und gesellschaftlichen (Sub-)Systemen ist gesellschaftstheoretisch entfaltet worden von Jürgen Habermas: Theorie des kommunikativen Handelns, 2 Bde., Frankfurt a.M. 1981. Für eine Übersicht sowie zu den nachfolgend nur kurz angedeuteten Entwicklungen in einzelnen Gesellschaftsbe-

reichen vgl. Ulrich: Transformation der ökonomischen Vernunft, S. 68ff.
45 Max Weber: Wirtschaft und Gesellschaft, 5. Aufl., Tübingen 1972, S. 129 und 562.
46 Vgl. Immanuel Kant: Über den Gemeinspruch: Das mag in der Theorie richtig sein, taugt aber nicht für die Praxis, in: Werkausgabe Bd. XI, hrsg. v. W. Weischedel, 6. Aufl., Frankfurt a.M. 1982, S. 125–172, hier S. 151.
47 Karl Polanyi: The Great Transformation. Politische und ökonomische Ursprünge von Gesellschaften und Wirtschaftssystemen, Frankfurt a.M. 1978 (Boston 1944).
48 Vgl. oben, Abschn. 1.5, spez. Anm. 37.
49 Vgl. Roland Kley: Gleichheit, in: Lexikon der Wirtschaftsethik, hrsg. v. G. Enderle u.a., Freiburg i.Br./Basel/Wien 1993, Sp. 386–393.
50 Frédéric Bastiat: Harmonies économiques, Œuvres complètes, tome VI, 3ième éd., Paris 1855, S. 19 (Übers. P.U.). Vgl. dazu auch Martin Büscher: Gott und Markt – religionsgeschichtliche Wurzeln Adam Smiths und die ‹Invisible Hand› in der säkularisierten Industriegesellschaft, in: A. Meyer-Faje/P. Ulrich (Hrsg.), Der andere Adam Smith, Bern/Stuttgart 1991, S. 123–144.
51 Bastiat: Harmonies économiques, S. 16f. (Hvh. P.U.).
52 Bastiat, S. 18 (Hvh. P.U.).
53 Alle nachfolgenden Zitate aus Weber: Die protestantische Ethik, S. 23, 26, 33, 35f., 175f. bzw. 178.
54 Alexander Rüstow: Das Versagen des Wirtschaftsliberalismus, 3. überarb. Aufl., hrsg. v. Frank P. und Gerhard Maier-Rigaud, Marburg 2001, S. 93f. (1. Aufl. 1945).
55 Joseph Stiglitz: Im freien Fall. Vom Versagen der Märkte zur Neuordnung der Weltwirtschaft, Berlin 2010, S. 350. Die voranstehenden apostrophierten Ausdrücke finden sich auf S. 348.
56 Smith: Theorie der ethischen Gefühle, S. 400.
57 Wohlgemerkt: Ein solcher vulgärliberaler Marktfundamentalismus kann sich keineswegs auf Adam Smith berufen, hebt dieser doch ganz im Gegenteil die vorrangige Bedeutung der Gerechtigkeit hervor: «Gerechtigkeit ist der Hauptpfeiler, der das ganze Gebäude

stützt. Wenn dieser Pfeiler entfernt wird, dann muss der gewaltige, ungeheure Bau der menschlichen Gesellschaft (...) in einem Augenblick zusammenbrechen» (Theorie der ethischen Gefühle, S. 129).
58 Rüstow: Das Versagen des Wirtschaftsliberalismus, S. 92.
59 Polanyi: The Great Transformation, S. 88f.
60 Vgl. John Gray: Die falsche Verheißung. Der globale Kapitalismus und seine Folgen, Berlin 1999 (London 1998). Die nachfolgenden Zitate finden sich auf S. 111, 113f., 114 und 7 (in dieser Reihenfolge).
61 David de Pury/Heinz Hauser/Beat Schmid (Hrsg.): Mut zum Aufbruch. Eine wirtschaftspolitische Agenda für die Schweiz, Zürich 1995, S. 10.
62 Mut zum Aufbruch, S. 28. Das nachfolgende Zitat findet sich auf S. 77.
63 Vgl. Joseph Stiglitz: Die Schatten der Globalisierung, Berlin 2002.
64 Vgl. Jeffrey Sachs: Wohlstand für viele. Globale Wirtschaftspolitik in Zeiten der ökologischen und sozialen Krise, Berlin 2007.
65 Vgl. Amartya Sen: Ökonomie für den Menschen. Wege zu Gerechtigkeit und Solidarität in der Marktwirtschaft, München/Wien 2000.
66 In: John Maynard Keynes: The Collected Writings, Vol. IX: Essays in Persuasion, London 1972, S. 321–332.
67 Vgl. André Gorz: Kritik der ökonomischen Vernunft. Sinnfragen am Ende der Arbeitsgesellschaft, Berlin 1989, S. 136, wo er von einer «Gesellschaft der befreiten Zeit» spricht. Vgl. dazu und zum Folgenden auch Ulrich: Integrative Wirtschaftsethik, S. 228ff.
68 Jürgen Habermas: Technik und Wissenschaft als ‹Ideologie›, Frankfurt a.M. 1968, S. 102.
69 Vgl. die fünf grundlegenden Lebensmittel i. w. S. in Abschn. 1.1.
70 Habermas, ebd., S. 103.
71 Vgl. Bernward Joerges: Berufsarbeit, Konsumarbeit, Freizeit. Zur Sozial- und Umweltverträglichkeit einiger struktureller Veränderungen in Produktion und Konsum, in: Soziale Welt 32 (1981), S. 168–195.
72 Vgl. Gerhard Scherhorn: Güterwohlstand vs. Zeitwohlstand, in: Bernd Biervert/Martin Held (Hrsg.), Zeit in der Ökonomik, Frankfurt a.M. 1995, S. 147–168.

73 Vgl. den Roman von Sten Nadolny: Die Entdeckung der Langsamkeit, München 1987.
74 Vgl. Karlheinz A. Geißler: Zeit – verweile doch... Lebensformen gegen die Hast, 2. Aufl., Freiburg i.B. 2000.
75 Vgl. Axel Braig/Ulrich Renz: Die Kunst, weniger zu arbeiten, 3. Aufl., München 2001.
76 Vgl. dazu jetzt Meinhard Miegel: Exit. Wohlstand ohne Wachstum, Berlin 2010, vor allem S. 159ff.
77 Weber: Protestantische Ethik, S. 37 bzw. S. 56 für das nachfolgende Zitat.
78 Ulrich Thielemann: Globale Konkurrenz, Sozialstandards und der (Sach-)Zwang zum Unternehmertum, in: Thomas Maak/York Lunau (Hrsg.), Weltwirtschaftsethik. Globalisierung auf dem Prüfstand der Lebensdienlichkeit, 2. Aufl., Bern/Stuttgart/Wien 2000, S. 203–244, hier S. 237. Auf diesen «erziehenden» Effekt hingewiesen hat schon Weber: Protestantische Ethik, S. 37.
79 «David de Pury und wie er auf die Welt sieht», Interview im Zürcher Tages-Anzeiger, 2. Februar 1996, S. 7.
80 Weber: Protestantische Ethik, S. 203. Ebda., S. 203f., auch die nachfolgend zitierten Ausdrücke.
81 Max Weber: Die Wirtschaftsethik der Weltreligionen, in: ders.: Gesammelte Aufsätze zur Religionssoziologie I, 9. Aufl., Tübingen 1988, S. 237–573, hier S. 564. Vom «Gehäuse jener Hörigkeit der Zukunft, (...) in welche vielleicht dereinst die Menschen (...) sich ohnmächtig zu fügen gezwungen sein werden», spricht Weber allerdings vornehmlich mit Bezug auf die Bürokratisierungstendenz; vgl. ders.: Wirtschaft und Gesellschaft, 5. Aufl., Tübingen 1972, S. 835.
82 Vgl. Thomas H. Marshall: Bürgerrechte und soziale Klassen, Frankfurt/New York 1992 (London 1950), S. 40ff.; er spricht von *civil*, *political* und *social rights*.
83 Vgl. John Rawls: Die Idee des politischen Liberalismus, Frankfurt a.M. 1992, S. 119ff.; ders.: Politischer Liberalismus, Frankfurt a.M. 1998, S. 97ff., 119ff.
84 Vgl. Rawls: Politischer Liberalismus, S. 312ff.
85 Rawls: Politischer Liberalismus, S. 91f. (Fn. 27) und 106.

86 Vgl. Ulrich Steinvorth: Gleiche Freiheit. Politische Philosophie und Verteilungsgerechtigkeit, Berlin 1999, S. 40.
87 Thomas Hobbes: Leviathan (1651), hrsg. von Iring Fetscher, Frankfurt a.M. 1984, S. 32.
88 Vgl. Jürgen Habermas: Faktizität und Geltung. Beiträge zur Diskurstheorie des Rechts und des demokratischen Rechtsstaats, Frankfurt a.M. 1992, S. 119.
89 Vgl. oben, Abschn. 1.4 (b) und 2.2.
90 Vgl. Michael Sandel: Liberalism and the Limits of Justice, Cambridge 1982, S. 54ff.; ders., Die verfahrensrechtliche Republik und das ungebundene Selbst, in: Axel Honneth (Hrsg.), Kommunitarismus. Eine Debatte über die moralischen Grundlagen moderner Gesellschaften, Frankfurt/New York 1993, S. 18–35 (spez. S. 24f.).
91 Crawford B. Macpherson: Die politische Theorie des Besitzindividualismus. Von Hobbes bis Locke, 2. Aufl., Frankfurt a.M. 1980 (Oxford 1962), S. 15 und 70.
92 Im sog. «methodologischen Individualismus», dem axiomatischen Fundament der heutigen *Mainstream Economics*, verbirgt sich noch immer dieser frühmoderne *normative* Individualismus. Die sog. «reine» Ökonomik, die hintergründig daher eine *normative* Ökonomik ist, modelliert ihn heute bloß idealtheoretisch ins «Reine»: Sie *ist* letztlich nichts anderes als die idealtheoretische Entfaltung des normativen Besitzindividualismus und seiner ganz spezifischen Gesellschaftsidee. Zum Nachweis dieser These vgl. Ulrich: Integrative Wirtschaftsethik, S. 118ff. und 199ff.
93 Kant: Grundlegung zur Metaphysik der Sitten, S. 68 (BA 77).
94 Vgl. oben, Abschn. 1.3, bzw. Ulrich: Integrative Wirtschaftsethik, S. 23ff.
95 Für Kenner der Rawls'schen Gerechtigkeitskonzeption: Die beiden zentralen Punkte einer kategorialen Verwischung bei Rawls scheinen mir zum einen die partielle Verkürzung von Gerechtigkeit auf die Logik des Vorteilstausches auf der Stufe des Differenzprinzips und zum andern die mangelhafte Auseinanderhaltung von Grund*gütern* und Grund*rechten* zu sein. Beide Mängel haben ihren systematischen Grund darin, dass Rawls vom ökonomischen Liberalismus das ökonomische Rationalitätskonzept sowie das

vertragstheoretische Gesellschaftskonzept übernimmt. Vgl. dazu Ulrich: Integrative Wirtschaftsethik, S. 270ff.
96 Für eine präzisere Bestimmung und Abgrenzung der hier nur angedeuteten Konzeptionen vgl. Ulrich: Integrative Wirtschaftsethik, S. 317ff. Zu einem freiheitlich-demokratisch rejustierten Republikanismus vgl. auch Thomas Maak: Die Wirtschaft der Bürgergesellschaft, Bern u.a. 1999, S. 160ff. Auf das recht enge, aber in entscheidenden Punkten doch gegensätzliche Verhältnis zwischen Republikanismus und Kommunitarismus wird hier nicht eingegangen; die genannten Schriften geben dazu nähere Auskunft. – Dem individualethischen Moment der Wirtschaftsbürgerethik ist das nachfolgende Kap. 4 gewidmet.
97 Ralf Dahrendorf: Über den Bürgerstatus, in: B. Van den Brink/W. Van Reijen (Hrsg.), Bürgergesellschaft, Recht und Demokratie, Frankfurt a.M. 1995, S. 29–43, hier S. 33.
98 Ralf Dahrendorf: Moralität, Institutionen und die Bürgergesellschaft, in: Merkur, Nr. 7 (1992), S. 557–568, hier S. 567f.
99 Avishai Margalit: Politik der Würde. Über Achtung und Verachtung, Berlin 1997.
100 Rawls: Politischer Liberalismus, S. 437.
101 Vgl. Siegfried Blasche: Gerechtigkeit, Mindestsicherung und Eigenverantwortung, in: ders./Dietmar Döring (Hrsg.), Sozialpolitik und Gerechtigkeit, Frankfurt/New York 1998, S. 117–171, hier S. 137.
102 Vgl. Amartya Sen: Ökonomie für den Menschen, S. 110. Der treffendere Titel der Originalausgabe lautet: *Development as Freedom* (New York 1999).
103 Vgl. Muhammad Yunus: Grameen – eine Bank für die Armen der Welt, Bergisch Gladbach 1998.
104 Vgl. dazu Peter Ulrich: Grundrechte und Grundfähigkeiten. Gedanken zu einem Leitbild sozioökonomischer Entwicklung aus der Perspektive der integrativen Wirtschaftsethik, in: Hans-Balz Peter (Hrsg.), Globalisierung, Ethik und Entwicklung, Bern/Stuttgart/Wien 1999, S. 55–76, hier S. 64.
105 Vgl. Smith: Wohlstand der Nationen, S. 383f. und 386.
106 Sen: Ökonomie für den Menschen, S. 13.

107 Der Begriff des Wirtschaftsbürgers wird in Abschn. 4.1 genauer erläutert.
108 Vgl. dazu Peter Ulrich: Was ist «gute» sozioökonomische Entwicklung?, in: Zeitschrift für Wirtschafts- und Unternehmensethik 5 (2004), S. 8–22.
109 Vgl. Horst Afheldt: Weltweiter Wohlstand für alle? Für niemand? Oder für wenige?, in: P. Ulrich/Th. Maak (Hrsg.), Die Wirtschaft *in* der Gesellschaft. Perspektiven an der Schwelle zum 3. Jahrtausend, Bern u.a. 2000, S. 35–85, hier S.67. Vgl. auch die eindrücklichen Daten und Analysen in: H. Afheldt: Wirtschaft, die arm macht. Vom Sozialstaat zur gespaltenen Gesellschaft, München 2003.
110 So z.B. die Autoren des schon in Abschn. 2.3 erwähnten Weißbuchs ‹Mut zum Aufbruch›, S. 39 und 46.
111 Vgl. Joseph Huber: Zwischen Supermarkt und Sozialstaat. Die neue Abhängigkeit des Bürgers, in: Ivan Illich u.a., Entmündigung durch Experten, Hamburg 1979, S. 129–155, spez. S. 145ff.
112 Vgl. dazu Alexandra Wagner/Claudia Weinkopf: Zweiter Arbeitsmarkt, in: Die Neue Gesellschaft/Frankfurter Hefte 41 (1994), S. 606–611.
113 Vgl. zu dieser Position André Gorz: Kritik der ökonomischen Vernunft. Sinnfragen am Ende der Arbeitsgesellschaft, Berlin 1989, S. 287ff. Später neigte aber auch Gorz dem Postulat eines – von ihm als ergänzend verstandenen – Rechts auf ein bedingungslos gewährleistetes allgemeines Grundeinkommen zu; vgl. A. Gorz: Arbeit zwischen Misere und Utopie, Frankfurt a.M. 2000, S. 115ff.
114 Michael Walzer: Sphären der Gerechtigkeit. Ein Plädoyer für Pluralität und Gerechtigkeit, Frankfurt/New York 1992, S. 12. Vgl. zu dieser latenten «Tyrannei» des Arbeitsmarktes Peter Ulrich: Arbeitspolitik für alle – eine Einführung aus wirtschaftsethischer Sicht, in: P. Ulrich/Th. Maak/B. Dietschy (Hrsg.), Arbeitspolitik für alle. Eine Debatte zur Zukunft der Arbeit, Bern u.a. 2000, S. 9–25.
115 Im *Basic Income Earth Network (BIEN)* haben sich die weltweiten Grundeinkommensinitiativen vereinigt; s. http://www.basicincome.org/bien. In der deutschen Debatte besonders populär geworden ist das Konzept von Götz W. Werner: Einkommen für alle,

Köln 2007, Taschenbuch-Ausgabe (mit einem neuen Nachwort) Bergisch-Gladbach 2008. Als konsequent durchdachte politisch-liberale Konzeption eines unbedingten Grundeinkommens für alle vgl. Philippe Van Parijs: Real Freedom for All. What (if anything) can justify capitalism?, Oxford 1995. Einen guten Überblick bieten Yannick Vanderborght/Philippe Van Parijs: Ein Grundeinkommen für alle? Geschichte und Zukunft eines radikalen Vorschlags, Frankfurt/New York 2005. In republikanisch-liberaler Perspektive empfehlenswert jetzt Eric Patry: Das bedingungslose Grundeinkommen in der Schweiz. Eine republikanische Perspektive, Bern u.a. 2010.

116 Vgl. dazu Georg Vobruba: Ende der Vollbeschäftigungsgesellschaft, in: Zeitschrift für Sozialreform 44 (1998), S. 77–99, hier S. 88. Als ausgearbeitete Konzeption eines bedingungslos gewährten Bürgerkapitals vgl. Bruce Ackerman/Anne Alstott: The Stakeholder Society, New Haven/London 1999. Darauf Bezug nehmend auch Gerd Grözinger/Michael Maschke/Claus Offe: Die Teilhabegesellschaft. Modell eines neuen Wohlfahrtsstaates, Frankfurt/New York 2006.

117 In methodisch zugespitzter Weise vertritt der Münchner Wirtschaftsethiker Karl Homann sogar die (viel diskutierte) These, die Rahmenordnung sei *der* «systematische Ort der Moral in einer Marktwirtschaft» und in diesem Rahmen seien die Wirtschaftssubjekte normalerweise von Forderungen unmittelbarer moralischer Selbstbindung «entlastet». Vgl. Karl Homann/Franz Blome-Drees: Wirtschafts- und Unternehmensethik, Göttingen 1992, S. 35. Für eine eingehende Kritik vgl. Peter Ulrich: Integrative Wirtschaftsethik als kritische Institutionenethik. Wider die normative Überhöhung der Sachzwänge des Wirtschaftssystems, in: Jean-Paul Harpes/Wolfgang Kuhlmann (Hrsg.), Zur Relevanz der Diskursethik. Anwendungsprobleme der Diskursethik in Wirtschaft und Politik, Münster 1997, S. 220–270. Vgl. auch Ulrich: Integrative Wirtschaftsethik, S. 440ff.

118 Der amerikanische Philosoph Michael Walzer vertritt die weiter gehende Auffassung, dass Gastarbeiter, die in einem Land während längerer Zeit arbeiten, leben und Steuern zahlen, dort auch politische «Gastrechte» (Wahl- und Stimmrechte) erhalten und «auf

den Weg zur Staatsbürgerschaft» gebracht werden sollten, damit keine aus der Gemeinschaft der freien Bürger ausgeschlossene «Kaste eingesessener Fremdlinge» entsteht: «In Wirtschaft und Recht voll einbezogen, sollten sie die Möglichkeit haben, sich als potentielle oder zukünftige Mitbeteiligte auch am politischen Geschehen zu begreifen», denn «politische Gerechtigkeit lässt dauerhaftes Ausländertum nicht zu». Vgl. Walzer: Sphären der Gerechtigkeit, S. 98ff.
119 Zum republikanischen Ethos vgl. schon oben, Abschn. 3.3.
120 Walzer: Sphären der Gerechtigkeit, S. 390, in Übereinstimmung mit dem Oxford English Dictionary. Zur Bedeutung der Selbstachtung vgl. auch oben, Abschn. 1.3 und 3.4.
121 Vgl. Smith: Theorie der ethischen Gefühle, S. 167. Vgl. dazu im Einzelnen Ulrich: Integrative Wirtschaftsethik, S. 63ff.
122 Vgl. oben, Abschn. 1.2 und 3.4.
123 Vgl. Ernst Tugendhat: Vorlesungen über Ethik, Frankfurt a.M. 1993, S. 284, Bezug nehmend auf Smiths Sympathiekonzept.
124 Vgl. oben, Abschn. 2.4 und 2.5.
125 Zu der strukturellen Benachteiligung der «Selbstbegrenzer» gegenüber den «Lebensunternehmern» vgl. Ulrich: Integrative Wirtschaftsethik, S. 240ff.
126 Vgl. Jürgen Habermas: Ist der Herzschlag der Revolution zum Stillstand gekommen? Volkssouveränität als Verfahren. Ein normativer Begriff der Öffentlichkeit?, in: Forum für Philosophie Bad Homburg (Hrsg.), Die Ideen von 1789 in der deutschen Rezeption, Frankfurt a.M. 1989, S. 7–36, hier S. 32.
127 Vgl. Hartmut Kliemt: The Veil of Insignificance, in: European Journal of Political Economy 2/3 (1986), S. 333–344; Gebhard Kirchgässner: Towards a Theory of Low-Cost Decisions, in: European Journal of Political Economy 8 (1992), S. 305–320.
128 Frank I. Michelman: The Supreme Court 1985 Term. Foreword: Traces of Self-Government, in: Harvard Law Review 100 (1986), S. 4–77, hier S. 40: «Corruption is the subversion, within the political motivation of any participant, of the general good by particular interest.» Vgl. dazu Thomas Maak/Peter Ulrich: Korruption – die Unterwanderung des Gemeinwohls durch Partikularinteressen.

Eine republikanisch-ethische Perspektive, in: Mark Pieth/Peter Eigen (Hrsg.), Korruption im internationalen Geschäftsverkehr. Bestandsaufnahme, Bekämpfung, Prävention, Neuwied 1999, S. 103–119.
129 Smith: Theorie der ethischen Gefühle, S. 167.
130 Abrufbar unter http://www.unternehmenstest.de.
131 Das Kürzel SA 8000 steht für *Social Accountability 8000*. Vergeben wird das Zertifikat von *Social Accountability International* mit Sitz in New York.
132 Einen ebenso reichhaltigen wie systematischen Überblick über Labels und Zertifikate bietet Christoph Stückelberger: Ethischer Welthandel. Eine Übersicht, Bern u.a. 2001, S. 81ff. Vgl. auch Peter Ulrich/Bernhard Waxenberger (Hrsg.): Standards und Labels, Berichte des Instituts für Wirtschaftsethik, Nr. 94 und 95, St. Gallen 2002.
133 Quelle: ursprüngliches «Mission Statement» von Max Havelaar (Schweiz). Seit 2008 tritt Max Havelaar unter dem Dachverband *Fairtrade Labelling Organisations International* (FLO) auf. Dessen Ziele und Standards sind abrufbar unter www.fairtrade.net.
134 Vgl. Anja Kirig/Eike Wenzel: LOHAS. Bewusst grün – alles über die neuen Lebenswelten, München 2009.
135 Vgl. dazu das regelmäßig neu aufgelegte Jahrbuch von Max Deml und Hanne May: Grünes Geld. Jahrbuch für ethisch-ökologische Geldanlagen 2005/2006, Stuttgart 2005, sowie Andreas Missbach: Saubere Renditen. Ökologisch und sozial verantwortlich investieren, Bern 2007. Für eine wirtschaftsethisch fundierte Konzeption prinzipiengeleiteten Geldanlegens vgl. Peter Ulrich/Urs Jäger/Bernhard Waxenberger: Prinzipiengeleitetes Investment I/II. Berichte des Instituts für Wirtschaftsethik, Nr. 83/84, St. Gallen 1998/1999.
136 Vgl. http://www.unpri.org.
137 Der Begriff des ‹Organisationsbürgers› ist eine gelungene Übersetzung des englischen Begriffs des ‹Institution Citizen› durch Horst Steinmann/Albert Löhr: Grundlagen der Unternehmensethik, 2. Aufl., Stuttgart 1994, S. 60 und 162ff. Sie nehmen dabei Bezug auf Richard P. Nielsen: Arendt's Action Philosophy and the Manager as Eichmann, Richard III, Faust, or Institution Citizen, in: California

Management Review 26 (1984), S. 191–201, wiederabgedruckt in H. Steinmann/A. Löhr (Hrsg.), Unternehmensethik, 2. Aufl., Stuttgart 1991, S. 315–327.
138 Vgl. dazu das berühmte Buch von Hannah Arendt: Eichmann in Jerusalem. Ein Bericht von der Banalität des Bösen, München 1986 (New York 1963), auf das auch Nielsen, a.a.O., Bezug nimmt.
139 Ein «kritisch-loyales Führungsverständnis» postulieren auch Horst Steinmann/ Albert Löhr: Einleitung: Grundfragen und Problembestände einer Unternehmensethik, in: dies., (Hrsg.), Unternehmensethik, S. 3–32, hier S. 17.
140 Auf die erforderlichen Bausteine eines firmeninternen «Ethikprogramms» kommen wir im Einzelnen in Abschn. 5.5 noch zu sprechen.
141 Schweizerische Akademie der Technischen Wissenschaften SATW (Hrsg.): Ethik im technischen Handeln. Zur Wahrnehmung persönlicher Verantwortung in den technischen Berufen, Neuauflage, Zürich 2003. Abrufbar unter www. satw.ch/publikationen/schriften/ethik_d.
142 Vgl. dazu Ronald Dworkin: Bürgerrechte ernstgenommen, Frankfurt 1984, S. 306ff. und 337ff.; Peter Glotz (Hrsg.): Ziviler Ungehorsam im Rechtsstaat, Frankfurt a.M. 1993.
143 Zur juristischen Problematik vgl. Dieter Deiseroth: Whistleblowing – Zivilcourage am Arbeitsplatz, in: Blätter für deutsche und internationale Politik, Heft 2, 2000, S. 188–198. Umfassend zum Thema Klaus M. Leisinger: Whistleblowing und Corporate Reputation Management, München/Mering 2003.
144 Vgl. schon Abschn. 1.3, 2.2, 3.1 und 3.3.
145 Vgl. Ulrich: Integrative Wirtschaftsethik, S. 330ff. (zu den Grundlagen) und S. 339ff. (zu den nachfolgenden vier Ansatzpunkten).
146 So die renommierte Harvard-Philosophieprofessorin Seyla Benhabib: Ein deliberatives Modell demokratischer Legitimität, in: Deutsche Zeitschrift für Philosophie 43 (1995), S. 3–29, hier S. 11.
147 Zur bereits über zehnjährigen Geschichte des Begriffs der Corporate Citizenship in den USA, wo er allerdings oft in sehr unspezifischer Weise verwendet wird, vgl. Maak: Die Wirtschaft der Bürgergesellschaft, S. 266ff. – Wir entwickeln nachfolgend einen

republikanisch-ethisch gehaltvollen Corporate-Citizenship-Begriff schrittweise; seine volle Bedeutung wird daher erst am Ende von Abschn. 5.4 bestimmt sein.
148 Zum Whistleblowing-Problem vgl. oben, Abschn. 4.4.
149 Die Tendenz zur instrumentalistischen Verkürzung des Anspruchsgruppen- oder Stakeholder-Konzepts kennzeichnet bedauerlicherweise auch das bekannteste Buch zum Thema, was schon aus seinem Titel hervorgeht: R. Edward Freeman: Strategic Management. A Stakeholder Approach, Boston 1984. Zur Kritik sowie für ein unternehmensethisch gehaltvolles Stakeholder-Konzept vgl. Peter Ulrich: Was ist «gute» Unternehmensführung? Reflexionen zu den normativen Grundlagen ethisch bewussten Managements, in: Peter Gomez/Günter Müller-Stewens/Johannes Rüegg-Stürm (Hrsg.), Entwicklungsperspektiven einer integrierten Managementlehre, Bern u.a. 1999, S. 225–253, sowie Ulrich, Integrative Wirtschaftsethik, S. 438ff.
150 Zur Rolle des Bürgersinns im Leitbild der Bürgergesellschaft vgl. oben, Abschn. 3.3.
151 Auf der Homepage der Deutschen Bank abrufbar: http://www.deutsche-bank.de/csr/de/content/soziales_kapital_schaffen.htm.
152 Abrufbar unter http://www.unprme.org/resource-docs/PRME.pdf.
153 Vgl. dazu Alfred Rappaport: Shareholder Value. Wertsteigerung als Maßstab für die Unternehmensführung, Stuttgart 1995, 2. Aufl. 1998 (New York 1986).
154 Zum Konzept der ‹unsichtbaren Hand› sei erinnert an die kultur- und religionsgeschichtlichen Hintergründe, wie sie in den Abschnitten 1.4 und 2.2 dargestellt worden sind.
155 Zum Bild des ‹magischen Trichters› vgl. Ulrich: Transformation der ökonomischen Vernunft, S. 195ff.
156 Die in betriebswirtschaftlichen Lehrbüchern noch immer gängige Bezeichnung des Gewinnziels als «Formalziel» hat keinen anderen Sinn, als ihm den Charakter eines ethisch entproblematisierten Kriteriums «rationaler» Unternehmensführung zuzusprechen. Sie geht zurück auf Erich Kosiol: Die Unternehmung als wirtschaftliches Aktionszentrum. Einführung in die Betriebswirtschaftslehre, Rein-

bek 1972, S. 226f. Zu den problematischen Folgen dieser Formalzielfiktion, wie sie sich z.T. auch noch in der Unternehmensethik niederschlagen, vgl. Ulrich: Integrative Wirtschaftsethik, S. 407ff.

157 Milton Friedmans millionenfach gedruckter Text «The social responsibility of business is to increase its profits» ist zuerst erschienen in: The New York Times Magazine, 13. September 1970, S. 32–33 und 122–126. An anderer Stelle präzisiert er immerhin: «... so long as it stays within the rules of the game, which is to say, engages in open and free competition without deception or fraud.» M. Friedman: Capitalism and Freedom, Chicago 1962, S. 133.

158 Gerd Habermann: Teilen oder produzieren? Bemerkungen zum Ethos des Unternehmers, in: Neue Zürcher Zeitung (NZZ), Nr. 211 v. 11./ 12.9.1993, S. 31f. Vgl. dazu auch die Kritik dazu von Peter Ulrich: Zwei Ebenen unternehmerischer Verantwortung. Eine Replik auf Gerd Habermanns produktivistischen Imperativ, in: NZZ, Nr. 232 v. 6.10.1993, S. 39, sowie die Duplik von G. Habermann: Kein Bedarf nach einer «neuen» Unternehmerethik, in: NZZ, Nr. 249 v. 26.10.1993, S. 35.

159 Homann/Blome-Drees: Wirtschafts- und Unternehmensethik, S. 38f.; fast gleich lautend nochmals S. 51.

160 Vgl. Gunnar Myrdal: Das politische Element in der nationalökonomischen Doktrinbildung, 2. Aufl., Bonn-Bad Godesberg 1976, S. 48, 113, 135ff. (1. dt. Aufl. Berlin 1932). Vgl. auch oben, Abschn. 1.4, 2.2 und 3.2.

161 Zum ideellen Rollentausch als dem maßgeblichen Gedankenexperiment, in dem die Austauschbarkeit der Perspektiven und damit die Unparteilichkeit geprüft werden kann, vgl. oben, Abschn. 4.2.

162 Vgl. hierzu die Studie von Ulrich Thielemann/Peter Ulrich: Standards guter Unternehmensführung. Zwölf internationale Initiativen und ihr normativer Orientierungsgehalt, Bern u.a. 2009.

163 Vgl. dazu die Website http://www.ashoka.org; für Ashoka Deutschland http://germany.ashoka.org, für die Schweiz http://switzerland.ashoka.org. Für das Sozialunternehmertum engagiert sich u.a. auch die vom Gründer des World Economic Forum (WEF) gestiftete *Schwab Foundation for Social Entrepreneurship;* vgl. www.schwabfound.org.

164 Dieter Schneider: Unternehmensethik und Gewinnprinzip in der Betriebswirtschaftslehre, in: Schmalenbachs Zeitschrift für betriebswirtschaftliche Forschung (ZfbF) 42 (1990), S. 869–891, hier S. 870. Vgl. dazu die Replik von Peter Ulrich: Schwierigkeiten mit der unternehmensethischen Herausforderung, in ZfbF 43 (1991), S. 529–536. Zur systematischen Charakterisierung und Kritik der nachfolgend skizzierten Konzepte von Unternehmensethik vgl. ders.: Integrative Wirtschaftsethik, S. 416ff.

165 Klaus M. Leisinger: Nicht alles Legale ist auch legitim, in: Übersee Rundschau, 41. Jg. (1989), Nr. 162, S. 42–45, hier S. 45 (Hvh. P.U.). Vgl. auch ders.: Unternehmensethik. Globale Verantwortung und modernes Management, München 1997, S. 175ff.: «Moral bringt Kapital».

166 Vgl. Peter Ulrich/Ulrich Thielemann: Wie denken Manager über Markt und Moral? Empirische Untersuchungen unternehmerischer Denkmuster im Vergleich, in: Josef Wieland (Hrsg.), Wirtschaftsethik und Theorie der Gesellschaft, Frankfurt a.M.1993, S. 54–91, spez. S. 77ff.; dies., Ethik und Erfolg. Unternehmensethische Denkmuster von Führungskräften – eine empirische Studie, Bern/Stuttgart/Wien 1992. Zur Kritik des *Business-Case*-Denkens vgl. eingehender U. Thielemann: Ethik als Erfolgsfaktor? The Case against the business case und die Idee verdienter Reputation, in: Scherer, A.G./Patzer, M. (Hrsg.), Betriebswirtschaftslehre und Unternehmensethik. Wiesbaden 2008, S. 231–255.

167 Vgl. auch oben Abschn. 3.2, speziell Abb. 9. Für Genaueres zum kategorischen Imperativ vgl. Ulrich: Integrative Wirtschaftsethik, S. 67ff. – Am kategorischen Geltungsanspruch des Moralprinzips kommt keine auch noch so reflektierte Verteidigung des unternehmensethischen Instrumentalismus vorbei; als (diesbezüglich unklar bleibenden) Versuch einer solchen Verteidigung vgl. Josef Wieland: Die Ethik der Governance, Marburg 1999, S. 78ff.

168 Vgl. dazu im Einzelnen das Praxishandbuch von Thomas Maak/Peter Ulrich: Integre Unternehmensführung. Ethisches Orientierungswissen für die Wirtschaftspraxis, Stuttgart 2007.

169 Vgl. dazu C. K. Prahalad: The Fortune at the Bottom of the Pyramid. Eradicating Poverty through Profits, revised ed., Englewood

Cliffs, N. J. 2009. An diesem «Bottom of the Pyramid»-Ansatz versucht sich beispielsweise Nestlé mit ihren «Popularly Positioned Products» (PPP) zu orientieren.

170 «Subpolitisch» meint: politisch relevant, aber unterhalb der Ebene der staatlichen Politik. Vgl. dazu Ulrich Beck: Die Erfindung des Politischen. Zu einer Theorie reflexiver Modernisierung, Frankfurt a.M. 1993, S. 149ff.

171 Zum Konzept der kritischen Loyalität vgl. oben, Abschn. 4.4.

172 Vgl. Maak/Ulrich: Integre Unternehmensführung, spez. S. 239ff. Vgl. schon P. Ulrich: Integritätsmanagement und «verdiente» Reputation, in: io management, 70. Jg. (2001), Nr. 1/2, S. 42–47; Bernhard Waxenberger: Integritätsmanagement. Ein Gestaltungsmodell prinzipiengeleiteter Unternehmensführung, Bern/Stuttgart/Wien 2001.

173 Karl Marx/Friedrich Engels: Das Manifest der kommunistischen Partei (1848), in: Marx-Engels-Werke, Bd. 4, Berlin 1972, S. 461–474, hier S. 465f.

174 Ulrich Thielemann: Das Prinzip Markt. Kritik der ökonomischen Tauschlogik, Bern/Stuttgart/Wien 1996, S. 302; populärer ders.: System Error. Warum der freie Markt zur Unfreiheit führt, Frankfurt a.M. 2009, S. 90ff.

175 Zit. nach Peter Niggli: Wenn Globalisierung zum Schimpfwort wird, in: Tages-Anzeiger (Zürich) vom 15. Januar 2001, S. 2. – Ob es bei dieser Sichtweise wirklich nur Zufall ist, dass Barnevik den ABB-Konzern fast in den Abgrund geführt und sich am Ende überdies den Ruf eines besonders extremen «Abzockers» geholt hat?

176 Häufig, aber nicht einheitlich wird der Begriff «Finanzmärkte» als Oberbegriff für den Aktienmarkt, den Kapitalmarkt (Anleihen) und den Geldmarkt verwendet. Der Einfachheit halber werden die beiden Begriffe «Finanz-» bzw. «Kapitalmarkt» hier unterschiedslos verwendet.

177 Zum Begriff des Shareholder Value vgl. oben, Abschn. 5.2.

178 Vgl. Thomas Maak: Globalisierung und die Suche nach den Grundlagen einer lebensdienlichen Weltökonomie, in: ders./York Lunau (Hrsg.), Weltwirtschaftsethik. Globalisierung auf dem Prüfstand der Lebensdienlichkeit, 2. Aufl., Bern/ Stuttgart/Wien 2000, S. 19–

44, hier S. 25. Zur Parteilichkeit der Logik des Marktes vgl. oben, Abschn. 1.4.
179 Zur Politik des IWF vgl. die eindrückliche Schilderung von Nobelpreisträger Joseph Stiglitz: Die Schatten der Globalisierung, S. 70ff.
180 «Deutschland muss das Unternehmerkapital hofieren, weil nur dadurch Innovationen, Wachstum und Arbeitsplätze gewährleistet sind.» So H.-W. Sinn: Im Gespräch mit Prof. Hans Werner Sinn, in WSM Nachrichten, 30.10.2005, S. 11. Vgl. dazu kritisch Thielemann: System Error, S. 188ff.
181 Die Originalquelle dieses der Presse entnommenen Zitats ist nicht bekannt.
182 Vgl. Ralf Dahrendorf: Lebenschancen, Frankfurt a.M. 1979, S. 147ff.
183 Gemäß dem Nestlé-Geschäftsbericht betrug im Jahr 2009 der weltweite Umsatz 107,6 Milliarden CHF, wovon nur 2,0 Mia. CHF, also weniger als 2%, auf den «Heimmarkt» Schweiz entfallen.
184 Vgl. Claus Koch: Die Gier des Marktes. Die Ohnmacht des Staates im Kampf der Weltwirtschaft, München/Wien 1995, S. 90.
185 Vgl. Dani Rodrik: Grenzen der Globalisierung. Ökonomische Integration und soziale Desintegration, Frankfurt a.M. 2000, sowie Joseph E. Stiglitz: Die Schatten der Globalisierung, Berlin 2002.
186 Vgl. oben, Abschn. 2.2. – Zur nachfolgenden begrifflichen Unterscheidung von Alt-, Neo- und Ordoliberalismus vgl. im Einzelnen Ulrich: Integrative Wirtschaftsethik, S. 366ff.
187 Friedrich August von Hayek: Der Wettbewerb als Entdeckungsverfahren, in: ders., Freiburger Studien, Tübingen 1969, S. 249–265.
188 Weizsäcker: Logik der Globalisierung, S. 69f.
189 F.A. von Hayek: Die Irrtümer des Konstruktivismus und die Grundlagen legitimer Kritik gesellschaftlicher Gebilde, Tübingen 1975.
190 F.A. von Hayek: Die Anmaßung von Wissen, in: Ordo 26 (1975), S. 12–21, wiederabgedr. in: ders., Die Anmaßung von Wissen. Neue Freiburger Studien, hrsg. v. W. Kerber, Tübingen 1996, S. 3–15.
191 Vgl. z.B. Gerhard Schwarz: Die Mär vom «Neoliberalismus», in: Neue Zürcher Zeitung vom 11./12. April 1998, S. 21. Allerdings missachtet der Autor, langjähriger Leiter der NZZ-Wirtschaftsre-

daktion (bis 2010), seinerseits die systematische Unterscheidung zwischen Neo- und Ordoliberalismus, wie sie nachfolgend entfaltet wird.
192 Vgl. die Ausführungen zu Frédéric Bastiats *Harmonies économiques* in Abschn. 2.2.
193 So Leonhard Miksch: Wettbewerb als Aufgabe. Grundsätze einer Wettbewerbsordnung, 2. Aufl., Godesberg 1947, S. 12.
194 So beispielsweise Heinz Hauser/Kai-Uwe Schanz: Das neue GATT. Die Welthandelsordnung nach Abschluss der Uruguay-Runde, 2. Aufl., München/Wien 1995, S. 277: «Die Harmonisierung von Wettbewerbsregeln führt zu einer Abschwächung des internationalen regulatorischen Wettbewerbs. Auf diese Weise wird die Lösung der nach wie vor offenen Frage nach der optimalen Wettbewerbspolitik [sic!] beträchtlich erschwert.»
195 Vgl. dazu Alexander Rüstow: Wirtschaft als Dienerin der Menschlichkeit, in: Aktionsgemeinschaft Soziale Marktwirtschaft (Hrsg.), Was wichtiger ist als Wirtschaft, Ludwigsburg 1960, S. 7–16, spez. S. 7.
196 Wilhelm Röpke: Jenseits von Angebot und Nachfrage, Erlenbach-Zürich/Stuttgart 1958, S. 19.
197 Wilhelm Röpke: Civitas humana. Grundfragen der Gesellschafts- und Wirtschaftsreform, Erlenbach-Zürich 1944, S. 51 (Hvh. i. Orig.). Röpke (ebd., S. 46) bezeichnet den Ordoliberalismus daher auch als ‹Wirtschaftshumanismus›.
198 Alexander Rüstow: Wirtschaftsethische Probleme der sozialen Marktwirtschaft, in: P.M. Boarman (Hrsg.), Der Christ und die soziale Marktwirtschaft, Stuttgart/Köln 1955, S. 53–74, hier S. 74.
199 Röpke: Civitas humana, S. 85: «Die Marktwirtschaft selbst ist aber nur zu halten bei einer widergelagerten Gesellschaftspolitik.»
200 Alexander Rüstow: Paläoliberalismus, Kommunismus und Neoliberalismus, in: F. Greiß, F.W. Meyer (Hrsg.), Wirtschaft, Gesellschaft und Kultur. Festgabe für Alfred Müller-Armack, Berlin 1961, S. 61–70, hier S. 68.
201 Vgl. oben, Abschn. 2.2, sowie Abb. 8 in Kap. 3.
202 Der Ausdruck «subjektive Rechte» ist eine juristische Redeweise. Gemeint sind die (durchaus objektiv zu definierenden) Rechte der

Subjekte, d.h. der Personen, nicht etwa bloß subjektiv beanspruchte Rechte.
203 Für eine eingehendere Erläuterung vgl. Ulrich: Integrative Wirtschaftsethik, S. 399ff.
204 Zur genauen Abgrenzung der Kategorie der Wirtschaftsbürger vgl. oben, Abschn. 4.1.
205 Als eingehendere Auseinandersetzung zu dieser höchst aktuellen Frage vgl. Peter Ulrich: Marktwirtschaft in der Bürgergesellschaft, in: Michael S. Aßländer/P. Ulrich (Hrsg.), 60 Jahre Soziale Marktwirtschaft, Bern u.a. 2009, S. 349–380.
206 Alfred Müller-Armack: Wirtschaftsordnung und Wirtschaftspolitik. Studien und Konzepte zur Sozialen Marktwirtschaft und zur Europäischen Integration, Freiburg i. Br. 1966, S. 235.
207 Röpke: Jenseits von Angebot und Nachfrage, S. 139 (Hvh. P.U.).
208 Alfred Müller-Armack: Die zweite Phase der Sozialen Marktwirtschaft. Ihre Ergänzung durch das Leitbild einer neuen Gesellschaftspolitik, in: ders./ F. W. Meyer (Hrsg.), Studien zur Sozialen Marktwirtschaft, Köln 1960; wiederabgedruckt in: Müller-Armack, Wirtschaftsordnung und Wirtschaftspolitik, S. 267–291.
209 A. Müller-Armack: Wirtschaftsordnung und Wirtschaftspolitik, S. 273 bzw. 289.
210 Vgl. Wilhelm Röpke: Die Gesellschaftskrisis der Gegenwart, Erlenbach-Zürich 1942, S. 43 und 278ff.
211 Jeffrey Sachs: Das Ende der Armut. Ein ökonomisches Programm für eine gerechtere Welt, Berlin 2005, S. 432.
212 Dieses ökonomische Argument der Kontraproduktivität insb. von Sozialstandards gilt allerdings keineswegs generell, sondern erst, wenn diese Standards höher sind, als es dem «Machtgleichgewicht» zwischen Arbeitgebern und Arbeitnehmern im Sinne des wechselseitigen Vorteilstausches entspricht. Dies zeigt sehr schön Ulrich Thielemann: Globale Konkurrenz, Sozialstandards und der (Sach-)Zwang zum Unternehmertum, in: Maak/Lunau (Hrsg.), Weltwirtschaftsethik, S. 203–244, spez. S. 209ff.
213 Hans-Peter Martin/Harald Schumann: Die Globalisierungsfalle. Der Angriff auf Demokratie und Wohlstand, Reinbek 1996.

214 Nicht zufällig forderten die Autoren des Weißbuchs ‹Mut zum Aufbruch› wiederholt und ausdrücklich einen «tiefgreifenden Mentalitätswandel» in Richtung einer wettbewerbsorientierten Grundhaltung aller Bürger. Vgl. oben, Abschn. 2.3.
215 Jürgen Habermas: Die postnationale Konstellation und die Zukunft der Demokratie, in: ders., Die postnationale Konstellation. Politische Essays, Frankfurt a.M. 1998, S. 91–169, hier S. 95.
216 Vgl. James N. Rosenau/Ernst-Otto Czempiel (Hrsg.): Governance without Government. Order and Change in World Politics, Cambridge/New York 1992.
217 Für eine «subsidiäre und föderale Weltrepublik» plädiert mit guten Argumenten Otfried Höffe: Demokratie im Zeitalter der Globalisierung, München 1999, S. 227ff.
218 Vgl. dazu die Vorschläge im kontrapunkt-Buch von Philippe Mastronardi/Mario von Cranach (Hrsg.): Lernen aus der Krise. Auf dem Weg zu einer Verfassung des Kapitalismus, Bern u.a. 2010, spez. S. 125ff.
219 Vgl. dazu Philippe Mastronardi: Verfassungslehre. Allgemeines Staatsrecht als Lehre vom guten und gerechten Staat, Bern u.a. 2007, S. 148ff.
220 Vgl. oben, Abschn. 3.3 und 3.4. Zu den nötigen «Weltbürgertugenden» als «personaler Entsprechung» einer Weltordnung vgl. auch Höffe: Demokratie im Zeitalter der Globalisierung, S. 335ff.
221 Vgl. Immanuel Kant: Ideen zu einer allgemeinen Geschichte in weltbürgerlicher Absicht (1784), in: Werkausgabe Bd. XI, 6. Aufl., Frankfurt 1982, S. 31–50. Kant hat hier u.a. das Postulat des «Völkerbundes» entworfen (7. Satz); er spricht vom Ziel eines «allgemeinen weltbürgerlichen Zustands» (Ende 8. Satz). Vgl. auch Kant: Zum ewigen Frieden. Ein philosophischer Entwurf (1795), in: Werkausgabe Bd. XI, 6. Aufl., Frankfurt a.M. 1982, S. 193–251.
222 Die acht Milleniumsziele wurden im Jahr 2000 von der UNO gemeinsam mit Weltbank und OECD verabschiedet (http://de.wikipedia.org/wiki/ UN-Millenniumsziele). Sie wollten die Zahl der Menschen, die in extremer Armut leben und unter Hunger leiden, bis 2015 nicht etwa auf null reduzieren, sondern nur halbieren und eine nachhaltige Entwicklung in Gang bringen. Doch die Zwi-

schenziele sind z.T. deutlich verfehlt worden. – Vgl. dazu das Buch des Leiters des UN-Millenium-Projekts und Ökonomieprofessors an der Columbia University in New York, Jeffrey Sachs: Das Ende der Armut, Berlin 2005.

223 Das hier postulierte *politische* Weltbürgerethos ist trotz gleichgerichteter völkerverbindender Intention nicht deckungsgleich mit dem *interreligiösen* Weltethos-Projekt von Hans Küng: Projekt Weltethos, München/Zürich 1990; vgl. dazu Peter Ulrich: Weltethos und Weltwirtschaft – eine wirtschaftsethische Perspektive, in: Hans Küng/Karl-Josef Kuschel (Hrsg.), Wissenschaft und Weltethos, München/Zürich 1998, S. 40–60.

224 Vgl. zu diesem Vorschlag auch Horst Afheldt: Wohlstand für niemand? Die Marktwirtschaft entlässt ihre Kinder, München 1994, S. 211f.

225 Vgl. dazu Jürgen Habermas: Euroskepsis, Markteuropa oder Europa der (Welt-)Bürger?, in: P. Ulrich/Th. Maak (Hrsg.), Die Wirtschaft *in* der Gesellschaft. Perspektiven an der Schwelle zum 3. Jahrtausend, Bern/Stuttgart/Wien 2000, S. 151–171.

226 Einen solchen Bewusstseinsschub bereits beobachten zu können glaubt der renommierte Politikwissenschaftler Dieter Senghaas: Politische Rahmenbedingungen für Weltethos, in: Küng/Kuschel (Hrsg.), Wissenschaft und Weltethos, S. 141–160, hier S. 159.

Literatur

Ackerman, B./Alstott, A.: The Stakeholder Society, New Haven/London 1999.
Afheldt, H.: Wohlstand für niemand? Die Marktwirtschaft entlässt ihre Kinder, München 1994.
Afheldt, H.: Weltweiter Wohlstand für alle? Für niemand? Oder für wenige?, in: Ulrich, P./Maak, T. (Hrsg.), Die Wirtschaft *in* der Gesellschaft. Perspektiven an der Schwelle zum 3. Jahrtausend, Bern/Stuttgart/Wien 2000, S. 35–85.
Afheldt, H.: Wirtschaft, die arm macht. Vom Sozialstaat zur gespaltenen Gesellschaft, München 2003.
Arendt, H.: Eichmann in Jerusalem. Ein Bericht von der Banalität des Bösen, München 1986.
Bastiat, F.: Harmonies économiques, Œuvres complètes, tome VI, 3ième éd., Paris 1855.
Beck, U.: Die Erfindung des Politischen. Zu einer Theorie reflexiver Modernisierung, Frankfurt a.M. 1993.
Benhabib, S.: Ein deliberatives Modell demokratischer Legitimität, in: Deutsche Zeitschrift für Philosophie 43 (1995), S. 3–29.
Blasche, S.: Gerechtigkeit, Mindestsicherung und Eigenverantwortung, in: Blasche, S./Döring, D. (Hrsg.), Sozialpolitik und Gerechtigkeit, Frankfurt/New York 1998, S. 117–171.
Braig, A./Renz, U.: Die Kunst, weniger zu arbeiten, 3. Aufl., München 2001.
Brodbeck, K.-H.: Die fragwürdigen Grundlagen der Ökonomie. Eine philosophische Kritik der modernen Wirtschaftswissenschaften, 2. Aufl., Darmstadt 2000.
Brunner, E.: Das Gebot und die Ordnungen. Entwurf einer protestantisch-theologischen Ethik (1932), 4. Aufl., Zürich 1978.

Büscher, M.: Gott und Markt – religionsgeschichtliche Wurzeln Adam Smiths und die ‹Invisible Hand› in der säkularisierten Industriegesellschaft, in: Meyer-Faje, A./ Ulrich, P. (Hrsg.), Der andere Adam Smith, Bern/Stuttgart 1991, S. 123–144.

Dahrendorf, R.: Lebenschancen, Frankfurt a.M. 1979.

Dahrendorf, R.: Moralität, Institutionen und die Bürgergesellschaft, in: Merkur, Nr. 7 (1992), S. 557–568.

Dahrendorf, R.: Über den Bürgerstatus, in: Van den Brink, B./Van Reijen, W. (Hrsg.), Bürgergesellschaft, Recht und Demokratie, Frankfurt a.M. 1995, S. 29–43.

Deiseroth, D.: Whistleblowing – Zivilcourage am Arbeitsplatz, in: Blätter für deutsche und internationale Politik, Heft 2, 2000, S. 188–198.

Deml, M./May, H.: Grünes Geld. Jahrbuch für ethisch-ökologische Geldanlagen 2005/2006, Stuttgart 2005.

Dönhoff, M.: Zivilisiert den Kapitalismus. Grenzen der Freiheit, Stuttgart 1997.

Dubs, R.: Volkswirtschaftslehre. Eine Wirtschaftsbürgerkunde für höhere Schulen, Erwachsenenbildung und zum Selbststudium, 7. Aufl., Bern/ Stuttgart/Wien 1998.

Dworkin, R.L.: Bürgerrechte ernstgenommen, Frankfurt 1984.

Erhard, L.: Wohlstand für alle, Düsseldorf 1957.

Engels, F.: Anteil der Arbeit an der Menschwerdung des Affen (1876), 22. Aufl., Berlin 1988.

Freeman, R.E.: Strategic Management. A Stakeholder Approach, Boston 1984.

Frankl, V.E.: Der Wille zum Sinn, Bern 1972 (5. Aufl. 2005).

Friedman, M.: Capitalism and Freedom, Chicago 1962.

Friedman, M.: The social responsibility of business is to increase its profits, in: The New York Times Magazine, 13. September 1970, S. 32–33 und 122–126.

Geißler, K.A.: Zeit – verweile doch… Lebensformen gegen die Hast, 2. Aufl., Freiburg i.Br. 2000.

Glotz, P. (Hrsg.): Ziviler Ungehorsam im Rechtsstaat, Frankfurt a.M. 1993.

Gorz, A.: Kritik der ökonomischen Vernunft. Sinnfragen am Ende der Arbeitsgesellschaft, Berlin 1989.

Gorz, A.: Arbeit zwischen Misere und Utopie, Frankfurt a.M. 2000.
Gray, J.: Die falsche Verheißung. Der globale Kapitalismus und seine Folgen, Berlin 1999.
Grözinger, G./Maschke, M./Offe, C.: Die Teilhabegesellschaft. Modell eines neuen Wohlfahrtsstaates, Frankfurt/New York 2006.
Habermann, G.: Teilen oder produzieren? Bemerkungen zum Ethos des Unternehmers, in: Neue Zürcher Zeitung, Nr. 211 v. 11./12.9.1993, S. 31f.
Habermann, G.: Kein Bedarf nach einer «neuen» Unternehmerethik, in: Neue Zürcher Zeitung, Nr. 249 v. 26.10.1993, S. 35.
Habermas, J.: Technik und Wissenschaft als ‹Ideologie›, Frankfurt a.M. 1968.
Habermas, J.: Vorbereitende Bemerkungen zu einer Theorie der kommunikativen Kompetenz, in: Habermas, J./Luhmann, N., Theorie der Gesellschaft oder Sozialtechnologie. Was leistet die Systemforschung?, Frankfurt a.M. 1971, S. 101–141.
Habermas, J.: Die Moderne – ein unvollendetes Projekt, in: ders., Kleine politische Schriften I-IV, Frankfurt a.M. 1981, S. 444–464.
Habermas, J.: Theorie des kommunikativen Handelns, 2 Bde., Frankfurt a.M. 1981.
Habermas, J.: Ist der Herzschlag der Revolution zum Stillstand gekommen? Volkssouveränität als Verfahren. Ein normativer Begriff der Öffentlichkeit?, in: Forum für Philosophie Bad Homburg (Hrsg.), Die Ideen von 1789 in der deutschen Rezeption, Frankfurt a.M. 1989, S. 7–36.
Habermas, J.: Faktizität und Geltung. Beiträge zur Diskurstheorie des Rechts und des demokratischen Rechtsstaats, Frankfurt a.M. 1992.
Habermas, J.: Die postnationale Konstellation und die Zukunft der Demokratie, in: ders., Die postnationale Konstellation. Politische Essays, Frankfurt a.M. 1998, S. 91–169.
Habermas, J.: Konzeptionen der Moderne, in: ders., Die postnationale Konstellation, Frankfurt a.M. 1998, S. 195–231.
Habermas, J.: Euroskepsis, Markteuropa oder Europa der (Welt-) Bürger?, in: Ulrich, P./Maak, T. (Hrsg.), Die Wirtschaft *in* der Gesellschaft. Perspektiven an der Schwelle zum 3. Jahrtausend, Bern/Stuttgart/Wien 2000, S. 151–171.

Hauser, H./Schanz, K.-U.: Das neue GATT. Die Welthandelsordnung nach Abschluss der Uruguay-Runde, 2. Aufl., München/Wien 1995.

Hayek, F.A. von: Der Wettbewerb als Entdeckungsverfahren, in: ders., Freiburger Studien, Tübingen 1969, S. 249–265.

Hayek, F.A. von: Die Irrtümer des Konstruktivismus und die Grundlagen legitimer Kritik gesellschaftlicher Gebilde, Tübingen 1975.

Hayek, F.A. von: Die Anmaßung von Wissen, in: Ordo 26 (1975), S. 12–21, wiederabgedruckt in: ders., Die Anmaßung von Wissen. Neue Freiburger Studien, hrsg. v. W. Kerber, Tübingen 1996, S. 3–15.

Hobbes, T.: Leviathan (1651), hrsg. v. I. Fetscher, Frankfurt a.M. 1984.

Höffe, O.: Demokratie im Zeitalter der Globalisierung, München 1999.

Homann, K./Blome-Drees, F.: Wirtschafts- und Unternehmensethik, Göttingen 1992.

Horkheimer, M.: Zur Kritik der instrumentellen Vernunft (1947), Frankfurt a.M. 1967.

Huber, J.: Zwischen Supermarkt und Sozialstaat. Die neue Abhängigkeit des Bürgers, in: Illich, I., u.a., Entmündigung durch Experten, Hamburg 1979, S. 129–155.

Joerges, B.: Berufsarbeit, Konsumarbeit, Freizeit. Zur Sozial- und Umweltverträglichkeit einiger struktureller Veränderungen in Produktion und Konsum, in: Soziale Welt 32 (1981), S. 168–195.

Kant, I.: Beantwortung der Frage: Was ist Aufklärung? (1784), in: Werkausgabe Bd. XI, hrsg. v. W. Weischedel, 6. Aufl., Frankfurt a.M. 1982, S. 53–61.

Kant, I.: Ideen zu einer allgemeinen Geschichte in weltbürgerlicher Absicht (1784), in: Werkausgabe Bd. XI, hrsg. v. W. Weischedel, 6. Aufl., Frankfurt a.M. 1982, S. 31–50.

Kant, I.: Grundlegung zur Metaphysik der Sitten (1785/86), in: Werkausgabe Bd. VII, hrsg. v. W. Weischedel, 4. Aufl., Frankfurt a.M. 1978, S. 9–102.

Kant, I.: Was heißt: sich im Denken orientieren? (1786), in: Werkausgabe Bd. V, hrsg. v. W. Weischedel, 4. Aufl., Frankfurt a.M. 1982, S. 265–283.

Kant, I.: Über den Gemeinspruch: Das mag in der Theorie richtig sein, taugt aber nicht für die Praxis (1793), in: Werkausgabe Bd. XI, hrsg. v. W. Weischedel, 6. Aufl., Frankfurt a.M., S. 125–172.

Kant, I.: Zum ewigen Frieden. Ein philosophischer Entwurf (1795), in: Werkausgabe Bd. XI, hrsg. v. W. Weischedel, 6. Aufl., Frankfurt a.M. 1982, S. 193–251.

Katterle, S.: Alternativen zur neoliberalen Wende. Wirtschaftspolitik in der sozialstaatlichen Demokratie, Bochum 1989.

Keynes, J.M.: Economic Possibilities for Our Grandchildren (1930), in: ders., The Collected Writings, Vol. IX: Essays in Persuasion, London 1972, S. 321–332.

Kirchgässner, G.: Towards a Theory of Low-Cost Decisions, in: European Journal of Political Economy 8 (1992), S. 305–320.

Kirig, A./Wenzel, E.: LOHAS. Bewusst grün – alles über die neuen Lebenswelten, München 2009.

Kley, R.: Gleichheit, in: Lexikon der Wirtschaftsethik, hrsg. v. G. Enderle, K. Homann, M. Honecker, W. Kerber und H. Steinmann, Freiburg i.Br./Basel/Wien 1993, Sp. 386–393.

Kliemt, H.: The Veil of Insignificance, in: European Journal of Political Economy 2/3 (1986), S. 333–344.

Koch, C.: Die Gier des Marktes. Die Ohnmacht des Staates im Kampf der Weltwirtschaft, München/Wien 1995.

Kosiol, E.: Die Unternehmung als wirtschaftliches Aktionszentrum. Einführung in die Betriebswirtschaftslehre, Reinbek 1972.

Küng, H.: Projekt Weltethos, München/Zürich 1990.

Leisinger, K.M.: Nicht alles Legale ist auch legitim, in: Übersee Rundschau, 41. Jg. (1989), Nr. 162, S. 42–45.

Leisinger, K.M.: Unternehmensethik. Globale Verantwortung und modernes Management, München 1997.

Leisinger, K.M.: Whistleblowing und Corporate Reputation Management, München/Mering 2003.

Maak, T.: Die Wirtschaft der Bürgergesellschaft, Bern/Stuttgart/Wien 1999.

Maak, T.: Globalisierung und die Suche nach den Grundlagen einer lebensdienlichen Weltökonomie, in: Maak, T./Lunau, Y. (Hrsg.), Weltwirtschaftsethik. Globalisierung auf dem Prüfstand der Lebensdienlichkeit, 2. Aufl., Bern/Stuttgart/Wien 2000, S. 19–44.

Maak, T./Ulrich, P.: Korruption – die Unterwanderung des Gemeinwohls durch Partikularinteressen. Eine republikanisch-ethische Perspektive, in: Pieth, M./Eigen, P. (Hrsg.), Korruption im internationalen Geschäftsverkehr. Bestandsaufnahme, Bekämpfung, Prävention, Neuwied 1999, S. 103–119.

Maak, T./Ulrich, P.: Integre Unternehmensführung. Ethisches Orientierungswissen für die Wirtschaftspraxis, Stuttgart 2007.

Macpherson, C.B.: Die politische Theorie des Besitzindividualismus. Von Hobbes bis Locke, 2. Aufl., Frankfurt a.M. 1980.

Margalit, A.: Politik der Würde. Über Achtung und Verachtung, Berlin 1997.

Marshall, T.H.: Bürgerrechte und soziale Klassen (1950), Frankfurt/New York 1992.

Martin, H.-P./Schumann, H.: Die Globalisierungsfalle, Reinbek 1996.

Marx, K./Engels, F.: Das Manifest der kommunistischen Partei (1848), in: Marx-Engels-Werke, Bd. 4, 6. Aufl., Berlin 1972, S. 461–474.

Marx, K./Engels, F.: Die deutsche Ideologie (1846), Marx-Engels-Werke Bd. 3, 4. Aufl., Berlin 1969.

Mastronardi, Ph.: Verfassungslehre. Allgemeines Staatsrecht als Lehre vom guten und gerechten Staat, Bern u.a. 2007.

Mastronardi, Ph./von Cranach, M. (Hrsg.): Lernen aus der Krise. Auf dem Weg zu einer Verfassung des Kapitalismus, Bern u.a. 2010.

Michelman, F.I.: The Supreme Court 1985 Term. Foreword: Traces of Self-Government, in: Harvard Law Review 100 (1986), S. 4–77.

Miegel, M.: Exit. Wohlstand ohne Wachstum, Berlin 2010.

Mieth, D./Schumann, O.J./Ulrich, P. (Hrsg): Reflexionsfelder integrativer Wirtschaftsethik, Tübingen 2004.

Miksch, L.: Wettbewerb als Aufgabe. Grundsätze einer Wettbewerbsordnung, 2. Aufl., Godesberg 1947.

Missbach, A.: Saubere Renditen. Ökologisch und sozial verantwortlich investieren, Bern 2007.

Müller-Armack, A.: Wirtschaftsordnung und Wirtschaftspolitik. Studien und Konzepte zur Sozialen Marktwirtschaft und zur Europäischen Integration, Freiburg i. Br. 1966,

Myrdal, G.: Das politische Element in der nationalökonomischen Doktrinbildung (1932), 2. Aufl., Bonn-Bad Godesberg 1976.

Nadolny, S.: Die Entdeckung der Langsamkeit, München 1990.

Nielsen, R.P.: Arendt's Action Philosophy and the Manager as Eichmann, Richard III, Faust, or Institution Citizen, in: California Management Review 26 (1984), S. 191–201, wiederabgedr. in: Steinmann, H./Löhr, A. (Hrsg.), Unternehmensethik, 2. Aufl., Stuttgart 1991, S. 315–327.

Niggli, P.: Wenn Globalisierung zum Schimpfwort wird, in: Tages-Anzeiger, 15. Januar 2001, S. 2.

Patry, E.: Das bedingungslose Grundeinkommen in der Schweiz. Eine republikanische Perspektive, Bern u.a. 2010.

Polanyi, K.: The Great Transformation. Politische und ökonomische Ursprünge von Gesellschaften und Wirtschaftssystemen (1944), Frankfurt a.M. 1978.

Popper, K.: Die offene Gesellschaft und ihre Feinde, 2 Bde., München 1956.

Prahalad, C.K.: The Fortune at the Bottom of the Pyramid. Eradicating Poverty through Profits, revised ed., Englewood Cliffs, N. J. 2009.

Pury, D. de: «David de Pury und wie er auf die Welt sieht», Interview im Zürcher Tages-Anzeiger, 2. Februar 1996, S. 7.

Pury, D. de/Hauser, H./Schmid, B. (Hrsg.): Mut zum Aufbruch. Eine wirtschaftspolitische Agenda für die Schweiz, Zürich 1995.

Rappaport, A.: Shareholder Value. Wertsteigerung als Maßstab für die Unternehmensführung, Stuttgart 1995, 2. Aufl. 1998.

Rawls, J.: Die Idee des politischen Liberalismus, Frankfurt a.M. 1992.

Rawls, J.: Politischer Liberalismus, Frankfurt a.M. 1998.

Rich, A.: Wirtschaftsethik, Bd. II: Marktwirtschaft, Planwirtschaft, Weltwirtschaft aus sozialethischer Sicht, Gütersloh 1990.

Riedel, M.: Norm und Werturteil, Stuttgart 1979.

Rodrik, D.: Grenzen der Globalisierung. Ökonomische Integration und soziale Desintegration, Frankfurt a.M. 2000.

Röpke, W.: Die Gesellschaftskrisis der Gegenwart, Erlenbach-Zürich 1942.

Röpke, W.: Civitas humana. Grundfragen der Gesellschafts- und Wirtschaftsreform, Erlenbach-Zürich 1944.

Röpke, W.: Maß und Mitte, Erlenbach-Zürich 1950.

Röpke, W.: Jenseits von Angebot und Nachfrage, Erlenbach-Zürich/Stuttgart 1958.

Rosenau, J.N./Czempiel, E.O. (Hrsg.): Governance without Government. Order and Change in World Politics, Cambridge/New York 1992.

Rüstow, A.: Wirtschaftsethische Probleme der sozialen Marktwirtschaft, in: Boarman, P.M. (Hrsg.), Der Christ und die soziale Marktwirtschaft, Stuttgart/Köln 1955, S. 53–74.

Rüstow, A.: Wirtschaft als Dienerin der Menschlichkeit, in: Aktionsgemeinschaft Soziale Marktwirtschaft (Hrsg.), Was wichtiger ist als Wirtschaft, Ludwigsburg 1960, S. 7–16.

Rüstow, A.: Paläoliberalismus, Kommunismus und Neoliberalismus, in: Greiß, F./Meyer, F.W. (Hrsg.), Wirtschaft, Gesellschaft und Kultur. Festgabe für Alfred Müller-Armack, Berlin 1961, S. 61–70.

Rüstow, A.: Das Versagen des Wirtschaftsliberalismus, 3. überarb. Aufl., hrsg. v. F.P. u. G. Maier-Rigaud, Marburg 2001.

Sachs, J.: Das Ende der Armut. Ein ökonomisches Programm für eine gerechtere Welt, Berlin 2005.

Sachs, J.: Wohlstand für viele. Globale Wirtschaftspolitik in Zeiten der ökologischen und sozialen Krise, Berlin 2007.

Sandel, M.: Liberalism and the Limits of Justice, Cambridge 1982.

Sandel, M.: Die verfahrensrechtliche Republik und das ungebundene Selbst, in: Honneth, A. (Hrsg.), Kommunitarismus. Eine Debatte über die moralischen Grundlagen moderner Gesellschaften, Frankfurt/New York 1993, S. 18–35.

Scherhorn, G.: Güterwohlstand vs. Zeitwohlstand, in: Biervert, B./Held, M. (Hrsg.), Zeit in der Ökonomik, Frankfurt a.M. 1995, S. 147–168.

Schmidheiny, S.: Kurswechsel. Globale unternehmerische Perspektiven für Entwicklung und Umwelt, München 1992.

Schneider, D.: Unternehmensethik und Gewinnprinzip in der Betriebswirtschaftslehre, in: Schmalenbachs Zeitschrift für betriebswirtschaftliche Forschung 42 (1990), S. 869–891.

Schumpeter, J.: Kapitalismus, Sozialismus und Demokratie (1950), 4. Aufl., München 1975.

Schwarz, G.: Die Mär vom «Neoliberalismus», in: Neue Zürcher Zeitung, 11./12. April 1998, S. 21.

Schweizerische Akademie der Technischen Wissenschaften (Hrsg.): Ethik im technischen Handeln. Zur Wahrnehmung persönlicher Verantwortung in den technischen Berufen, Zürich 2003.

Sen, A.: Ökonomie für den Menschen. Wege zu Gerechtigkeit und Solidarität in der Marktwirtschaft, München/Wien 2000.
Senghaas, D.: Politische Rahmenbedingungen für Weltethos, in: Küng, H./ Kuschel, K.-J. (Hrsg.), Wissenschaft und Weltethos, München/ Zürich 1998, S. 141–160.
Sennett, R.: Der flexible Mensch. Die Kultur des neuen Kapitalismus, Darmstadt 1998.
Sinn, H.W.: Im Gespräch mit Prof. Hans Werner Sinn, in WSM Nachrichten, 30.10.2005, S. 11.
Smith, A.: Theorie der ethischen Gefühle (1759), hrsg. v. W. Eckstein, Hamburg 1985.
Smith, A.: Der Wohlstand der Nationen (1776), hrsg. v. H.C. Recktenwald, München 1978.
Steinmann, H./Löhr, A.: Einleitung: Grundfragen und Problembestände einer Unternehmensethik, in: dies. (Hrsg.), Unternehmensethik, 2. Aufl., Stuttgart 1991, S. 3–32.
Steinmann, H./Löhr, A.: Grundlagen der Unternehmensethik, 2. Aufl., Stuttgart 1994.
Steinvorth, U.: Gleiche Freiheit. Politische Philosophie und Verteilungsgerechtigkeit, Berlin 1999.
Stiglitz, J.E.: Die Schatten der Globalisierung, Berlin 2002.
Stiglitz, J.E.: Im freien Fall. Vom Versagen der Märkte zur Neuordnung der Weltwirtschaft, München 2010.
Stückelberger, Ch.: Ethischer Welthandel. Eine Übersicht, Bern/Stuttgart/ Wien 2001.
Thielemann, U.: Das Prinzip Markt. Kritik der ökonomischen Tauschlogik, Bern/Stuttgart/Wien 1996.
Thielemann, U.: Globale Konkurrenz, Sozialstandards und der (Sach-) Zwang zum Unternehmertum, in: Maak, T./Lunau, Y. (Hrsg.), Weltwirtschaftsethik. Globalisierung auf dem Prüfstand der Lebensdienlichkeit, 2. Aufl., Bern/Stuttgart/Wien 2000, S. 203–244.
Thielemann, U.: Ethik als Erfolgsfaktor? The Case against the business case und die Idee verdienter Reputation, in: Scherer, A.G./Patzer, M. (Hrsg.), Betriebswirtschaftslehre und Unternehmensethik. Wiesbaden 2008, S. 231–255.

Thielemann, U.: System Error. Warum der freie Markt zur Unfreiheit führt, Frankfurt a.M. 2009.
Thielemann, U./Ulrich, P.: Standards guter Unternehmensführung. Zwölf internationale Initiativen und ihr normativer Orientierungsgehalt, Bern u.a. 2009.
Tugendhat, E.: Vorlesungen über Ethik, Frankfurt a.m. 1993.
Ulrich, P.: Der kritische Adam Smith – im Spannungsfeld zwischen sittlichem Gefühl und ethischer Vernunft, in: Meyer-Faje, A./Ulrich, P. (Hrsg.), Der andere Adam Smith. Bern/Stuttgart/Wien 1991, S. 145–190.
Ulrich, P.: Schwierigkeiten mit der unternehmensethischen Herausforderung, in: Zeitschrift für betriebswirtschaftliche Forschung 43 (1991), S. 529–536.
Ulrich, P.: Transformation der ökonomischen Vernunft. Fortschrittsperspektiven der modernen Industriegesellschaft, 3. rev. Aufl., Bern/ Stuttgart/ Wien 1993.
Ulrich, P.: Zwei Ebenen unternehmerischer Verantwortung. Eine Replik auf Gerd Habermanns produktivistischen Imperativ, in: Neue Zürcher Zeitung, Nr. 232 v. 6.10.1993, S. 39.
Ulrich, P.: Integrative Wirtschaftsethik als kritische Institutionenethik. Wider die normative Überhöhung der Sachzwänge des Wirtschaftssystems, in: Harpes, J.-P./Kuhlmann, W. (Hrsg.), Zur Relevanz der Diskursethik. Anwendungsprobleme der Diskursethik in Wirtschaft und Politik, Münster 1997, S. 220–270.
Ulrich, P.: Weltethos und Weltwirtschaft – eine wirtschaftsethische Perspektive, in: Küng, H./Kuschel, K.-J. (Hrsg.), Wissenschaft und Weltethos, München/Zürich 1998, S. 40–60.
Ulrich, P.: Grundrechte und Grundfähigkeiten. Gedanken zu einem Leitbild sozioökonomischer Entwicklung aus der Perspektive der integrativen Wirtschaftsethik, in: Peter, H.-B. (Hrsg.), Globalisierung, Ethik und Entwicklung, Bern/Stuttgart/Wien 1999, S. 55–76.
Ulrich, P.: Was ist «gute» Unternehmensführung?, in: Gomez, P./Müller-Stewens, G./Rüegg-Stürm, J. (Hrsg.), Entwicklungsperspektiven einer integrierten Managementlehre, Bern/Stuttgart/Wien 1999, S. 225–253.

Ulrich, P.: Arbeitspolitik für alle – eine Einführung aus wirtschaftsethischer Sicht, in: Ulrich, P./Maak, T./Dietschy, B. (Hrsg.), Arbeitspolitik für alle. Eine Debatte zur Zukunft der Arbeit, Bern/Stuttgart/Wien 2000, S. 9–25.

Ulrich, P.: Integritätsmanagement und «verdiente» Reputation, in: io management, 70. Jg. (2001), Nr. 1/2, S. 42–47.

Ulrich, P.: Wirtschaftsbürgerkunde als Orientierung im politisch-ökonomischen Denken, in: Journal für Sozialwissenschaften und ihre Didaktik, Jahresband 2001: Ökonomische und politische Bildung – (k)ein schwieriges Verhältnis?, Schwalbach/Ts. 2003, S. 120–127.

Ulrich, P.: Was ist «gute» sozioökonomische Entwicklung? In: Zeitschrift für Wirtschafts- und Unternehmensethik 5 (2004), S. 8–22.

Ulrich, P.: Sich im ethisch-politisch-ökonomischen Denken orientieren – Der St. Galler Ansatz der integrativen Wirtschaftsethik, in: Mieth, D./Schumann, O.J./Ulrich, P. (Hrsg), Reflexionsfelder integrativer Wirtschaftsethik, Tübingen 2004, S. 11–28.

Ulrich, P.: Integrative Wirtschaftsethik. Grundlagen einer lebensdienlichen Ökonomie, 4. vollst. neu bearb. Aufl., Bern/Stuttgart/Wien 2008 (Anm.: nicht seitengleich mit früheren Auflagen).

Ulrich, P.: Marktwirtschaft in der Bürgergesellschaft, in: Michael S. Aßländer/P. Ulrich (Hrsg.), 60 Jahre Soziale Marktwirtschaft. Illusionen und Reinterpretationen einer ordnungspolitischen Integrationsformel, Bern u.a. 2009, S. 349–380.

Ulrich, P./Jäger, U./Waxenberger, B.: Prinzipiengeleitetes Investment I/II, Berichte des Instituts für Wirtschaftsethik, Nr. 83/84, St. Gallen 1998/1999.

Ulrich, P./Thielemann, U.: Ethik und Erfolg. Unternehmensethische Denkmuster von Führungskräften – eine empirische Studie, Bern/Stuttgart/ Wien 1992.

Ulrich, P./Thielemann, U.: Wie denken Manager über Markt und Moral? Empirische Untersuchungen unternehmerischer Denkmuster im Vergleich, in: Wieland, J. (Hrsg.), Wirtschaftsethik und Theorie der Gesellschaft, Frankfurt a.M. 1993, S. 54–91.

Ulrich, P./Waxenberger, P. (Hrsg.): Standards und Labels I/II. Berichte des Instituts für Wirtschaftsethik, Nr. 94/95, St. Gallen 2002.

Vanderborght, Y./Van Parijs, Ph.: Ein Grundeinkommen für alle? Geschichte und Zukunft eines radikalen Vorschlags. Mit einem Nachwort von Claus Offe, Frankfurt/New York 2005.

Van Parijs, Ph.: Real Freedom for All. What (if anything) can justify capitalism?, Oxford 1995.

Vehrkamp, R.B./ Kleinsteuber, A.: Soziale Gerechtigkeit 2007. Ergebnisse einer repräsentativen Bürgerumfrage, Gütersloh 2007.

Vobruba, G.: Ende der Vollbeschäftigungsgesellschaft, in: Zeitschrift für Sozialreform 44 (1998), S. 77–99.

Wagner, A./Weinkopf, C.: Zweiter Arbeitsmarkt, in: Die Neue Gesellschaft/Frankfurter Hefte 41 (1994), S. 606–611.

Walzer, M.: Sphären der Gerechtigkeit. Ein Plädoyer für Pluralität und Gerechtigkeit, Frankfurt/New York 1992.

Waxenberger, B.: Integritätsmanagement. Ein Gestaltungsmodell prinzipiengeleiteter Unternehmensführung, Bern/Stuttgart/Wien 2001.

Weber, M.: Wirtschaft und Gesellschaft, 5. Aufl., Tübingen 1972.

Weber, M.: Die Protestantische Ethik und der Geist des Kapitalismus (1904–05), in: ders., Gesammelte Aufsätze zur Religionssoziologie I, 9. Aufl., Tübingen 1988, S. 17–206.

Weber, M.: Die Wirtschaftsethik der Weltreligionen (1915–19), in: ders., Gesammelte Aufsätze zur Religionssoziologie I, 9. Aufl., Tübingen 1988, S. 237–573.

Weisser, G.: Die Überwindung des Ökonomismus in der Wirtschaftswissenschaft (1954), in: ders., Beiträge zur Gesellschaftspolitik, Göttingen 1978, S. 573–601.

Weizsäcker, C. C. von: Logik der Globalisierung, Göttingen 1999.

Werner, G. W.: Einkommen für alle, Köln 2007, Taschenbuch-Ausgabe (mit einem neuen Nachwort) Bergisch Gladbach 2008.

Wieland, J.: Die Ethik der Governance, Marburg 1999.

Yunus, M.: Grameen – eine Bank für die Armen der Welt, Bergisch Gladbach 1998.